AF362815

El MULTIPOL

Policía comunitario y líder social

El MULTIPOL

Policía comunitario y líder social

Serie "Seguridad comunitaria": Tomo III

Elías Soae Freue

Círculo Rojo
EDITORIAL

Primera edición: junio 2019

ISBN: 978-84-1331-588-1
Impresión y encuadernación: Editorial Círculo Rojo

© Texto: Elías Soae Freue
© Maquetación y diseño: Equipo de Editorial Círculo Rojo
© Tapas de cubierta: Elías Soae Freue

Editorial Círculo Rojo

www.editorialcirculorojo.com

info@editorialcirculorojo.com

Impreso en España - Printed in Spain

El papel utilizado para imprimir este libro es 100% libre de cloro y, por tanto, **ecológico**.

ÍNDICE

Agradecimientos

Bienaventurados los que dan sin recordar.
Y bienaventurados sean los que toman sin olvidar.
BERNARD MELTZER

El escribir un libro respecto a la composición de una policía comunitaria en zonas «conflictivas», no ha sido tarea fácil y ha requerido la colaboración de numerosos profesionales desde su concepción hasta las fases de diseño e impresión, exigiendo un titánico esfuerzo de colegas expertos de varios países del mundo, homólogos de la Policía de Israel, amigos y familiares que me han apoyado con su profesionalismo, paciencia y, sobre todo, prudencia en la transmisión clara de ideas y conceptos. Gracias a ellos tengo la certeza de haber logrado un balance acorde entre la realidad en Israel y la existente en Hispanoamérica, ya que la diferencia entre ellas es muy grande.

Sería un honor para mí el poder manifestar mi agradecimiento a aquellos que contribuyeron al resultado final de este libro, pero mencionarlos a todos sería una labor poco menos que imposible, por lo que aquí van mis disculpas y mi eterno agradecimiento a todos aquellos que no se encuentren entre los citados.

Primeramente quiero agradecer, cómo no, a mi querida esposa y compañera de rumbo, Miriam, a quien no pocas veces desperté en la mitad de la noche para discutir respecto a la presentación de alguno de los temas en edición, aclarando mis ideas gracias a los 35 años que profesa como maestra de escuela.

En particular, quiero dar las gracias al director de Seguridad Comunitaria del municipio de San José, el comandante Lic. Deytel Beita Jiménez, por su enorme entusiasmo y dedicación al proyecto, hasta el punto de poner toda su confianza en mis conocimientos en la materia y de ofrecerme llevar a cabo capacitaciones Multipol a la Policía Municipal de San José cuando este libro era tan solo una aspiración.

A la directora de Seguridad Comunitaria del municipio de Cartago, señora doctora doña Giovanna Siles Pérez, quien tras haber participado en una de mis capacitaciones Multipol llevó a la práctica este estilo de patrulla en la Policía Municipal que tiene bajo su mando, sirviéndome de ejemplo en varios temas aquí presentados.

Al señor doctor PhD don Juan Yovera Álvarez, de la Facultad de Medicina de la Universidad Nacional Mayor de San Marcos, por compartir conmigo muy generosamente parte de sus ideas y sus pensamientos.

A mis exalumnos de los distintos cursos y capacitaciones que he brindado en el mundo, quienes, en buena medida, me ayudaron a poder exponer distintos puntos de vista e ideas personales respecto a la vida en sus comunidades. Muchísimo de lo que aprendí impartiendo estos cursos aparece ahora en el libro y doy las gracias a todos ellos.

A la íntima colaboración que he tenido del señor maestro don Carlos Alberto Santiago Hernández, quien en la actualidad imparte clases de Criminología en el Instituto Universitario Puebla y en otras universidades estatales y privadas de México.

No puedo olvidar la contribución y tiempo del señor doctor PhD don Mario Steinhart, profesor asociado de la Universidad de Haifa, por sus reflexiones y matizaciones en el campo de las ideas y correcciones en varios de los capítulos que leerán más adelante.

A don Edgardo Velásquez, decano de la Escuela de Derecho de la Universidad Tecnológica de El Salvador, licenciado en Ciencias

Jurídicas y Derecho Penitenciario en la República Dominicana, por su empuje y aliento incansables, que me facilitaron brindar una capacitación en su ALMA MATER con el apoyo del Ministerio de Relaciones Exteriores de Israel.

Insustituible también el apoyo del Departamento para América Latina del Instituto Internacional para el Liderazgo Histadrut, con mi especial agradecimiento a su director académico, el licenciado señor don Sergio Gryn, por unos comentarios y valoraciones que han enriquecido y dotado de proyección internacional al contenido de esta obra.

A mi antigua y eterna aliada de actividades comunitarias, la directora general de la Administración Comunitaria de Guiló, doctora doña Yáffa Shitrít, quien me guio ideológica y profesionalmente, abriéndome las puertas del Centro Comunitario para que me sirviera de laboratorio para las prácticas de este libro.

Y por último, al exalumno, consultor, aliado de rumbo y maestro mexicano, don José Moisés Herrera Saldaña, cuyo meticuloso trabajo de edición y severa crítica me han descubierto los aspectos más impensables de la composición y redacción de este libro.

A todas estas personas que me impulsaron con sus críticas y apoyo desinteresados por alentarme con sus sabios consejos e instarme a escribir este libro, por sus reflexiones y matizaciones en el campo de las ideas y por su empuje y aliento incansables que hicieron posible que este libro saliera de imprenta. El aporte de cada uno de ellos ha sembrado el texto de una calidad intelectual y didáctica que no es sino el reflejo de sus cualidades humanas como personas y amigos.

Elías Soae Freue
Jerusalén, 2019

Prólogo del autor

El presente escrito, pide hacer honor a su título *El multipol, policía comunitario y líder social,* ya que es un tratado social en el que usted encontrará información muy útil y actualizada sobre posibles problemas de seguridad comunitaria tanto en las grandes comunidades como en los pequeños vecindarios o barrios. Además, será una guía muy práctica que podrá consultar tanto en su propio municipio u oficina como desde la comodidad de su propio hogar.

Desde ya aclaro que, por una cuestión puramente práctica, escribiré la mayor parte de los términos en masculino, pero se estará haciendo referencia indistinta a ambos sexos, salvo que se especifique lo contrario.

Para poder escribir respecto a seguridad comunitaria, expondré mi pensar con relación al término «comunidad», cómo constituirla y de qué forma llevarla a la práctica, tanto para poder engendrarla ideológicamente en el espíritu de los vecinos como para poder mantener viva su esencia a lo largo del tiempo, a pesar de las posibles dificultades que se pudieran presentar, contra viento y marea.

Desde sus primeras páginas se encontrará con toda una constelación de situaciones, pero se ha pretendido componer un tratado sobre teorías sociales, algo que ya han hecho antes personas mucho más eminentes e instruidas que yo, sino que presentaré el tema de seguridad comunitaria como una gran estrategia de trabajo y a los actores componentes de la comunidad como generadores de todas las tácticas que les permitirán cumplir con las metas que se fijarán para saber que tuvieron éxito en sus respectivas localidades.

Ruego que seamos prudentes al utilizar el concepto «seguro» como adjetivo calificativo, como, por ejemplo, cuando habla de «escuela segura», «calle segura», etc. Con ello no se quiere significar que se ocupe a más uniformados, sino que en dichos lugares se llevarán a cabo modelos de prevención. No se trata de destinar más fuerzas de seguridad para intentar solucionar los problemas, y es por ello por lo que cambiaré la palabra «seguro» por «preventivo».

Gran parte de lo escrito estará dedicado a la juventud, procesando los problemas mediante la prevención de la violencia primaria y la secundaria, tratando con niños y jóvenes desde el jardín de infantes y la escuela primaria hasta el bachillerato y los institutos de formación profesional, sin dejar de lado la prevención terciaria «vestida» como la reinserción de niños y jóvenes que han desertado de los centros de estudio sin que parezca que a nadie le interese el porqué.

Este último se abordará con más énfasis que otros por la sencilla razón de que yo estuve allí, fui uno de esos alumnos que acudía a la escuela con hambre y con la ropa zurcida para cubrir los rotos de sus anteriores poseedores, y en la escuela era mucho más sencillo echarme de las clases que tratar de comprender el porqué de mi irregular comportamiento, dejando por sentado que un aula con 50 o 60 alumnos no es más que una fábrica de crear delincuentes, pues una o dos maestras frente a tantos problemas solo atinarán a quitárselos de encima, en vez de tratarlos y así poder continuar con la clase de una manera normal y hasta donde les fuese posible.

En el ámbito de las responsabilidades, muchos de los padres están todo el día trabajando para poder pagar todos los gastos diarios y, por ende, casi no disponen del tiempo para estar con sus hijos, produciéndose un vacío que pretenderán que llenen los maestros, por un lado, educándolos y, por otro, los policías, alejándolos de los problemas de violencia. Pero la realidad es que ni los maestros son los más idóneos para preparar al joven a enfrentarse a la vida ni la policía es el único ente adecuado para tratar problemas de violencia. Los padres deben cumplir con la función de educadores y protectores de sus hijos como parte integral de sus menesteres diarios.

En este libro sintetizo muchos años de trabajo en Latinoamérica y, más específicamente, en pueblos y barrios donde gran parte de las normas, procedimientos, fórmulas y modelos aquí propuestos son tácticas de trabajo producto de la experiencia que fueron —y son— llevados a cabo con mucho éxito, resolviendo problemas que hasta la fecha se solucionaban de manera reactiva y ahora se resuelven mediante acciones preventivas en beneficio de todos.

Pero como no todo lo que brilla es oro, aclaro que los dos peores enemigos de cualquier actividad preventiva, que por naturaleza es a largo plazo, serán, en primer lugar, la politización de esa actividad, pintando tal idea de cualquier color político, pues en cuanto se produzca un cambio gubernamental, lo primero que se hará será anular esta actividad para quitarle créditos al contrincante vencido, sin que importe hasta qué punto dicha actividad triunfó o benefició a la vecindad. El segundo enemigo al que hacemos referencia será la falta de una supervisión continua y correcta, ya que producirá un colapso que le quitará fuerzas al empuje cuesta arriba y, por ende, conllevará un paro de las actividades y la disolución de cualquier alianza constituida.

Para finalizar, queremos subrayar que en este libro usted encontrará una sencilla guía que le permitirá aprender diversas actividades que podrá llevar a cabo para crear una comunidad que se rija mediante acciones preventivas. Con el mero hecho de haber leído este prólogo ya ha dado el primer gran paso hacia una sociedad resguardada, donde todos los actores aportarán su granito de arena en favor de una situación ideal y duradera. Recuerde que no todos los problemas de seguridad son de incumbencia policial y que todos los componentes comunitarios deberán obrar en conjunto para solucionarlos.

Elías Soae Freue

Prólogo del maestro
José Moisés Herrera Saldaña

La inseguridad es un tema constante en Latinoamérica en los últimos años, números van y vienen, vidas corren con esa misma desgracia, ir y venir…, pero las respuestas de quienes son los responsables de cuidarnos no han cambiado, les gusta el juego del gato y el ratón, siguen la vía obvia e insensata de buscar mediante patrullaje, enfrentamiento y castigo «darnos seguridad» a los habitantes de sus jurisdicciones; «populismo penal» se le ha llamado en toda esta región; seguimos una carrera «armamentista» contra los «malos», más prisiones, más penas, fuerzas militares porque la policía tradicional no ha podido con ellos. Les tengo una mala noticia: los números son fríos, nunca habíamos estado peor, para no estar en guerra formal contra un enemigo exterior, tenemos que llorar muchas vidas perdidas cada día…

La función de la seguridad no es la falacia de que no nos pase nada malo, pasa y pasará, y ha pasado desde el inicio mismo de la humanidad, la función es que las conductas antisociales e ilícitas se mantengan en niveles tan bajos que permitan que desarrollemos nuestras vidas sin miedo, ello ocupa un cambio de visión, y esa nueva visión es la que nuestro autor, mi amigo y puedo decir que una figura mentora en mi vida, Elías Soae Freue, comparte con nosotros en esta obra.

Elías tiene un largo camino en el campo de la seguridad, en él ha experimentado el modelo tradicional, que enmarqué en el primer párrafo, hasta el extremo de pertenecer a las Fuerzas Armadas, donde la anulación del enemigo es la garantía de la seguridad de una nación; ello le da una gran visión de cómo ese modelo no puede lograr todos los objetivos y cómo es necesario que otro gran modelo actúe para que todo mejore.

Ese gran modelo es la prevención, pero la prevención real, no la «prevención» de la disuasión por amenazas, en estos tiempos todos hablan de prevención sin que en su vida hayan hecho algo para materializarla. Elías, en su experiencia como policía comunitario en Israel, entendió de manera clara que hacer la diferencia en la vida de las personas, de la comunidad, es entender de manera clara sus problemáticas, el origen de las mismas, empatizar con sus pobladores y materializar todas esas visiones en un plan de acción que, evaluado en el tiempo, con prueba y error, pudiera alcanzar de manera efectiva a todos los integrantes de la comunidad e influir en sus vidas de manera positiva.

Hace ya nueve años que tuve la oportunidad de conocer a Elías, y lo he dicho en público y privado, él no es egoísta, entiende que la experiencia, el conocimiento, se deben compartir y multiplicar, esta es su tercera obra, que, tras décadas de ejercicio profesional efectivo, nos da una guía integral para que la policía tradicional, sus mandos, sus políticos, entiendan que el cambio no solo es posible, sino obligado, y por si fuera poco, además, nos dice cómo se deben reclutar los elementos para que el modelo funcione, cómo deben hacer su trabajo sobre el terreno, cómo crear alianzas, trabajar con la población de todas las partes de la pirámide poblacional y no morir en el intento, porque trabajar y escuchar a la comunidad requiere corazón, pasión, entrega y vocación; porque no hay amor más grande que el amor por la comunidad, por la humanidad misma.

A lo largo de mi vida académica y profesional, pocas obras son así de puntuales como la que hoy tienes en tus manos, te da todas las partes de un sistema, el Multipol, la comunidad, los voluntarios, las alianzas, los lugares para operar (Centro de Policía Municipal Comunitaria), las bases para planear el trabajo policial y comunitario, y comparte programas que el mismo Elías implementó, corrigió y mejoró a lo largo de su trabajo.

Es importante mencionar también la parte que se dedica al elemento humano; el *burnout* es un síndrome que afecta a los trabajadores en las empresas, y la policía no está exenta de ese problema, con el agravante de que, en nuestro trabajo, las incidencias no son las de una línea de producción, sino violencia, seres humanos en sus peores momentos y vidas perdidas… La policía requiere atender la salud mental de sus elementos para que, de esta manera, no solo se busque tener el mejor equipamiento para su trabajo, sino que la pieza más importante, el ser humano que opera el sistema, sea el mejor posible *per se*.

Hacer el dolor evitable es el fin último de todo sistema de seguridad, el Estado como organización política se debe a este noble fin, y usted tiene en este libro la oportunidad de conocer una visión integral, holística, de cómo influir desde su ámbito de responsabilidad en buscar más seguridad para nuestra generación, para las generaciones futuras.

Maestro José Moisés Herrera Saldaña

PRIMERA PARTE

1. Introducción

1.1 Hacia unas comunidades más seguras

En los últimos años vivimos una proliferación de trabajos empíricos que se han centrado en estudiar el rol que cumple la comunidad en el bienestar socioeconómico y en el nivel de seguridad que viven los vecinos. En todos ellos existen múltiples interpretaciones de temas por separado, como son la percepción de seguridad, la asimilación de todos los actores en una coalición en beneficio social, la regulación de actividades en conjunto y el reconocimiento de que en la prevención de la violencia está la respuesta.

Visto desde una faceta superpuesta a nuestras necesidades, cada uno de esos temas por sí mismo puede conseguir una meta que nos proporcione un entorno teórico prometedor para lograr vivir en un marco de seguridad y sin problemas, pero para conocer los procesos básicos que continúan ocultos al desarrollo adecuado de una comunidad equilibrada —en el más pleno sentido de la palabra—, recomiendo navegar por lo más profundo e íntimo de este libro hasta conseguir «exprimir» todas y cada una de las propuestas aquí presentadas e idear la manera de llevarlas a cabo en su barrio.

La función que cumplía la policía para combatir el delito de antaño hace tiempo que dejó de ser efectiva en la realidad actual, puesto que los delincuentes aprendieron cuáles eran las acciones habituales que se realizaban para atraparlos, las conocen de memoria y han perfeccionado sus movimientos para neutralizarlas, para no caer nuevamente en manos de la justicia. En cambio, los uniformados casi no han variado sus formas de trabajo, lo que ha conllevado un alto grado de descontento de la ciudadanía, que se han tenido que fortificar en sus casas mientras que los maleantes circulan con libertad en las calles, sea por la carencia o variedad de elementos que se encargan de la seguridad, por temas de corrupción, que están a la orden del día o, sencillamente, porque aún no han sido atrapados.

En mi opinión, no hay diferencia entre aquel que delinque atribuyendo la causa de su mala acción a la pobreza y el que lo hace como su *modus vivendi*, pero lo que sí es cierto es que los vándalos se perfeccionan y sus fechorías se vuelven cada vez más crueles y salvajes, matando a sus víctimas sin parpadear siquiera. Incluso nosotros mismos los denominamos con apodos con los que se identificarán, perdiendo el miedo a ser pillados y así, cuando estamos en las calles y escuchamos el ruido de una motoneta a nuestras espaldas, ya estamos seguros de que son «motochorros», o si alguien camina detrás de nosotros pensamos que es un «sicario» o, como en Chile, encontramos otros nombres, como Indio Juan, Pelo Duro, Palomo, Coya y Alexis Sánchez, etc., que se han trasformado en verdaderas leyendas por haber sido los sobrenombres de los más peligrosos y avezados criminales de la escena nacional.

Durante más de dos décadas y media ejercí en la Policía de Israel y, paralelamente, más de una década ejercí de jefe de la Policía Comunitaria de un barrio marginal llamado Guiló, con más de 45 000 habitantes, en el que pude llevar a cabo actividades preventivas con sonado éxito, que me posibilitaron transformarlo en un ambiente seguro, ya que la creación de alianzas comunitarias con el Gobierno local, centros de estudios, líderes religiosos, diversas ONG, juntas vecinales y demás, posibilitaron que el éxito de los modelos de prevención de violencia allí aplicados echasen raíces y formasen parte de una nueva y pacífica forma de vida. Al tratarse de una actividad real llevada a cabo con continuidad en el tiempo y con éxito —y no una simulación o un proyecto no realizado—, hemos entendido que sería de interés detenerse con un poco más de detalle sobre esta experiencia, como se hará en las páginas siguientes, porque contiene numerosos aspectos aplicables a otras poblaciones fuera de Israel.

Como se insistirá en más de una ocasión a lo largo del libro, el modelo Multipol tiene aspectos generales invariables, pero otros se adaptan al lugar y tiempo concreto donde se va a aplicar, en función del perfil poblacional, social, económico, de los problemas más comunes que asolan a los habitantes del barrio, del tipo de delincuencia dominante, etc., para lo cual se realizan los oportunos análisis centrados en el vecindario concreto. De hecho, después de mi retiro activo de la Policía, escribí mi primer libro, titulado *Policía y comunidad*, donde explicaba detalladamente los modelos practicados en Israel y proponía modificarlos meticulosamente para las distintas necesidades de América Latina.

Desde el año 1996 y hasta el día de hoy sirvo como vecino voluntario en la Policía de Jerusalén. En este periodo, percibí que en Latinoamérica no se tenía en cuenta a la comunidad como a un componente más para poder afianzar la seguridad comunitaria local, de modo que escribí un segundo libro que titulé *Voluntariado vecinal*, en el cual aclaraba cómo aprovechar el servicio voluntario de la ciudadanía para ensamblar actividades y acciones que también podrán ayudar a la prevención del delito juvenil desde muy temprana edad y encaminando a los adolescentes que así lo requieran.

En sus manos posee mi tercer volumen, titulado *El multipol, policía comunitario y líder social*, siendo sus propósitos el poder diseñar correctamente una policía local que colabore íntimamente junto con la comunidad en la que sirve y crear diversas áreas de intervención conjunta. Esto permite que todos los actores comunitarios puedan formar parte de una gran alianza de trabajo en beneficio propio, evitando etiquetar penalmente a los jóvenes y capacitando a la vecindad para que los acepte sin sospechas y de manera integral.

Se trata, igualmente, de dirigir un proceso de cambio basado en objetivos y actividades medibles, que brindarán sensación de protección a todas las personas y en todos los ámbitos del barrio, educando hacia valores a través de la integración social y la responsabilidad personal mediante el voluntariado vecinal en todos los ámbitos de la comunidad y la formación de alianzas comunitarias.

La consecución de esto favorecerá el desarrollo de conductas comprometidas con los sectores menos favorecidos de la sociedad, logrando un cambio de patrones de comportamiento de los jóvenes que transgreden las leyes o que se encuentran en riesgo de hacerlo y guiándolos en la adopción de actitudes dentro de la norma, además de inculcarles un empoderamiento personal que conduzca a un sentido de pertenencia a la comunidad, a la responsabilidad social, prevenga de actitudes violentas previniendo violencias y minimice futuros o posibles daños.

En cuanto a las metodologías, este libro no es una varita mágica que dé soluciones instantáneas ni rápidas, muy por el contrario, todo lo que especificaré a continuación serán novedosos temas preventivos y, como tales, se podrán llevar a cabo con éxito solamente a medio y largo plazo y no habrá lugar para atajos, descuentos ni cortes en el camino.

El modelo en general no será activado para tratar problemas delincuenciales de magnitud nacional como la corrupción, la trata de blancas, el blanqueo de divisas, el narcotráfico internacional u otros temas que de una u otra manera trabaja el Gobierno central mediante la Policía Nacional u otros cuerpos reactivos o de inteligencia. El arquetipo que se describe se pondrá a funcionar para dar una respuesta lógica y estudiada a los problemas que a diario asolan a la sociedad sin que nadie se ocupe de reducirlos.

Se recomienda, en este sentido, llevarlo a la práctica a nivel zonal, sin intentar «nacionalizarlo» de entrada, dado que será mucho más fácil lograr la cooperación y el liderazgo del Gobierno local o el municipio para realizar los cambios estatutarios requeridos que intentarlo mediante el Gobierno central. De igual manera, será mucho más fácil trabajar con la Policía Municipal que con la nacional, dado que están mucho más en contacto con la comunidad de lo que se podría pedir de la policía clásica.

La metodología utilizada para el presente estudio se basa en actividades llevadas a la práctica en Israel y que tuvieron resultados excelentes, pero, dado que la problemática con la juventud de Medio Oriente es muy distinta a la de Latinoamérica, se han realizado los cambios pertinentes para ajustar el modelo a las sociedades a las que va dedicado este ejemplar. En distintas poblaciones de cada país y desde cada lugar me podrán consultar para poder adecuarlo a cada barrio por separado, ya que lo más sano será adaptar cada tema a las realidades de su vecindad. También he incluido nuevos componentes a dichos modelos, los cuales cumplimentarán la falta de otros. Los resultados, de cualquier manera, se producen a medio y largo plazo, lo cual requerirá apoyo logístico de los actores implicados, así como la paciencia de la vecindad que, con razón, requiere soluciones inmediatas.

1.2 El modelo Multipol: qué es y qué no es

Tras los párrafos anteriores, cabe la posibilidad de que algunos lectores puedan pensar: todo esto está muy bien. ¿A quién puede molestar que se ideen fórmulas para lograr una vida en el barrio más segura, donde las diversas fuerzas obran para un fin común de manera coordinada y los propios vecinos pueden desempeñar un papel activo en esas mejoras? ¿A quién puede molestar que se pongan en práctica medidas preventivas de la delincuencia, sobre todo entre la juventud más vulnerable, en lugar de actuar solo como una reacción ante el hecho consumado? ¿Quién no quiere vivir en un vecindario mejor? De acuerdo, todo esto está muy bien, pero también es probable que en este momento algún lector pueda estar haciéndose algunas preguntas. Por ejemplo, si Multipol es una fuerza de seguridad y si sustituye a fuerzas de seguridad ya establecidas, como la Policía local. O, por ejemplo, ¿qué es exactamente un multipol? ¿Es alguien ajeno a los cuerpos de seguridad? Les adelantamos que estas y otras dudas, si existen, van a irse despejando según se avance en la lectura, pero es imperativo, desde ya, hacer algunas precisiones generales que vayan aclarando los términos antes de entrar en detalles más precisos en los próximos capítulos.

Y empecemos por el principio: Multipol es un modelo policial comunitario. Y un agente de Multipol es un policía. Pero con una diferencia esencial, y es que estamos hablando de alguien que va a ejercer al mismo tiempo de policía, de agente social, de líder comunitario y de representante del vecino.

Según estos presupuestos, un multipol —que no tiene por qué llamarse así, como se verá luego— no se limitará a realizar solamente su labor policial, sino que, en su función de líder comunitario, creará alianzas con todos los componentes de la comunidad y participará en reuniones de carácter comunitario, no solamente referidas a asuntos de seguridad, sino a otras cuestiones asociadas a esta, pues hay que tener en cuenta que problemas como la pobreza, sumados a otros, como el aspecto general del barrio o zona de actuación, además de la atención a la prevención del delito, entre otros asuntos, tienen mucho que ver con la percepción de seguridad personal que van a sentir los vecinos si el modelo se implementa correctamente. Así pues, un proyecto Multipol involucra al Gobierno local, a la policía, a voluntarios del barrio, a los centros educativos y, según los casos, a diversas ONG, centros religiosos, etc., en una tarea conjunta con un fin común. Sin una participación de todos los actores, cada uno en su nivel, el modelo no se activaría correctamente y podría quedar en papel mojado.

Y no, el modelo no sustituye a ningún cuerpo policial existente, sino que se integra en sus zonas de actuación —llámese barrio, barriada, vecindario, distrito, colonia, ciudad, pueblo, según el caso— sin desplazar a nadie. De hecho, en la mayor parte de los casos —aunque no obligatoriamente—, el agente de Multipol saldrá, tras el proceso de selección y la capacitación adecuada, del cuerpo de Policía local, que es el que más proximidad tiene con el vecino.

Valores y conocimientos del agente de Multipol

Como puede suponerse, para ser un agente de Multipol no valdrá cualquiera. Aunque los requisitos mínimos se adaptarán a la situación concreta de cada lugar o país, en el caso de Israel, por ejemplo, para la selección de candidatos, estos debían reunir una serie de aspectos profesionales, humanos e intelectuales que no están al alcance de todos. Además de una hoja de servicio intachable, una de las condiciones básicas era tener acumulados seis años de servicio en la Policía con experiencia en divisiones operativas que implican contacto directo con la calle, sin olvidar una probada honradez y respeto al prójimo que hagan de él un ejemplo a seguir, y disponibilidad para servir en una misma zona durante al menos seis años, algo muy importante para gestar lazos de confianza con el vecindario.

En la faceta humana, se requieren cualidades como versatilidad, asertividad, seriedad, puntualidad, responsabilidad y honestidad, todas ellas vitales para ganarse el respeto de la población, sobre todo de los adolescentes y jóvenes, y de aquellos voluntarios que se integren en el modelo. Las dotes innatas de comunicación son también muy importantes. Debemos recordar que este policía comunitario es la fuerza motriz de unos cambios que involucran a miles de personas y que, como tal, actúa de puente: por un lado, para salvar las diferencias entre cada una de ellas y, por el otro, entre todas ellas como conjunto —como *comunidad*— y los estamentos superiores y organismos oficiales.

Lo óptimo sería que esa experiencia policial y esas cualidades humanas vinieran acompañadas de una formación intelectual superior al promedio habitual en el cuerpo de Policía, como, por ejemplo, la tenencia de una licenciatura universitaria básica, preferiblemente en ciencias humanas. Como se viene advirtiendo, en todo caso, todos estos requerimientos se adaptarán con justicia y sentido común en función del lugar o país de actuación y según las características generales del potencial humano del que se disponga. En todo caso, sí se valorarán conocimientos generales amplios y variados para estar a la altura de cualquier vecino. El dominio de idiomas será una condición ineludible si en la comunidad a la que se esté adscrito se habla algún dialecto local o indígena, o si proliferan inmigrantes. Por último, es importante una fuerte capacidad de expresión oral y escrita para poder transmitir, explicar e impartir órdenes en el trabajo diario.

Una vez seleccionado, la participación en los cursos de capacitación profesional podrán completar los agujeros de conocimiento que le impongan la zona de servicio concreta a la que estará adscrito.

Policía comunitaria y Multipol

En el ámbito de discusión profesional, creemos que los procesos globales de reforma policial se enfrentan al reto de desarrollar una nueva relación con la ciudadanía. El esquema de policía comunitaria sería ideal para conseguir tales reformas en conjunto con la comunidad, pero para desentrañar la controversia existente entre el sistema conocido mundialmente como policía comunitaria y el modelo Multipol, entendemos que es preciso poner en claro los siguientes puntos:

La inexistencia de un esqueleto uniforme en el cual basarse al referirse a la policía comunitaria produce una clara confusión entre esta, la de proximidad, la de cercanía, la de barrio y hasta, a veces, con la mismísima policía clásica en los distintos países del globo.

El novedoso modelo Multipol propone alternativas que permitirán elevar alianzas y modelos de acuerdo con las necesidades de cada zona mediante el trabajo con alianzas tripartitas entre la comunidad —con todos sus componentes—, el Gobierno local y la policía zonal, pudiendo, en los casos que así se decida, utilizar a agentes municipales como mano derecha de ayuda y apoyo a la labor policial.

La táctica Multipol no reportará exigencias monetarias, sino al contrario, porque a nivel económico producirá, en última instancia, una reducción de gastos, ya que, gracias a las capacitaciones que se impartirán, se empleará a menos uniformados en las mismas actividades. Téngase en cuenta que sus egresados estarán orientados a obrar como líderes comunitarios que cumplirán con la labor de toda una estación policial de una manera eficaz, ágil y práctica. Todo esto irá en una firme línea de trabajo dedicada a la prevención de la violencia juvenil.

En cuanto a la terminología, como ya adelantamos unas líneas más arriba, por diversas razones, habrá quienes rehúsen adjetivar a sus uniformados como multipoles. Para despejar dudas respecto a este tema, aclaremos que Multipol da nombre *a la capacitación* que se impartirá, y no necesariamente se deberá llamar así los agentes que finalicen con éxito la misma, el cómo denominarlos será de pura y exclusiva autoridad e incumbencia local, pero en este escrito, por cuestiones prácticas, así se seguirán designando. El nombre es, al fin y al cabo, lo menos importante, lo que sí está claro es que será un tipo de policía comunitario capacitado de acuerdo con el sistema Multipol.

Llámense como los llamen, dichos agentes laborarán utilizando conceptos vecinales, métodos comunitarios y en escenarios de aplicación local, siendo todos ellos los resultados del proceso de reflexión y aprendizaje para fortalecer la relación de confianza y colaboración entre todos los actores comunitarios. Los resultados comprobados son claros. Por ejemplo, desde el año 2013, en la ciudad de León, México, el sistema Multipol —que, por cuestiones internas, ya se maneja con otro nombre— está siendo aplicado con éxito en 10 diferentes colonias, pero al no poseer estadísticas de largo historial es preferible carecer de ellas. Pero… ¿quién es ese uniformado titulado Multipol? Además de lo que ya se adelantó aquí, se profundizará en su papel, características y funciones a lo largo de gran parte de las páginas de este libro.

En este trabajo se plantea como estrategia (el QUÉ) la prevención de la violencia en las comunidades y el aumento de la percepción de seguridad que sienten los vecinos. El Multipol está expuesto como una de las tácticas (el CÓMO) de trabajo imprescindible, por ello es por lo que figura, directa o indirectamente, en casi todos los contenidos aquí expuestos, que vendrían a ser los planes de acción que posibilitarán que dicha táctica funcione a la perfección, ya que estarán enfocados a tratar los trastornos que perjudican a la comunidad y a todos sus componentes.

En el ámbito social, esta obra aborda las teorías existentes para la gestión de este espacio en constante evolución, pero es, sobre todo, un vistazo introspectivo a la práctica. Es una mirada a los cambios funcionales que pueden aplicarse a través de la participación, la colaboración y la gestación de alianzas entre los vecinos de una comunidad y los cuerpos u organismos comunitarios que actúan en ella. Solo a través de ellos podremos observar, analizar y, eventualmente, dar respuesta a las situaciones que las fuerzas operativas afrontan en su quehacer diario. A su vez, analizará los elementos y factores a tener en cuenta en esta realidad en constante evolución para poder hacer una descripción fidedigna de la realidad en su síntesis más natural con el fin de mejorar el desempeño de los distintos agentes —sociales y del orden— en la prevención de la violencia en todas sus formas y versiones, con particular atención a la violencia juvenil y la que afecta a los grupos sociales más vulnerables: ancianos, personas con discapacidad, familias monoparentales, etc., pudiendo conocer los métodos de trabajo y objetivos para conseguir la completa y homologada integración entre ellos y las técnicas de verificación de actividades en cada fase del trabajo. Se logrará una singular familiarización con el vecindario mediante una novedosa base de datos de la demografía del barrio. Bajo el liderazgo del Gobierno local, se apoyará la generación de un cambio positivo en la escala de valores de los moradores, justo en el momento más adecuado para todos los componentes y actores comunitarios.

Para formalizar tales logros, se deberá hacer un seguimiento constante de los cambios generados para verificar que realmente se han alcanzado las metas fijadas, así como para enmendar las soluciones en casos de desviación e, incluso, para cambiar las metas sobre la marcha si estas no fuesen las más indicadas en ese preciso momento. Será indispensable tener en cuenta que la evolución de la realidad siempre acabará trazando el camino preciso. El Gobierno local o, en su defecto, la junta vecinal, la concejalía o institución equivalente (que varía según lugar, país o zona de actuación), administrará y alentará los cambios desde dentro de dicha comunidad por medio de la participación activa de los vecinos en el marco de grupos de voluntarios en todos los ámbitos de la vida comunitaria, pues con su ayuda será mucho más fácil definir aquellos comportamientos antisociales que tengan influencias negativas sobre la percepción de seguridad que sientan los vecinos.

1.3. De Guiló a las nuevas estrategias de policía comunitaria

Para ir concluyendo este capítulo introductorio, resumiremos brevemente las diversas temáticas que se abordarán en los siguientes capítulos. En primer lugar, se explicará con cierto detalle de la experiencia desarrollada en el suburbio llamado Guiló. Tras una introducción a su historia, haré hincapié en sus cualidades socioeconómicas y cultura institucional para, finalmente, poder referirme a su Administración Comunitaria, que permitirá conocer bien de cerca su actual sistema de regencia vecinal, con el que el uniformado local debió, debe y deberá tratar todos los temas concernientes a la seguridad y a la prevención de la violencia, asuntos que tienen que ver íntimamente con la percepción de seguridad en el vecindario. Al no tratarse de una simulación ni de un supuesto, sino del desarrollo real del modelo, entendemos que es muy ilustrativo y, en muchos de sus aspectos, extrapolable a otras zonas de actuación (barriadas, vecindades, suburbios, etc., que por razones prácticas y para abreviar vamos a llamar *barrios*) de otras ciudades, pensando, sobre todo, en América Latina.

En las páginas siguientes se abordarán más en detalle aspectos que hemos resumido en las líneas precedentes en los que se estructura el modelo Multipol. Cuestiones tan importantes como la rehabilitación de jóvenes, la prevención de la violencia, el reintegro en el centro educativo de jóvenes que lo abandonaron sin recibir un estigma social por comportamientos anteriores, la participación de los diversos aliados en el modelo comunitario, etcétera. En fin, se desplegarán las diversas estrategias que hacen de Multipol un modelo holístico diferenciado y, con la colaboración necesaria, efectivo.

Hemos creído muy necesario hacer un paréntesis, en los siguientes capítulos (parte tercera del libro) para, a partir de la historia de la policía comunitaria en Israel, detenernos en una visión más general de la Policía, sus diversas funciones, la posibilidad de colaboración entre los diversos cuerpos y, cómo no, los problemas de salud a los que se pueden ver expuestos. No es preciso aclarar que todo trabajador, más aún si es un servidor público, está expuesto a enfermedades laborales, ni es necesario subrayar que en la tarea policial en concreto, por sus muy especiales características, también se está en riesgo de alcanzar niveles de ansiedad o de frustración, por ejemplo, superiores a las que se producen en otros ámbitos laborales. Creemos que aportar una visión más general ayudará a entender algo mejor la estructura policial en sus diversos estamentos. Por añadidura, no olvidemos que el agente de Multipol también es un policía, y que todos los policías son, ante todo, personas.

En la cuarta parte, y final, se desarrollarán con cierto detalle conceptos concretos como qué son las «alianzas comunitarias», de qué hablamos cuando hablamos de «supervisión» o del «establecimiento de prioridades». Todos ellos, de algún modo, se podrían leer por separado, y todos son conceptos de los que se habla, en general, en la gestión de equipos de trabajo, aunque su inclusión en el texto esté motivada porque todos estos aspectos son importantes para un correcto desarrollo y continuidad de una estrategia de seguridad comunitaria con Multipol.

Con las conclusiones cerraremos el círculo. No hemos elaborado unas conclusiones a modo de resumen, sino que en ellas se aportarán datos nuevos y valoraciones muy concretas que, según esperamos, contribuyan a que el lector cierre el libro habiéndose hecho una visión bastante precisa del proyecto de policía preventiva y comunitaria Multipol que se pone a disposición de los Gobiernos y las autoridades locales de cualquier lugar del planeta, con especial atención a Latinoamérica.

Para concluir: insisto en que el derecho fundamental de nuestra vida es encontrar la felicidad. Tanto si se tienen creencias ideológicas como si no, si se cree en tal o cual religión, todos buscamos una forma de vida mejor. Así pues, aseguro que el encaminar a nuestra sociedad mediante este estilo de seguridad comunitaria logrará un movimiento primordial en nuestra comunidad que nos conducirá en pos de la felicidad personal.

2. Antecedentes: la experiencia de Guiló

2.1 Guiló, un barrio joven con historia milenaria

La historia de Guiló desde la época de la Biblia

El rey Saúl había pecado al desobedecer a Dios durante la batalla de Michmash, donde debía destruir a todos los enemigos amalecitas y no lo hizo, por ello, Dios envió al profeta Samuel en busca de un nuevo «ungido». Su destino era Belén, donde vivía Jesé, un pastor, con sus hijos, y cuando Samuel vio a David, su hijo menor, le ungió como futuro rey de Israel.

Años más tarde el rey David se enamora de Betsabé, esposa de Urías el Hitita, enviando a este a una muerte segura en la guerra contra el pueblo de Amón en el sitio a Rabbah. Al rey David le nació de su esposa Maacá su hijo Absalón, quien inicia una revuelta contra su padre. Ajitófel, quien era consejero del rey, le da la espalda a David y aconseja a Absalón montar una tienda sobre una terraza del palacio y acostarse con todas las concubinas de su padre «a la vista de todo Israel». Se deduce que Ajitófel era el abuelo de Betsabé y con tal consejo quiso vengar la muerte de Urías el Hitita. Después de eso, Ajitófel regresa a su ciudad, Guiló, y se suicida. En el Antiguo Testamento, tal como lo es hoy en día, Guiló está ubicada a 2 km al norte de la ciudad Beit Lehem (Belén), cuna del cristianismo.

En el entorno de Guiló fueron descubiertas, durante su reconstrucción contemporánea, ruinas de aquella época que atestiguan la antigua existencia de Guiló. Se hallaron restos de profundos pozos de agua, terrazas de contención que posibilitaban diversos cultivos y siembras en las pendientes laderas locales, columbarios que sirvieron para el cuidado y la cría de palomas mensajeras o, simplemente, de palomas que formaban parte de la dieta culinaria diaria o cuyos excrementos servían de abono, bodegas de vino donde se procedía al encubado y la fermentación de las uvas antes de su envasado, almazaras o molinos donde se obtenía el aceite de la oliva compuestos por una nave de recepción, la zona de elaboración y una no muy profunda bodega donde se guardaba el aceite de oliva, que fue empleado de forma habitual en la gastronomía, para usos religiosos, para la cosmética y como combustible en la iluminación para lámparas que alumbraban tanto las casas como los templos. Todas estas construcciones estaban esculpidas en piedra, al igual que los restos de casas y corrales. También se hallaron gran cantidad de manantiales, cuyos caudales fueron encauzados para posibilitar su uso a los moradores.

Su historia contemporánea

Este barrio fue fundado en el año 1971, al igual que otros cuatro barrios circundantes de Jerusalén. Está ubicado en la parte sur de la Ciudad Santa, ha sido desde su creación uno de los más grandes de Jerusalén y, por su ubicación fronteriza, que limita con Belén, es uno de los más problemáticos desde el punto de vista de la seguridad ciudadana. Su extensión, de 15 km², serpenteante por cuatro colinas, y la variedad de su población, con altos porcentajes de inmigrantes, constituyen un buen ejemplo para conocer de cerca la aplicación de cualquier modelo policial comunitario, construcción de comunidad y técnicas prácticas.

En lo que se refiere a su topografía, está en una de las colinas más altas de la capital, a 857 metros sobre el nivel del mar. Su superficie, de 15 km², se extiende 3,1 km en el eje este-oeste y

1,4 en el norte-sur, aunque las distancias por carretera son sustancialmente más largas debido al relieve montañoso. Cuenta con miles de viviendas distribuidas en cinco vecindarios clasificados en orden ascendente con las letras del abecedario (Guiló A, Guiló B, y así sucesivamente).

Su estilo urbanístico es de tipo barrio dormitorio, con concentración puntual de urbanizaciones de mayor nivel económico distribuidas en todo su perímetro. La población actual es de varias decenas de miles de habitantes, de los cuales un porcentaje muy notable —el 73.4 %— son inmigrantes de distintos países, y cuenta con un centro de inmigrantes en la denominada zona A. En todo el entorno de la zona hay más de 48 centros religiosos donde quien así lo quiera podrá ir a rezar. Posee un gran número de centros de enseñanza para todas las edades, más de 70 hogares para bebés —que son casas particulares que, mediante un pago mensual, cuidan bebés de seis meses a cuatro años—, 47 escuelas infantiles (5-6 años), 8 escuelas de enseñanza básica, 2 de secundaria o bachillerato, una Universidad Luterana privada y seis distintas organizaciones de *scouts* que operan en el tiempo libre.

Guiló en la actualidad

Desde su fundación y hasta la actualidad, se construyeron en barrio de Guiló más de 10 000 casas, algunas de ellas viviendas subvencionadas por el Estado. Su población llega a casi 45 000 habitantes de nivel socioeconómico medio alto, entre los cuales absorbió un gran porcentaje de familias inmigrantes de diversos países. En cuanto a su nivel de seguridad, hay que tener en cuenta que tiene un valor estratégico muy importante por el hecho de ser un barrio fronterizo, y por ello goza de patrullas de Guardia Fronteriza al lado de la policía comunitaria y de vecinos voluntarios en la seguridad comunitaria.

Guiló está muy bien conectado con todos los barrios de Jerusalén, e incluso con otras ciudades, mediante una excelente red de diversas líneas de autobuses y actualmente se están comenzando a trazar dos líneas de tren (en concreto, de tranvías), una de las cuales la enlazará con las tres grandes universidades zonales, lo que permitirá que numerosos estudiantes prefieran este barrio. La otra línea la conexionará con las zonas industriales, logrando que aquellos que trabajen en las mismas lleguen a ellas en muy poco tiempo.

Esta red de transporte público, junto con las rutas ya existentes, harán que Guiló sea el barrio mejor conectado de la ciudad, pudiendo cruzar la misma en contados minutos. Además de esto, cuenta con la Administración Comunitaria, un estilo de dirección local social elegida por el vecindario, que activa líneas sociales y culturales que permiten a todos los vecinos, y en especial a las comunidades con necesidades especiales, gozar de actividades culturales, físicas, sociales y benéficas todos los días del año, lo cual convierte a Guiló en un lugar muy atractivo donde vivir.

2.2. La Administración Comunitaria de Guiló

Aplicar estrategias o tácticas que prevengan la violencia local requieren un profundo e íntimo conocimiento de los ámbitos socioeconómicos, políticos, jurídicos, históricos y hasta del comportamiento diario de los vecinos en las calles de la zona en cuestión. Dado que este libro se fundamenta en gran medida en la experiencia vivida en el barrio Guiló, este capítulo será primordial para que el lector pueda comprender mi intención e intentar derivarla a su sociedad, salvando las diferencias existentes, de tal manera que sabrá qué táctica, cómo y dónde aplicarla y así proyectarla correctamente a su propio barrio, vecindario, etc.

De acuerdo con leyes y decretos nacionales israelíes, el barrio Guiló, al igual que otros construidos a partir del año 1967, está considerado como parte del territorio nacional de Israel y, más específicamente, forma parte inseparable de Jerusalén. Sin embargo, de acuerdo con leyes internacionales, existen desacuerdos respecto al tema de su estatus, al considerarlos como asentamientos en territorios ocupados.

En el año 1969 comenzó a activar a nivel territorial la Organización de Centros Socioculturales, que dividió la responsabilidad nacional en cinco departamentos centrales, quienes serían responsables de actividades de orientación social y tiempo libre para niños y jóvenes, buscando nuevas formas de acelerar procesos sociales para el incremento de comunidades y poblaciones en desarrollo, implementando dos líneas paralelas, temas de cultura y tiempo libre, así como actividades sociales y deportivas. En cada comunidad se constituyó un Centro Sociocultural que contó con una dirección de vecinos locales, que determinaron tanto su política interna y la gestión del tiempo libre de los pobladores como todo lo referido a los empleos que se generarían con los trabajadores a sueldo en sus oficinas, que son también residentes de la zona.

En cuanto a Guiló, el mismo año de su fundación, en 1971, se abrió el Centro Sociocultural local, con una dirección compuesta por vecinos que se ofrecieron de manera voluntaria a dirigir a su propia comunidad cumpliendo distintos cargos. En sus comienzos no hubo elecciones democráticas para tales funciones, sino que los cargos fueron designados por la Organización de Centros Socioculturales de manera personal, de acuerdo con las aptitudes profesionales o personales conocidas de cada voluntario que se postulaba a cualquier función.

Como ya se expuso, su ubicación fronteriza, al sur de la Ciudad Santa, convierte a Guiló en un lugar problemático desde el punto de vista de la seguridad ciudadana desde sus comienzos.

Asimismo, su topografía, ya descrita, así como la variedad de su población y el alto porcentaje de inmigrantes constituyen un buen ejemplo para ver la aplicación de un modelo policial comunitario. A lo ya expuesto en los párrafos anteriores en cuanto a su topografía, urbanismo, centros estudiantiles, etc., añadiremos que desde su fundación y hasta el año 1984 se construyeron en el barrio más de 5700 casas, en su plena mayoría viviendas subvencionadas por el Estado, poblándose con casi 23 000 habitantes de nivel socioeconómico medio bajo, entre los cuales se encontraba un gran porcentaje de familias inmigrantes, en especial de Siria, Marruecos y otros países árabes que en su mayoría, lamentablemente, no traían consigo estudios, profesiones u otras aptitudes que les permitieran romper con el círculo vicioso del paro y la falta de actividad productiva, conduciendo a grandes pasos a una parte de esa población al consumo de drogas o al abuso del alcohol, con las consecuencias negativas que ello acarrea.

Por otra parte, la primera insurrección palestina comenzó el 9 de diciembre de 1987 y se prolongó oficialmente hasta el 13 de septiembre de 1993, expandiéndose por toda Cisjordania, y la única ciudad israelí que se vio involucrada en la misma fue Jerusalén y, por consiguiente, el barrio de Guiló, por lo que el Centro Sociocultural se vio en la obligación de ofrecer sus servicios en condiciones de guerra.

En el año 1991 el Centro Sociocultural Guiló fundó en sus instalaciones una oficina para personas con discapacidades y poblaciones especiales. Su visión universal se basó en la certeza de que cada persona tiene derecho a consumir, ir a lugares, realizar actividades y trabajar en el empleo que desee sin que sus insuficiencias personales le sean un obstáculo.

Dicha secretaría realiza tareas con las poblaciones con necesidades especiales en todas las áreas y en todos los niveles de integración. El alcance de las actividades es muy amplio y estas son muy numerosas y variadas, además de abarcar una amplia gama tanto de edades como de contenido. La población objetivo incluye a niños, jóvenes y adultos con diversas discapacidades, como pueden ser la invalidez física —necesidad de sillas de ruedas y andadores—, sordera, ceguera o deficiencia visual, conjunto de síndromes que causan incapacidad física o mental, deficiencia intelectual, síndrome de Down, enfermedades mentales de diversas categorías, autismo, asperger, dislexia, y atiende igualmente a víctimas de accidentes, de atentados terroristas y demás.

En 1994, a raíz de los Acuerdos de Oslo, Belén fue transferida a la Autoridad Nacional Palestina como parte de un territorio autónomo, transformando a una ciudad de mayoría cristiana por excelencia en una ciudad de mayoría musulmana y a la cercana Guiló, en consecuencia, en un barrio fronterizo, con todos los pormenores que el tema conlleva, como pueden ser terrorismo, contrabando, robos, proliferación de personas indocumentadas, etc.

En el año 2001, el Centro Sociocultural Guiló cambia la orientación de sus actividades y comienza a actuar como Administración Comunitaria Guiló, esto es, como una organización que opera en la posición social con responsabilidad económica, a través de la participación de los residentes, de manera democrática y comunitaria, para mejorar la calidad de vida de los vecinos. El servicio que brinda destaca por su excelencia. Sus objetivos serán establecer su posición como la ONG líder en el diseño y desarrollo de servicios comunitarios locales, desarrollar actividades para el tiempo libre, brindar servicios comunitarios mediante la estimulación de alianzas estratégicas, liderar a la comunidad, desarrollar y planificar las políticas zonales con la participación vecinal en su diseño y planificación. También, y en consecuencia, representar los intereses de la comunidad frente al Gobierno local influenciando en la toma de decisiones, brindar la sensación de ser una «casa abierta» para todos los vecinos sin excepción alguna e invertir en la calidad y profesionalidad de sus empleados y de los voluntarios que trabajan en la organización mediante los siguientes valores rectores: respeto al prójimo, empatía y escucha activa, igualdad de oportunidades y profesionalismo.

Los siguientes valores servirán básicamente a todos los residentes del barrio en la toma de decisiones: respeto mutuo, responsabilidad solidaria, ayuda al prójimo, aspirar a que a todos les sea agradable vivir en el barrio, mejorar la calidad de vida y el sentido de pertenencia.

– Fortalecimiento de la colaboración y la solidaridad entre todos los vecinos: fortificar la percepción de orgullo de vivir en el vecindario. Descubrir temas en común que unan a todos para poder compartirlos. Pretender de todos los distintos grupos sociales, étnicos, profesionales, comerciales y religiosos que conforman la comunidad, actúen de manera comprometida mediante la ayuda mutua y creando una responsabilidad compartida, haciendo hincapié en diversos proyectos de interés general y posibilitando el encuentro entre los diferentes grupos sociales.

– Principios de imparcialidad: todos obrarán con respeto mutuo y aceptando al prójimo sin que importen religión, raza o género. Verificar la adhesión de aquellos que son distintos a nosotros con tolerancia y escucha proactiva. Evitar declaraciones negativas generalizadas en público. Bajo el principio «vive y deja vivir», todo residente tiene derecho a comportarse de acuerdo con sus costumbres, siempre y cuando no haga daño a su semejante. En la esfera pública debe prevalecer un comportamiento razonable con respeto, sensibilidad y preocupación por las personas con necesidades especiales.

– Fomentar el diálogo comunitario: llevar a cabo reuniones que incluyan la integración especial de personas de todas las edades y de representantes de comunidades con necesidades especiales. En estos encuentros se tratará de temas variados para lograr el conocimiento entre las personas, estableciendo un diálogo basado en valores de respeto mutuo y la mejora de la vida comunitaria.

Se celebrarán eventos comunitarios en los espacios públicos que permitirán a todos salir a las calles y encontrarse con sus vecinos. Se evitará la exclusión de cualquier grupo de la población, sin importar el tema en discusión.

– Desde el año 2008 comenzaron realizar su labor las ONG en todos los colegios, en horarios en los que ya no hay clases, ayudando a los alumnos a hacer las tareas que recibieron para hacer en sus hogares, creándoles actividades juveniles durante el tiempo libre y brindándoles una comida caliente antes de marcharse a sus casas. Ponían especial atención en hacer activar a niños de familias monoparentales, así como a niños especiales hasta la llegada de sus padres del trabajo. Otras labores muy particulares se comenzaron a realizar distribuyendo a diario alimentos a familias desfavorecidas, efectuando arreglos en casas de adultos mayores, etc.

Hoy en día, la dirección de la Administración Comunitaria de Guiló está integrada por 10 comités: comité administrativo, comité de carreteras y transporte público, comité de finanzas, comité de educación y tiempo libre, comité de seguridad, comité de cultura y absorción, comité de protección ambiental, comité de auditoría, comité de descuentos y comité de recursos humanos. Emplea a 240 vecinos del barrio y maneja un presupuesto anual dirigido a aumentar la solidaridad colectiva a través de una intervención social y democrática que cumple con los deseos de la comunidad.

Su valor agregado será planificar sus políticas interna y externa de acuerdo con el requerimiento de los vecinos, desarrollar soluciones a los distintos problemas de acuerdo con las necesidades de los habitantes y representar honestamente los intereses del colectivo frente al Gobierno local. También lo será ocuparse de las comunidades débiles o con necesidades especiales, creando igualdad de oportunidades y fomentando la magnanimidad, así como:

– Adaptar y flexibilizar sus metas de acuerdo con los requerimientos de los residentes.

– Desarrollar el liderazgo comunitario, poniendo especial atención a la representación de la juventud en la dirección de toda actividad.

– Convertir el voluntariado comunitario en el principal de los valores sociales locales.

– Agrupar todos los recursos humanos, sociales y materiales, favoveciendo la cooperación entre todos ellos en el barrio.

– Fomentar y mejorar constantemente la calidad de vida de los conciudadanos.

– Planificar y coordinar todos los servicios que brinde el Gobierno local.

Se pueden resumir la mayor parte de las actividades de la Administración Comunitaria de Guiló como aquellas que proporcionarán a la comunidad servicios y atenciones gratuitas o a precios subvencionados para, entre otros: enriquecimiento cultural, salud, defensa personal, ayuda a familias monoparentales, actividades deportivas y para mayores, seguridad comunitaria, tiempo libre, apoyo jurisprudencial para trámites gubernamentales, orientación sobre temas de economía familiar, mediación comunitaria, niñez y juventud, religiones, educación informal, arte y música, comunidades con requerimientos especiales, comedor popular.

A pesar de las buenas intenciones, dada la escasez de viviendas gubernamentales subvencionadas por el Gobierno para parejas jóvenes, en el año 2009 se ideó un plan para la expansión territorial que despertó la oposición los Estados Unidos cuando su entonces presidente opinó que la construcción de nuevas viviendas en el barrio haría peligrar los esfuerzos de su Gobierno para renovar las conversaciones de paz con los palestinos. Israel refutó de forma clara que Guiló es parte inseparable de Israel, pero tal convicción no logró, lamentablemente, brindar casas a los necesitados, pese a que los verdaderos amigos son aquellos que caminarán siempre contigo a pesar de las diferencias.

3. Comunidad preventiva

El tema «seguridad ciudadana» es muy relevante para todos los sectores sociales, ya que en su totalidad desean que su barrio sea un lugar seguro y digno, en el cual vivir, moverse libremente, trabajar…, pero las actividades delictivas, así como las violentas, constituyen un reto permanente para que el vecindario sea el lugar ideal que se pretende.

Para cambiar tal realidad de forma natural y automática, los responsables de la seguridad local tratarán de dar una respuesta rápida a esos obstáculos y, respondiendo al clamor social que exige respuestas inminentes, optarán, generalmente, por tomar inmediatas iniciativas de carácter represivo y reactivo, con la convicción de que, de tal manera, la armonía imperará en el lugar. Casi de forma inevitable, como primer paso, se decidirá poner más policías en las calles, con el errado convencimiento de que más uniformados equivaldrán a una mayor seguridad, pronunciándose de lleno en contra de las conductas ilícitas de mayor impacto social, de las fechorías de gran envergadura, en parte porque son las que más figuran en los distintos medios de comunicación.

Los temas que con más presteza son tratados siempre en primer lugar, por ser tanto los más graves como los más populares, son, entre otros: el narcotráfico, el secuestro de personas, el sicariato, los asaltos a mano armada y otras actividades ilegales de esa índole, que recibirán rápidamente una respuesta represiva de la policía como reacción a los mismos. La naturaleza de dicho proceso conllevará ocuparse de todos los problemas de igual manera, pero si estos hubiesen sido encarados de forma social y preventiva, se habría percibido en ellos un claro proceso de retroceso en cuanto a su magnitud. Al obrar de tal manera, solo se le habrá dado un tratamiento cosmético que únicamente aportará soluciones momentáneas, ya que sus raíces continuarán existiendo, esperando la oportunidad más propicia para volver a florecer.

Lo más lamentable es que, por lo general, se dejan de lado los problemas de marcada raíz social, triviales y cotidianos de menor envergadura, que son los que realmente afectan a la percepción de seguridad de los vecinos, y entre los que se cuentan los robos, los hurtos, las riñas callejeras, el *bullying*, las agresiones sexuales, la violencia intrafamiliar o de género, las pandillas callejeras, entre otros asuntos, que son los que realmente aquejan a diario a la comunidad, pero estos casi no saldrán en la primera plana de ningún periódico.

Estos «pequeños» delitos producen efectos complicados, por lo que su intervención requerirá una visión compleja cuyo principio básico se basará en la prevención de los mismos, estudiando sus orígenes y posibilitando su tratamiento, que es lo que evitará que estos reaparezcan.

A nivel sistémico, desconocer las fuentes de la criminalidad cotidiana, a la par de los procesos que ocasionan pobreza, la deserción del sistema educativo, la carencia del desarrollo social y demás, generará grupos vulnerables en la sociedad.

Estas anomalías se evitarán aplicando un correcto trato preventivo a todos los problemas sociopenales, utilizando, a la par que las acciones reactivas, la enseñanza de valores sociales y la aplicación de acciones preventivas que facilitarán un conocimiento y un trato más íntimo de esas anormalidades.

Para poder comenzar a transformar un lugar en dicha comunidad preventiva —que llamaremos también a partir de ahora Comunipré—, se deberá formar una alianza entre todos los actores zonales que quieran estar comprometidos en trabajar mediante programas enfocados al bienestar vecinal. Verán en la prevención de la violencia su principal estrategia de trabajo, incluyendo en su contexto tácticas enfocadas a acabar con los trastornos que producen los distintos tipos de excesos y sus efectos destructivos, tanto para la comunidad como para todos sus componentes, y una de ellas será la Comunipré. Para poder poner en marcha la Comunipré habrá que llevar a cabo acciones planificadas basándose en los problemas que se produzcan en el lugar en cuestión, justificando las mismas en estudios teóricos, así como en experiencias allí vividas, que permitirán lograr los mejores resultados posibles.

Sin lugar a dudas, la prevención de la violencia juvenil formará parte inseparable del fundamento de todo plan de trabajo comunitario, ya que es allí donde realmente se podrá comenzar con la cura de los problemas de cualquier sociedad anémica. Se justificará en la misma base táctica antes mencionada, pero se sumarán planes de acción que traten temas específicos que afectan desde edades muy tempranas, como lo son la drogadicción, el alcoholismo, la violencia familiar o el *bullying*, entre otros. Para ello habrá que juntar un sólido equipo de profesionales que se ocupen de adolescentes que hayan transgredido las leyes, pero no castigándolos, sino brindándoles el correspondiente tratamiento que los reeduque hacia valores y no induzca a etiquetarlos. Será de mucho valor el que determinados adolescentes sean incluidos como parte de tal equipo, lo que, evidentemente, brindará un valor agregado a toda actividad.

Se dividirá a la población objetivo en tres modos de prevención de la violencia —la primaria, la secundaria y la terciaria— que, si bien permiten distintos grados de interpretación, para nuestro estudio se referirán puntualmente al grado de su exposición al riesgo y a los factores de protección que se le pueda brindar. La prevención primaria de violencia se refiere a las intervenciones que se llevarán a cabo antes de que la inadaptación se produzca. La prevención secundaria de la violencia tiene por objetivo descubrir y acabar con un trastorno, proceso o problema lo antes posible o remediarlo parcialmente. La prevención terciaria de violencia pretende detener o retardar la evolución de un trastorno, proceso o problema y sus consecuencias.

Será muy importante poder lograr la concienciación general de los vecinos de que la labor preventiva es imprescindible para combatir la violencia local para así poder superar la persistente exigencia de la población de resultados inmediatos. Eso brindará a los profesionales el tiempo necesario para poder realizar las labores requeridas, utilizando enfoques preventivos de largo alcance, a la par que las inevitables y forzosas acciones reactivas que la realidad imponga.

Cuando se menciona el tema de las alianzas comunitarias, resulta imprescindible contar con el apoyo del máximo dirigente del Gobierno local —el alcalde o su homólogo en menor escala, concejal, delegado, etc., ya que esto variará según la zona de actuación y de la estructura política de la región o del país—. Nómbrese como se nombre, este dirigente será quien encabezará todas las actividades que se realicen en su comunidad. Por naturaleza este será apoyado por el jefe de la Policía, sea nacional, provincial o municipal, pues es el actor más indicado en el conocimiento de actividades delictivas zonales, pudiendo determinar su distribución espacial y los generadores que las producen. Este posibilitará la existencia de un uniformado que cumpla con funciones tanto policiales como sociales, y al cual se llamará «policía comunitario», «multipol» o de la mejor manera que se crea conveniente —esto no es lo importante—, que recibirá un entrenamiento muy especial y diferente. Tal agente del orden formará parte de todas las alianzas comunitarias junto a los otros actores locales, quienes lo apoyarán para poder cumplir con su función sociopolicial.

El plan de acción Comunipré se caracteriza por su estrecha base orgánica apoyada en alianzas comunitarias, lo que permitirá una rápida aplicación, pudiendo llegar a resultados a corto, medio y largo plazo. El fundamento del cambio será realizar un modelo de visión holística que cumpla con determinadas fases: secuencias de actividades mediante el cumplimiento de la ley, ejercicio de una protección general, educación mediante valores, práctica de tratamientos preventivos —y siempre brindando información al público respecto a lo realizado—. Sus marcos de funciones serán las instituciones civiles, las ONG, las asociaciones de vecinos y demás componentes organizados de la sociedad, lo que facilitará ocuparse del vecino en su ámbito personal, interpersonal, cultural, demográfico y demás.

Como es de esperar, la Comunipré poseerá características muy determinadas, ya que es una táctica prescrita para entornos de pequeñas y medianas dimensiones en las que abunda la violencia y la delincuencia es variada y en los que no existe de antemano una cooperación entre los distintos agentes y organismos para frenar los fenómenos ni se dispone de datos sólidos para hacer valoraciones con las que iniciar proyectos, y los vecinos no están participando activamente en la resolución de los problemas.

Teniendo en cuenta esos antecedentes, como base de la estrategia general, esta táctica se guiará por dos ejes centrales. Primero, la integración de todos los actores locales en una alianza, que se regirá mediante estatutos y acuerdos de trabajo. Esta permitirá concretar planes de acción que potenciarán el efecto preventivo con eficacia y rapidez. A continuación, y en segundo lugar, la concienciación y la movilización de los vecinos para que actúen en bien propio y en el del vecindario.

Los planes de acción y las herramientas son varias, y entre ellas están las cuatro principales:

1. Crear alianzas de cooperación entre organizaciones comunitarias, municipales y policiales para dar un buen servicio al vecindario.

2. Unificar servicios públicos para que no haya duplicidad y desperdicio de recursos.

3. Organizar, capacitar y movilizar a los vecinos dentro del marco de prevención de seguridad comunitaria, constituyéndolos en equipos de cooperación en todas y cada una de las esferas que se desarrollen.

4. Aplicar planes de acción preventivos para la minimización y posterior erradicación de la delincuencia y la violencia.

La fase de planificación deberá ser más detallada, analizando en primer lugar todos los problemas que aquejan a esa Comunipré en concreto y, de todos ellos, seleccionar como máximo cinco temas en los que trabajar. Para una correcta elección se utilizará el plan de acción llamado «Cuadro de prioridades». Se elaborará un «Programa de trabajo» de acuerdo con los problemas seleccionados y los recursos disponibles, en los que se definirán los objetivos del plan de acción y las metas preventivas que se quieran lograr y se definirán parámetros de verificación y éxito del modelo, preparando sondeos de supervisión cada tres meses, para analizar si el modelo y el proceso de aplicación funcionan correctamente o merecerán ser readaptados.

Al proyectar correctamente un nuevo barrio o reorganizar el existente se puede plantear la prevención del delito a través de un correcto diseño ambiental, siendo todos los actores locales, los líderes comunitarios electos, los vecinos y los responsables de la seguridad quienes, junto a los arquitectos, podrán proteger a la comunidad de la delincuencia y el vandalismo mediante la integración de los principios y conceptos en el diseño y la gestión del entorno físico.

En 1962, la periodista urbana Jane Jacobs escribió el libro *Vida y muerte de las grandes ciudades americanas*, en el que acusaba a la arquitectura moderna de construir edificios olvidándose de las personas, haciendo hincapié en que carecemos de seguridad porque se está perdiendo el contacto entre los vecinos y también porque, como estamos rodeados de muros, ni vemos lo que ocurre a nuestro alrededor ni somos vistos cuando somos víctimas del delito.

El llamado «control de acceso natural» reduce las oportunidades de realizar actos delictivos, diferenciando claramente entre espacio público y espacio privado, ubicando de manera estudiada entradas y salidas, y aprovechando la fisonomía existente para poder controlar el flujo de personas o vehículos. La vigilancia natural tiene por objetivo crear espacios abiertos e iluminados que permitan a los vecinos observar fácilmente todo aquello que ocurre en su entorno y que cada cual vea lo que ocurre con los demás construyendo, por ejemplo, paredes más bajas. El mantenimiento de las áreas urbanas, el estado de los elementos urbanos y la limpieza del entorno son una señal inequívoca del bienestar y la calidad de vida del lugar. En otras palabras, una zona deteriorada transmitirá al delincuente una sensación de mayor facilidad para perpetrar actividades ilícitas. Tengamos siempre en cuenta la teoría de los vidrios rotos[1].

---

1. Dicho de un modo resumido: el desorden llama al desorden. La teoría, en general, se atribuye a Wilson y Kelling, pero para nuestro propósito poco importa el creador, lo interesante es captar el concepto subyacente. Dicha teoría se basaría en un experimento del psicólogo Philip Zimbardo llevado a cabo en 1969. Dejó un coche abierto y sin placas en el barrio neoyorquino del Bronx —en aquel tiempo muy deteriorado—. Enseguida empezaron a robar sus componentes y al cabo de unos días el coche estaba destrozado. Al tiempo, dejó un coche del mismo modo en Palo Alto, un barrio rico de California. Pasada una semana, el coche estaba intacto. Entonces cogió un martillo y destrozó parte de la carrocería. A las pocas horas, el coche fue desvalijado y destrozado. Esta idea de contagio es aplicable, entre otros, a los centros educativos. Gritos y desorden tolerado en los pasillos, faltas de puntualidad que se pasan por alto, grafitis en muros y mesas consentidos por los educadores... son «cristales rotos» que van creando un clima inadecuado para el aprendizaje y el caldo de cultivo para el abandono escolar. De forma parecida, en los barrios, si en un edificio hay una ventana rota y no se arregla enseguida, al poco tiempo los vándalos romperán más ventanas. ¿Por qué? Porque romper ventanas es «divertido», pero, sobre todo, porque la ventana rota está mandando un mensaje: nadie está cuidando de esto.

Los tres puntos anteriores influyen directamente en el reforzamiento territorial. Un entorno cuidado y con un plan urbanístico inteligente hará que los ciudadanos se sientan más satisfechos y orgullosos de pertenecer a ese barrio. Esto fomenta que los propios ciudadanos participen activamente y se involucren en la mejora de su comunidad. Existen determinados factores que causan sensación de peligro en la ciudadanía: espacios oscuros, acumulación de basura y falta de información, entre otros.

El refuerzo territorial fomenta el control social a través de una definición de los espacios públicos, semipúblicos y privados, posibilitando a los propietarios identificar a posibles intrusos e informar de su presencia a la policía.

La participación comunitaria yo la veo y siempre la veré identificada mediante el voluntariado vecinal que se lleve a cabo en la zona en cuestión y en favor de la sociedad que la componga, ya que la Comunidad Preventiva (CP) fomenta metodologías participativas que permiten al ciudadano entender mejor su entorno, la posibilidad de riesgos y cómo afrontarlos. Este cambio de actitud por parte de la población se podrá favorecer mediante sencillas acciones, como puede ser pintando las fachadas de sus casas, embelleciendo sus jardines o tirando los residuos en los lugares aptos para ello. Esto fomentará un sentido de pertenencia y orgullo comunitario. En el ámbito social, es importante embellecer los exteriores de las casas, creando espacios verdes comunitarios en terrenos vacíos o en lugares públicos abandonados, crear lugares de esparcimiento, accesibles y seguros para el uso de los niños del vecindario.

Se trata de hacer funcionar ese plan de acción en una zona, pretender que este plan funcione en todo el vecindario de una sola vez es bienintencionada, pero será un error, ya que se trata de un modelo progresivo en el cual se deberá dividir el suburbio en fracciones, con las consiguientes propiedades. Para poder comenzar a formar una Comunipré, como primera medida, elegiremos un lugar que posea unas posibles características físicas, como podrían ser: que en el barrio vivan entre 500 y 20 000 habitantes; que el perímetro físico no supere los 20 km²; que haya colegio, iglesia, zona comercial, clínica de salud, comisaría de Policía, transporte público, presencia de alguna ONG, cercanía de un centro comercial, etc.

Respecto a sus características conflictivas, comprobaremos que en esa zona existen problemas de mediana magnitud para que se noten los procesos que tenemos intención de realizar. La diversidad exagerada de problemas o la amplitud geográfica, fuera del alcance práctico y real, obstaculizarán la labor los equipos, por lo que la correcta delimitación de la Comunipré será crucial. Al decidirnos por un determinado lugar donde queramos intervenir, habrá que formular una petición formal a los dirigentes o autoridades locales del mismo (según la zona, podrá ser un alcalde, un concejal, un jefe de junta vecinal, etc.) para, de esta forma, esté autorizada y oficializada nuestra intervención.

Una vez aceptada nuestra propuesta, es decir, sabiendo ya que quieren constituirse como una comunidad que ponga en marcha actividades preventivas, se procederá a explicar detalladamente los requerimientos. Para eso, nos reuniremos con los dirigentes de la zona, presentándonos y aclarando nuestras intenciones, proporcionándoles una información bien clara sobre el porqué de nuestro interés en ayudarlos, sobre posibles actividades que podríamos realizar y dejando claro nuestro respaldo profesional, la misión y visión de nuestro equipo de trabajo, los temas de interés público que se pretenden tratar, el objetivo que se pretende alcanzar, además de corroborar nuestra previa experiencia al haber realizado esta misma labor en otros lugares.

Ya obtenido el consentimiento y el apoyo de los dirigentes locales, se deberá proceder a formalizarlo mediante convenio escrito que comprometa a ambas partes durante todo el procedimiento. También solicitaremos recibir de ellos toda la información requerida, que seguramente nos será brindada más desde un punto de vista político que social. De la misma deduciremos si poseen acuerdos de colaboración con otros barrios, un organigrama de la dirección, quiénes son los miembros de los distintos comités y demás temas institucionales que nos puedan interesar.

Dada la importancia de conocer de antemano la comunidad donde se trabajará, se incluirán, dentro de la información que recopilemos, otros temas para saber más de la misma. Aunque estos temas en ese momento no sean relevantes para nuestros quehaceres profesionales, es posible que en otra oportunidad sí lo sean. A continuación, todos los componentes del equipo de trabajo deberán realizar un recorrido de acercamiento, tratando de encontrarse con los moradores y otros actores que compongan la Comunipré.

Encuestar personalmente a los pobladores nos facilitará comprender sus sentimientos y sus actitudes respecto de sus vecinos, y esa información nos será útil para identificar posibles aliados que nos apoyen o rivales que se puedan oponer a cualquier esfuerzo que realicemos. Tal estudio no se limitará solamente a problemas sociales, conflictos, valores, instituciones, grupos económicos, raciales, religiosos y culturales, sino también a factores estructurales, geográficos y físicos del lugar.

Una vez que hemos profundizado en todos estos aspectos de la población de la zona de actuación, habrá que estimar qué porcentaje de vecinos requerirá nuestros servicios por iniciativa propia, cuántos lo harán por extrema urgencia y cuántos no lo harán de ninguna manera.

Todo el material que se obtenga u organice con respecto a la zona deberá quedar registrado en dos clases de formato: ordenado en una carpeta clasificadora, por un lado, para utilizarlo manualmente, y en formato digital, en un archivo de PowerPoint, para poder mostrarlo cuando se requiera.

Ese registro, que nos permitirá describir la zona y diagnosticar la Comunipré, tendrá un formato simple que permitirá un uso cómodo y sencillo. Constará de un índice, seguido de un «resumen para ejecutivos», un mapa de la zona, todos los temas que queramos exponer y, finalmente, un resumen. Este documento, en suma, una versión abreviada de un informe más exhaustivo, de tal manera que así el lector podrá conocer con rapidez una gran cantidad de material sin tener que leer la documentación al completo.

En un segundo paso se realizarán estos mismos recorridos en otras zonas lindantes para poder comparar y hacer una tarea de campo más amplia, visitar las ONG, centros industriales, otras instituciones de menor categoría, etc. Con la información que recopilemos podremos programar posibles futuros aliados que puedan aportar sus conocimientos, habilidades y experiencias.

Los temas generales que nos ayudarán en la descripción de la Comunipré serán: su historia; mapas de calles, rutas, puentes y demás infraestructuras locales; la clasificación socioeconómica de la población; topografía y clima en general; lugares tácticos; transporte público; parques y lugares de reunión para el tiempo libre de la comunidad; el comercio existente, oficinas gubernamentales y ONG existentes; la diversidad de comunidades con necesidades especiales; entidades deportivas; educación formal e informal; liderazgo comunitario; medios de información locales; sector religioso y salud, entre otras cosas. Los resultados de toda esta indagación, como es lógico, se deberá poner a buen recaudo, dada la sensibilidad de determinada clase de información. El supervisor será la persona idónea para salvaguardar todo este material para evitar su mal uso.

Para que todos estos datos puedan ser utilizados en labores preventivas respecto a la seguridad comunitaria de la vecindad, se deberán adjuntar unos apartados con los siguientes parámetros:

- Reinserción de niños y jóvenes en la sociedad.
- Asimilación de inmigrantes nacionales o extranjeros.
- Penetración de los valores sociales, morales y religiosos en el día a día, incluyendo también el calendario

local de fiestas nacionales, locales o patronales, religiosas y feriados.
- Problemas económicos de envergadura general.
- Hechos políticos locales y sus repercusiones sociales.

La fase de implementación poseerá metas exclusivas de acuerdo con los problemas de cada Comunipré donde se active. Una vez logradas esas metas determinadas, se establecerá una nueva Comunipré junto a la ya existente, determinando para esta nueva metas propias de acuerdo con sus características, que pueden diferir de las enmarcadas para la Comunipré anterior. El propósito final se verá consumado cuando se trabaje en conjunto en todas las zonas con temas preventivos, pudiendo declarar al vecindario como a una Comunipré.

Repercusión en el turismo

También se sentirá un severo impacto económico por la violencia cometida en lugares turísticos. La situación de seguridad tiene un impacto significativo en la llegada de turistas a las ciudades y pueblos que poseen y se benefician de esta clase de recursos de diferentes maneras, de acuerdo con el propósito de la visita, como puede ser: turistas que llegan en peregrinación, desplazamientos por asistencia médica o, sencillamente, turismo vacacional. Todos ellos se ven afectados en gran medida por el nivel de seguridad local existente. Por su parte, los que llegan por negocios o para visitas familiares tienen una percepción distinta, ya que a este perfil de visitante, por los objetivos de su visita y porque tienen una conexión emocional con el lugar, sea por la causa que sea, los niveles de inseguridad les afectan en menor medida.

Dado que la situación de seguridad tiene un impacto significativo en el volumen y la composición de los turistas, se produce también un efecto secundario, y es cómo afecta a la economía del lugar. La mayor o menor afluencia de visitantes, como es lógico, afecta sobre todo al comercio que más depende del turismo, que notará un impacto positivo durante los períodos en que la sensación de seguridad es mayor.

La industria del turismo da trabajo a gran cantidad de ciudadanos, ya que es un sector que requiere mucha mano de obra, generalmente de las periferias de las ciudades, sin que se requiera un grado académico alto. Estas características indican que la importancia de la industria en cada lugar que se sustente de ella va más allá de su participación en el PIB, gracias a su capacidad para proporcionar empleos a las personas con bajos niveles de educación, cuyas tasas de empleo en los últimos años fueron más bajas que entre las personas con educación superior.

La industria del turismo en todo lugar se basa principalmente en los turistas extranjeros, y el número de estos es un valor agregado a la economía nacional, ya que es más alto que el de turistas nacionales. La demanda de turistas depende en gran medida de la situación de seguridad, ya que reaccionan inmediata y severamente al deterioro de la situación de seguridad en la región. Un ejemplo llamativo de esto se percibe en lugares donde las actividades delictivas son muy pronunciadas y en las que, al ser publicadas en la prensa, la cantidad de turistas disminuye dramáticamente. Sin embargo, claro está, no hay un único perfil de turista y los propósitos de sus visitas son diferentes (peregrinación, vacaciones, negocios, etc.). Algunos de ellos vienen de manera organizada, y otros independientemente. Para algunos, esta es su primera visita al lugar, y algunos ya lo han visitado antes. La situación de seguridad también afecta a la demanda de turismo de manera heterogénea y, por lo tanto, la revisión analizará su efecto en cada tipo de turismo por separado.

Un análisis econométrico estimó el impacto de la situación de seguridad en cada tipo de turista y encontró que su llegada fue influenciada de manera clara, pero de diferente manera según sea el propósito de la visita: los turistas que llegan en peregrinación, por vacaciones o viaje de placer se ven afectados en su percepción en gran medida por el nivel de delitos de alto impacto. Por el contrario, los turistas con vínculos emocionales o familiares con los lugares visitados se ven muy poco afectados por esta percepción de seguridad.

El estudio utiliza una nueva base de datos que examina la imagen del lugar a través del alcance y el tema de los artículos publicados en los medios de comunicación. Los datos sobre el alcance de los artículos sobre guerras y disturbios no contribuyeron a la explicación de los cambios en el número de turistas, es decir, no agregaron mucha información más allá de la información proporcionada por la variable que enumera directamente el número de víctimas mortales causadas por el terrorismo. No se encontró que la información sobre el tema del estilo de vida, que no está relacionada con la situación de seguridad, afecte el número de turistas. Sin embargo, los datos sobre la cantidad de artículos periodísticos que tratan temas económicos contribuyeron a la explicación de los turistas que acudieron al lugar con fines comerciales.

En general, la situación de seguridad tiene una influencia dominante en el volumen y la composición de los turistas, y también eclipsa las consideraciones económicas de los turistas. Las variables económicas, especialmente el tipo de cambio, tienen un efecto secundario sobre la llegada de turistas: la apreciación del tipo de cambio real reduce, en promedio, un poco la cantidad de turistas que llegarán al lugar. Sin embargo, durante los períodos de informes negativos sobre la zona, es decir, cuando la situación de seguridad ha empeorado, los cambios en el tipo de cambio de la moneda serán más influyentes.

El uniformado de la Comunipré: el multipol

Una de las principales cualidades que caracterizarán a la Comunipré será el cambio radical que se producirá en las actividades policiales, prefiriendo las acciones preventivas a las reactivas. Para ello, en cada Comunipré la policía local deberá seleccionar a uno de sus agentes más aptos para la función de multipol (o de policía comunitario o municipal) y, junto con el Gobierno local, abrirá un centro policial que brindará sus servicios a la comunidad.

Este uniformado no cambiará a los agentes que trabajan de manera clásica, sino que combinará sus actividades, creando un multiplicador de fuerzas en la lucha contra el delito y la violencia. El agente comunitario ejercerá al mismo tiempo de policía, agente social, líder comunitario, representante de la Policía en el vecindario y representante del vecino frente a la policía, lo que aumentará la percepción de seguridad personal de los residentes.

Todos los aliados en este proyecto deberán conocer la zona como las mismísimas palmas de sus manos, realizando una correcta recopilación de datos sobre la zona en cuestión, lo que permitirá llevar a cabo programas preventivos adecuados. Los objetivos serán, entre otros, el conocer profundamente la Comunipré, familiarizarse con todas las organizaciones que obran en la misma, relacionarse con otros posibles aliados y la relación con los vecinos para identificar sus problemas. El estudio no se limitará solamente a factores delincuenciales ni estructurales, sino también a problemas sociales, conflictos, valores, instituciones, grupos económicos, raciales, religiosos y culturales. Será importante que existan programas preventivos enfocados a grupos y entornos de alto riesgo respecto a seguridad ciudadana, educación, salud, deporte, cultura y medio ambiente.

Para poder formar una base de datos fehaciente en la cual basarse, se deberán hacer cuatro clases de sondeos: 1) exploración general de la Comunipré que implique un análisis demográfico y geográfico para poder conocer la zona y sus pobladores; 2) diagnóstico delictivo general que incluya la violencia juvenil y el vandalismo en todas sus facciones; 3) catalogación de dichos fenómenos delictivos o antisociales en los lugares donde ocurren, indicando tanto a la población que los origina como a los que sean sus afectados y, 4) clasificar estos fenómenos de acuerdo con los días de la semana y los horarios en que se producen.

Se deberá recoger todo ese material en un archivo y actualizarlo periódicamente, pero como máximo cada seis meses. El archivo deberá poseer una distribución que permita una pronta familiarización, empezando por un índice, seguidamente un resumen para ejecutivos, unos mapas de la zona y, finalmente, todos los temas antes mencionados. En el mismo se confeccionará una breve descripción y diagnóstico de la Comunipré para que, de tal manera, el lector pueda conocer rápidamente todo el material sin tener que leerlo enteramente. Muchas veces ignoramos los datos fundamentales sobre el lugar donde trabajamos, sin embargo, su conocimiento nos ahorrará tiempo y recursos. Los mapas darán una idea marcada para poder estudiar distintos parámetros, siendo los mapas más importantes el mapa físico, el etnográfico, el infraestructural y un «mapa térmico» de delitos, aunque no son los únicos mapas de interés.

Para que un barrio deje de ser tan solo un área geográfica donde viven personas y se convierta en una Comunipré habrá que desarrollar y sumar metodologías cualitativas que permitan descubrir la mayor cantidad de aptitudes que el lugar posee. Esas aptitudes podrían ser naturales, como el hecho de ser un bello paisaje, o artificiales, para cuya creación harán falta intervenciones activas, tanto de la alcaldía (o equivalente) como de las distintas figuras de la vecindad. Será competencia del Gobierno local mejorar la apariencia general de la zona, borrar grafitis, cuidar la limpieza de la vía pública, arreglar calles, veredas, cañerías e iluminación deterioradas, posibilitar la accesibilidad de todos, recuperar lugares públicos abandonados u ocupados, etc.

Siempre se habla de la importancia de buscar información antes de crear tácticas de trabajo con la comunidad que sean partes relevantes del proceso de preparación de una estrategia operativa. Buscar información de una zona antes de trazar un plan de trabajo es una acción básica que forma parte de toda capacitación de orientación profesional. Sin embargo, se dan situaciones en las que se intentan idear proyectos antes de realmente conocer a esa zona, a sus habitantes y los problemas que los atañen. Es una circunstancia anómala, cuando simplemente podríamos gozar de los beneficios que un profundo estudio nos podría brindar, buscando y encontrando la información necesaria que haría tangible la confección de cualquier plan de trabajo.

Un buen ejemplo de ello es analizar la existencia de colectividades minoritarias dentro de la comunidad local: grupos marginados; situaciones de pobreza crítica; el lugar que ocupa la mujer dentro de la sociedad; grupos de riesgo; conflictos comunitarios existentes; prejuicios sociales y religiosos. A esto se le sumarán focos problemáticos; mapa «térmico» de delitos, etc. Con toda esa información, se procederá a llevar a cabo dos distintas clases de cartografía que nos indicarán los problemas sociopenales existentes, los lugares y horarios donde se llevan a cabo, quiénes son las víctimas o los victimarios y, finalmente, qué posibles soluciones ofrecemos.

A continuación, daré unos ejemplos de cartografía con distintas poblaciones de acuerdo con los fenómenos más notables que ocurren en cada lugar:

– Población joven. En los parques públicos, vandalismo y drogadicción; en las escuelas, *bullying* y venta de drogas; en los centros comerciales, alcoholemia y robos en las tiendas; en lugares generales, robos de motocicletas, motonetas, teléfonos, etc. Grafitis. A todo eso le dedicaremos entretenimiento en tiempo libre y aplicación de temas de prevención.

– Adultos mayores. En los parques públicos son acosados, atracados y amenazados; en los centros comerciales, carterismo y fraudes; los ancianos, en general, temen los lugares oscuros y a veces, por olvido, ellos mismos dejan sus casas abiertas. A todo eso le dedicaremos conferencias explicativas, acompañamiento físico y demás temas de prevención.

– Población de zonas económicas con alto poder adquisitivo. En los centros comerciales los asaltan o les roban las tarjetas de crédito; en lugares abiertos les roban los vehículos o los secuestran. Ante todo esto, coordinaremos patrullas de vecinos voluntarios que operen paralelamente a las empresas de seguridad privadas.

– Comunidad estudiantil: en los parques públicos fuman, cometen vandalismo y se drogan; en las escuelas, *bullying* y consumo de drogas; en los centros comerciales roban en las tiendas, se comportan con violencia; en lugares abiertos, juegan en las calles, roban teléfonos y hacen grafitis. A todo eso le dedicaremos conferencias en los colegios respecto a temas de prevención.

A continuación, unos ejemplos de cartografía de acuerdo con días de la semana y horarios en los que estos fenómenos ocurren:

– Instituciones educativas: de lunes a viernes de 08:00 a 12:00 del mediodía, que es cuando hay clase, daremos conferencias en la escuela respecto a temas de prevención.

– Club de adultos: los martes, jueves y sábados, de 4 a 7 de la tarde, que es cuando el club funciona, realizaremos conferencias explicativas mediante trabajadores sociales y acompañamiento físico en las calles por vecinos voluntarios, y así sucesivamente con otros temas que queramos tratar.

Resumiendo, aclaro que todo el material obtenido se deberá revisar periódicamente para impedir su desactualización. Respecto a las actividades, aquí la función del supervisor será por demás valiosa, ya que sin una correcta supervisión las acciones quedarán en meras intenciones por falta de alguien que las lleve a cabo. Teniendo en cuenta todos los pasos que fueron detallados, tendrán a su alcance una herramienta muy poderosa que les permitirá iniciarse en una nueva comunidad con una debida información de fondo, referencias y antecedentes de los problemas sociales por atender. Sin lugar a dudas que el documento resultante será exhaustivo, pero el proceso los ayudará a unificar a todos los componentes del proceso, poniendo al equipo de trabajo muy por encima de posibles dudas o discusiones y, al final, convertirlos en reales líderes de la comunidad.

El plan de acción Comunipré es útil para la prevención de delitos y la promoción de la seguridad, independientemente de las características de cada lugar, pudiendo ser aplicado de acuerdo con las prioridades y condiciones sociales de cada comunidad. Estos problemas afectan de manera predominante a los grupos más jóvenes de la población, pero mediante la prevención se priorizará la búsqueda de soluciones locales, posibilitando su institución y sostenimiento a largo plazo. Tan solo se requiere un compromiso social de trabajar de manera coordinada mediante alianzas comunitarias, lo que posibilitará una favorable percepción de seguridad en los ciudadanos que residan en la Comunipré.

4. Percepción de seguridad personal

A continuación, tocaremos el tema de la percepción de seguridad en las comunidades desde varios puntos de vista posibles, lo que sin duda representará la opinión de cada uno de ustedes, sean policías, personal gubernamental o cualquiera de los otros actores comunitarios.

La violencia forma parte de la historia de la humanidad desde sus comienzos y está presente en todas las culturas y sociedades. Ya aparece en la misma Biblia, al igual que en los más autorizados libros de historia de cualquier período, en mayor o menor escala.

«Agresividad» y «violencia» son palabras que con frecuencia se utilizan como sinónimos, pero tienen distintos significados. La agresividad es una tendencia innata, de la cual nos servimos para defendernos de posibles amenazas, mientras que la violencia es un aprendizaje sociocultural que carece de instinto, que se transforma en una conducta intencional y dañina y que, según la teoría de Bandura, se desarrolló junto al modelo de aprendizaje social. Un delito es la violación de la ley, y la delincuencia es la acción de cometer delitos —y el conjunto de delitos en sí—. La violencia y la delincuencia comparten muchas teorías, aunque no son términos equivalentes, pues no todos los delitos son violentos.

Las personas que viven en entornos de delincuencia se «contagian» de estos comportamientos y valores mediante el contacto social con delincuentes, adaptando como forma de vida actitudes favorables a la delincuencia. Para poder tratar profunda y correctamente la violencia y los delitos en una comunidad será esencial optar por su tratamiento preventivo como principal estrategia de trabajo, que incluirá en su contexto diversas tácticas preventivas enfocadas a tratar los trastornos que se producen en la comunidad y en cada uno de sus componentes.

Tales tácticas preventivas deberán construirse basándose en los problemas que haya en el lugar donde se tenga la intención de llevarlas a cabo, justificando las mismas en estudios teóricos, así como en experiencias de tratamientos anteriores ahí practicados. Pero, dado que también a menudo los términos «estrategia» y «táctica» son usados con el mismo significado, sin que se le dé importancia a la diferencia entre ambos conceptos, conviene señalar esta. «Estrategia» es uno de los pasos más amplios para lograr una meta específica, en tanto que las «tácticas» serán las acciones que compondrán la estrategia e irán siempre de la mano, sin poder utilizar una sin la otra, ya que la estrategia es el «qué» y la táctica es el «cómo», y los planes de acción son los componentes que harán posible llevar a cabo cada táctica que comporte la estrategia. Por lo tanto, cualquier procedimiento que se realice mediante una estrategia mal elegida, tácticas equivocadas o planes de acción inadecuados estará destinado a un fracaso seguro.

Para poder llevar a cabo un estudio donde ubicar a todos los lectores en un mismo nivel de entendimiento en temas de seguridad, de tal manera que puedan leer este compendio y puedan dar una opinión más firmemente asentada ante posibles controversias existentes, deberemos en primer lugar dedicar las próximas líneas a situaciones reales en las que se ven involucradas todas las policías que operan como servicio tradicional, siendo los más resaltados los que brindan una respuesta reactiva inmediata a las llamadas a la central telefónica de emergencias (911 u otros), y los que realizan patrullajes disuasivos-reactivos, faltos de enfoque social, tratando de encontrar a los infractores de las leyes y no evitando las infracciones, al no estar identificados con los problemas vecinales, sea por desconocimiento de los mismos o porque no creen que se deben tratar conflictos de manera comunitaria, y no penal. Su presencia en estos casos es más bien amenazante, sea por el color de sus uniformes —que a veces son muy parecidos a uniformes militares— o por todos los artilugios que deben llevar como sistema de protección frente a posibles ataques.

Sintetizando los tres principales problemas operativos que perciben los policías de patrulla, veremos que los uniformados responden mal a temas comunitarios por no tener una preparación adecuada por parte de la Policía. Todas las enseñanzas que reciben como parte de la formación básica están destinadas a formarlo como policía reactivo —saber usar armas de fuego o armas no letales, saber defenderse físicamente ante cualquier situación violenta, conocer las leyes que posibilitan su función de policía y demás—, pero casi no recibirán capacitación alguna que les enseñe a tratar determinadas infracciones de la ley de manera comunitaria, cómo actuar frente a comunidades especiales, diferentes, o de qué manera tratar, por ejemplo, una riña callejera entre jóvenes u otros problemas diarios que, a pesar de ser delitos punibles, por la sencilla razón de ocurrir a menudo en todos los barrios, merecen un tratamiento más comunitario que penal, lo que ayudaría a no «etiquetar» a nuestros conciudadanos.

Seguidamente observaremos que, a nivel internacional, aproximadamente un 82.4 % de las llamadas a la central de emergencias (911 u otros) son falsos o no tienen que ver con actividades policiales, pero el patrullero no lo sabrá hasta que no llegue al lugar al que fue enviado, de tal manera que solo podremos llegar a la conclusión inmediata de que el jefe de la Policía no puede ser el único actor en temas de seguridad.

Para lograr una buena actividad policial se deberán dar determinados pasos que conllevarán el cambio esperado, preparando a la Policía —como cuerpo estatutario— para un cambio, de acuerdo con la necesidad comunitaria que se requiera en el terreno, reduciendo la brecha existente entre Policía y comunidad, al tiempo que se desarrolla una participación ciudadana para llegar a una confianza mutua que legitime las necesidades y actividades de todos los actores comunitarios, lo que fortalecerá un compromiso inequívoco con la comunidad. Por su parte, la Policía deberá descentralizar los servicios policiales para que estos sean accesibles y cercanos a todo el público y enfocará su labor mediante valores humanos.

A ciencia cierta, se puede decir que para poder tratar temas de seguridad en las comunidades solo existen dos procedimientos clásicos, uno reactivo y el otro preventivo, y que ambos tienen cosas a favor y cosas en contra. La acción reactiva tiene a su favor que la solución es inmediata, ahora se recibe un tratamiento policial y es en ese mismo momento en que se llega a alguna solución del tema, quitando al problema del medio y consiguiendo que los maleantes teman al uniformado. En contra está que la solución, aunque es inmediata, no pasará de ser momentánea, por supuesto que la solución no será comunitaria, etiquetando a la vecindad y, por su parte, también los vecinos temerán al uniformado.

El tratamiento de los problemas de manera preventiva también tendrá pros y contras. A favor, sabemos que la solución es comunitaria y de largo alcance, los vecinos y los maleantes respetarán al uniformado y se evitará etiquetar a la vecindad. En contra, señalaremos que la solución no es inmediata, pues todo plan de prevención obliga a realizar programas de trabajo a largo plazo y, por tanto, el servicio policial será posible solamente mediante alianzas comunitarias.

Dado que estamos tratando de una nueva perspectiva de seguridad en las comunidades, dicho enfoque ofrece originales puntos de vista respecto a conceptos usados a diario, ya que, si no fuera así, estaríamos hablando del mismo tema con otras palabras. Estos innovadores conceptos respecto a términos ya gastados de tanto utilizarlos serán la sal y la pimienta que le cambiarán el «sabor» a viejos criterios. Para comenzar, analizaremos el concepto de la palabra «seguridad», que sencillamente se puede referir a la ausencia de riesgo o al estado de bienestar en el que se vive. También se podría utilizar en otras acepciones, según el contexto al que se refiera.

En nuestro caso, entenderemos que la palabra «seguridad» se refiere a la protección de la población para que viva libre de toda clase de violencia en sus comunidades, defendiendo a las personas y su patrimonio, asegurando la vida con equidad y libertad.

De acuerdo con el sistema Multipol, existen tres conceptos básicos a los que se puede acusar de los problemas de seguridad en las comunidades. Están la «seguridad penal», la «seguridad ciudadana» y la «seguridad perceptiva». Cada una de ellas posee un factor influyente, que será o bien quien estará a su cargo o bien quien la tratará.

La «seguridad penal» es la situación de tranquilidad pública y de libre ejercicio de los derechos individuales, cuya protección efectiva se encomienda a las fuerzas de orden público. Es un servicio que garantiza la integridad de los ciudadanos y sus bienes mediante las fuerzas de seguridad gubernamentales ante, por ejemplo, asaltos, sicariato, raptos, asesinatos, robos, hurtos, violencia de género y demás delitos que aparecen en el código penal de cada país como punibles. El factor influyente o quien se deberá encargar de que este tipo de actividades no se realicen será, por supuesto, el jefe de la policía zonal.

La «seguridad ciudadana» es el sistema público de prestaciones de carácter económico o asistencial que atiende determinadas necesidades de la población, como las derivadas de la enfermedad, el desempleo, la vejez, etc., al tiempo que es el estilo de protección que rompe el esquema del concepto, porque incluirá dentro del mismo todo aquello cuyo peso molecular respecto al tema de seguridad nunca se tuvo claro: la acción preventiva integrada que se desarrolla en ámbitos vecinales con la colaboración de alianzas comunitarias. Sus ejemplos más claros son de variada índole, desde la deserción escolar hasta la falta de luz en la vía pública o las ramas quebradas de árboles, pasando por la pobreza y demás temas socioeconómicos, cuyo factor influyente es el gobernador local, ya que nada podría hacer el jefe de Policía frente a un embarazo precoz, siendo que este tema es poco menos que una bomba atómica social. La seguridad ciudadana se puede ver simplificada en las siguientes cuatro frases: vivir sin temor de sufrir un ataque violento, saber que la integridad física de uno mismo será respetada, poder disfrutar de la privacidad del hogar sin miedo a ser asaltado y desplazarse libremente por las calles sin el temor de ser robado o atacado.

Y, por último, está la «seguridad perceptiva». Es la clase de seguridad que se percibe en la profundidad del alma, sin que se pueda influir en tal sentimiento lo que los demás digan respecto de asuntos como, por ejemplo, el temor de ser víctima de actos violentos, la carencia de apoyo institucional o la inestabilidad comunitaria, entre otros. En este caso el factor influyente es el propio vecino, que ya no se sienta en la puerta de su casa a charlar con sus vecinos y vive en una casa totalmente enrejada, mientras que los trasgresores de la ley viven en plena libertad. La pobreza es un factor muy influyente, puesto que la gente de pocos recursos no tiene un acceso fácil hacia la justicia y, dado que no existe un nivel de comprensión de tal necesidad, no se han hecho reformas lo bastante profundas como para agilizar el encuentro entre los pobres con la ley y, al parecer, no hay intención ni capacidad ni voluntad de lograrlo, siendo así que existe una gran demanda de justicia por parte de los menos favorecidos, que quieren que sus derechos sean válidos, tanto para los adolescentes como para los mayores.

Pero para poder hablar de gente en situación de carencia económica deberemos primero saber quiénes son los pobres, y esto sin confundir pobreza con humildad. ¿Dónde viven? ¿Qué hacen? ¿Hay regiones o grupos más propensos a la pobreza? La preparación de perfiles de la pobreza es esencial para lograr la aplicación efectiva de una política que la mitigue.

Parte de los agentes generadores de riesgos en la comunidad que influirán en la sensación de inseguridad son: la falta de iluminación en lugares públicos, la carencia de servicios municipales básicos —a pesar de que se paguen puntualmente los impuestos municipales—, lugares públicos abandonados, emplazamientos que sirven de refugio a delincuentes, identificación personal con los malvivientes ideologizándolos por el éxito que representan contra la policía… A ello se sumaría la insensibilidad social en la vecindad, donde a uno no le interesan las necesidades del otro, y en la que el vecino desconoce la posibilidad de proveerse por sí mismo de sus necesidades y espera siempre que otras personas u organismos lo hagan por él, con el agravante de que no está visto como un aliado, sino como un cliente cuyos problemas hay que atender siempre. Añádase, finalmente, el hecho de que nunca se tiene en cuenta que en los pequeños conflictos vecinales se presentan los más grandes problemas diarios. La falta de percepción de seguridad estará fundamentada en la carencia de servicios municipales a los que son acreedores por ley, en el desborde de delitos menores que cometen a diario en su contra y que el Gobierno local, mediante la Policía Municipal, podría solucionar.

En el ámbito policial, en el año 1829 sir Robert Peel creó la Policía Metropolitana de Londres como una estrategia para combatir el delito, estableciendo 9 principios que lo harían triunfar. Dichos principios sirvieron de base para la creación de la Policía Comunitaria del siglo XX, siendo su táctica principal el pensamiento de que la misión básica de la policía es prevenir el crimen y el desorden.

Sin ponerlo en tela de juicio, la percepción de inseguridad entre los vecinos es producto del constante incremento de la delincuencia violenta en los barrios y requiere medidas adecuadas para enfrentarse a ella.

Las personas mayores se sienten inseguras en el lugar en el que viven, considerando muy alta la posibilidad de ser víctimas de alguna clase de violencia. Mayores aún son los niveles de inseguridad que perciben niños y adolescentes, tanto en los centros de estudios como en los lugares de ocio y tiempo libre. Las clases de fechorías que se cometen varían desde las más leves hasta las más crueles, pero opinamos que el peor de los delitos es aquel que no fue denunciado a la policía, y eso sin importar el porqué, ya que esa pasividad por parte del damnificado indica, principalmente, la falta de confianza que se tiene en la policía y en el estamento judicial.

Muchas de las víctimas de algún delito no presentaron denuncia, argumentando: que la policía no podría haber hecho nada; que la pérdida no fue lo suficientemente seria; que el juzgado no hubiera hecho nada; que los trámites de la denuncia requieren mucho tiempo; que la policía no hubiera hecho nada; que conoce a los responsables, que teme amenazas o represalias y demás.

También están las personas que optan por adoptar medidas extremas, como el no ayudar y no aceptar ayuda de personas desconocidas, no llevar dinero en efectivo en los bolsillos, no vestir joyas, no hablar por el teléfono móvil en las calles, reducir al mínimo sus salidas de noche, no tomar taxis al azar, dejar de participar en actividades sociales lejanas, no usar cajeros automáticos, instalar mecanismos de protección en su casa y hasta contratar servicios de seguridad. Evidentemente, tales medidas de precaución no nos facilitan vivir con la calidad de vida que merecemos, por lo que deberíamos tomar decisiones urgentes para reducir la inseguridad, y la pregunta es: ¿por cuáles? ¿Se trata de incrementar las penas a los delitos?, ¿de incorporar a soldados para hacer labores policíacas?, ¿de hacer justicia por mano propia?, ¿de poner más policías en las calles?

Los cuerpos de Policía en el mundo obran de forma generalizada del modo tradicional, su principal actividad se centra en reaccionar represivamente a las actividades ilícitas que se cometen. Reaccionan a las llamadas que se realizan al teléfono de emergencia, brindando una pronta respuesta a temas que ocurrieron. Realizan patrullajes de vigilancia y reacción faltos de todo enfoque social. Deben tolerar parcialmente determinados tipos de violencia por cuestiones de falta de tiempo o de personal. Su labor está carente de identificación con los problemas vecinales y entre tanto los residentes, que carecen de seguridad personal, ven la prosperidad económica de malvivientes e incluso que existe una falta de procedimientos policiales en zonas «tomadas» por malvivientes, deteriorando aún más la imagen policial.

En el aspecto operativo, los patrulleros están siempre ocupados, y una de las principales causas de ellos es la gran cantidad de llamadas al teléfono de emergencia que atienden, cuando resulta que una gran mayoría de esos llamadas no tienen nada que ver con actividades policiales.

Habrá que preparar a la policía para un cambio, dando un mayor y mejor servicio, manteniendo una clara lealtad tanto a sus mandos como a la comunidad donde presta sus servicios, y para ello se los deberá capacitar para que sepan actuar a favor de la prevención de la violencia, teniendo en cuenta siempre las tres clases de prevención existentes.

Hay quienes se resisten a programas preventivos, puesto que estos requieren tiempo y mucha labor conjunta para ver sus resultados, así que, por el contrario, optan por exigir la presencia de más y más policías que patrullen por las calles.

Esto nos da pie para aludir a los tres conceptos, conocidos como «instancias psíquicas» —ello, yo y superyó— de la teoría del psicoanálisis de Freud. El «ello» es la parte innata de la personalidad, que pretende reducir la tensión creada por reacciones relacionadas con el hambre, el sexo, la agresión y los impulsos irracionales, representando la necesidad básica de querer cubrir las necesidades inmediatamente y sin considerar las consecuencias. Podría resumirse como que representa nuestra impulsividad. El «yo» surge de la interacción del ser humano con su realidad, con su entorno vital. Busca la regulación de los impulsos del ello para satisfacerlos de modo más realista y menos inmediato, de modo que podemos decir que es el mecanismo responsable del equilibrio de nuestra psique. En resumen: sería nuestra racionalidad. El «superyó» surge a partir del yo y en él actúan todos los principios que se han ido absorbiendo a lo largo de la vida, formando la representación de los valores culturales, la moralidad y los ideales de cada uno. De este modo, actúa sobre el yo poniéndolo en alerta sobre lo que es o no es aceptable. En resumen: sería nuestra moralidad. Según Freud, comienza a desarrollarse a los cinco años. De modo todo lo experimentado en la etapa escolar es también un factor importante en su conformación (esto último lo afirmamos nosotros).

No es un proceso natural que los vecinos vivan rodeados de uniformados para sentirse seguros. Muy al contrario, en la naturaleza de una comunidad bien constituida las personas percibirán seguridad sin la presencia de agentes del orden a cada paso que se dé. Hoy por hoy, en demasiados lugares los buenos viven tras las rejas de sus casas y los malos viven en plena libertad, lo que hace necesario cambiar de papeles, permitiendo que los buenos gocen de independencia, pero no encarcelando a los malos, ya que lo ideal será trabajar mediante la prevención para evitar etiquetarlos, estigmatizarlos.

Nosotros, como comunidad, etiquetamos a las personas por su conducta según nuestra propia interpretación de lo bueno o malo; al encasillar a un adolescente por una conducta estamos atentando contra su autoestima, dañando su esencia de formar parte de nuestra comunidad, lo que hace prioritario el evitar las conductas negativas, terminando con el paradigma de que «las malas conductas corresponden a malas personas» para que dejemos de pensar que sus conductas son inevitables.

Resumiendo el tema, creemos que una persona adulta que comete fechorías lo hace generalmente como forma de vida, pero debemos aceptar que los jóvenes lo hacen por error, mal encaminamiento o influencias negativas. Al encarcelar a un joven sin haber investigado y tratado los porqués de sus acciones solo conseguiremos crear bombas de tiempo comunitarias, que a corto o a largo plazo nos explotarán en la cara, dañando la textura de nuestra sociedad.

Mediante acciones preventivas posibilitaremos que su vida sea un proceso de aprendizaje positivo, permitiéndole mejorar su condición de pertenencia a la comunidad, aceptando el cambio que se le requerirá realizar y nosotros, como adultos responsables, deberemos evitar etiquetar mediante la prevención, dando una mejor oportunidad a nuestros adolescentes, ya que solo de esa manera podremos vivir en una comunidad más tolerante y eficiente.

5. Prevención activa y pasiva

Para poder tratar de raíz la violencia y los delitos en cualquier comunidad será esencial optar por su tratamiento preventivo como principal estrategia de trabajo.

Esta estrategia incluirá diversas tácticas enfocadas a tratar a los trastornos que se producen en la comunidad y que dañan a todos sus componentes. Como se explicó al comienzo del capítulo anterior, es habitual que los términos «estrategia» y «táctica» se tomen por sinónimos sin serlo, aunque se trate de conceptos que van de la mano como el «qué» y el «cómo», respectivamente.

Por ejemplo, como Gobierno local, Policía u ONG relevante, pretenderemos aumentar la percepción de seguridad que sienten los vecinos, y para ello será necesario componer una estrategia de trabajo. En consecuencia, la estrategia que elegiremos para aumentar la percepción de seguridad que sienten los vecinos en nuestra comunidad será la disminución de la violencia y el delito en nuestra comunidad para que, de tal manera, los moradores se sientan seguros.

Una vez conocida la estrategia, habrá que determinar las tácticas —o sea, los planes de acción— que deberemos seleccionar para poder llevar a cabo la estrategia, las cuales pueden ser un sinfín, pero todas poseerán, generalmente, una de estas dos cualidades: serán reactivas o, por lo contrario, preventivas.

Las tácticas reactivas estarán determinadas directamente por los acontecimientos que se pretenderán frenar, obligándonos a reaccionar de manera inmediata para apresar al maleante o para poner fin al hecho delictivo.

Como tácticas preventivas activas o pasivas se define el conjunto de acciones y elementos de seguridad que intervienen antes o durante la comisión del delito con el objetivo de reducir sus consecuencias.

Los responsables de la seguridad en las comunidades han trabajado durante años frente a actividades delictivas, entremezclando reacción policial con medidas de prevención activa, generalmente costeadas por los moradores.

Los fabricantes de sistemas de prevención activa adaptan las nuevas tecnologías en función de las normas dictadas por empresas internacionales que realizan investigaciones sobre las causas del vandalismo o el hecho delictivo. No deja de resultar «curioso», por no decir «sospechoso», que rara vez encontraremos entre ellas empresas que acometan alguna clase de estudio para frenar la violencia, ya que eso afectaría económicamente a sus fines, que son puramente comerciales, y no sociales. Su intención primordial será el impedir que los clientes que adquieran tales métodos de defensa se encuentren entre las víctimas de acciones delictivas o violentas, protegiendo la vida y los bienes de ellos y de los que viven en su entorno.

La prevención activa es el conjunto de todos aquellos servicios —alquilados o comprados— que proporcionarán un mayor nivel de seguridad mediante su uso o puesta en marcha, pero que no están concebidos para evitar la violencia. Nos referimos a elementos como cinturones de seguridad, alarmas o cámaras de seguridad, que, aunque también forman parte de la seguridad pasiva, deberán ser vistos como parte de las tácticas reactivas, pues ayudarán únicamente durante o una vez consumados los hechos.

Los sistemas de prevención pasiva no pretenderán en ningún caso enfrentarse frontalmente contra los delitos ni contra la violencia, ya que su misión será crear un entorno en el que estas situaciones no se produzcan, por lo que yo las considero ideales, dado que influirán sobre las acciones que pretendemos frenar de tal forma que estas no llegan a ocurrir.

A simple vista se puede pensar que el uso de solo una de esas dos tácticas podría brindar una respuesta apropiada a cualquiera de nuestros problemas, pero la realidad indica que ambas deberán formar parte de una misma estrategia, por lo que debemos decidir qué porcentaje de tácticas reactivas o preventivas pretenderemos realizar, decisión que será producto de otras interacciones sociopenales, que se podrán apreciar cuando se aprenda a componer estrategias.

Basándome en mi labor personal en diversos lugares del planeta, para poder producir un cambio significativo habrá que inclinarse por un 80 % de tácticas preventivas junto con un 20 % de tácticas reactivas, delimitando que las acciones preventivas son el conjunto de las actividades cuyo objetivo es mantener libres de violencia y delincuencia tanto las comunidades como otras zonas específicas menos extensas. Estas se llevarán a cabo mediante el uso de modelos de prevención que impedirán que esa clase de actividades se desarrollen, sin la necesidad de poner en marcha acciones físicas o automáticas para que se produzca su funcionamiento.

Dentro del microcosmos de la prevención, existen divisiones que harán que hasta las mismas tácticas preventivas sean vistas como distintos espacios de actividad, ya que unas serán activas y las otras pasivas. Se desarrollan en dos mundos distintos, pero pertenecen al mismo universo y, a pesar de sus aparentes diferencias, lo ideal consistirá en una combinación de ambas para lograr una misma meta.

Cuando hablamos de tácticas activas, si bien el término transmite la idea de movimientos provocados, estas siguen perteneciendo al núcleo de la prevención, y no de la reacción; este tipo de prevención se caracteriza por la detección de actividades delictivas mediante la colocación de artefactos mecánicos, eléctricos o electrónicos, que transmitirán una señal de alerta en caso de realizarse una acción ilegal.

Otra de sus posibles misiones en lugares donde la violencia está arraigada se desarrollará impidiendo que pequeñas discusio-

nes se transformen en grandes riñas y sean el origen de consecuencias dramáticas para la comunidad.

Otra manera activa de tratar las actividades delictivas es mediante la construcción de obstáculos físicos que dificultarán tal
acción, como puertas blindadas, sistemas de seguridad perime-
tral, rejas, concertinas y cercas eléctricas… y un largo etcétera en
el que la realidad supera la imaginación.

Como yo solía decir cuando era granjero, «es como tirar una
piedra en el techo del gallinero para que las gallinas se asusten y
pongan más huevos».

Por lo que se refiere a las tácticas disuasivas, podremos ver que
la prevención de la violencia en las comunidades incluirá en su
entorno políticas, acciones y técnicas enfocadas a la reducción de
las diversas clases de daños producidos por actos delictivos.

A veces el delito ocurre porque existen factores puramente coyunturales o ambientales que posibilitan que este suceda, como
calles oscuras, lugares tomados por los malvivientes o zonas con
falta de presencia policial. Para esos casos, se llevarán a cabo acciones que disminuirán estas oportunidades mediante tácticas disuasivas, sin que lleguen por eso a ser reactivas.

Las más comunes son, habitualmente, poner más uniformados en lugares propensos, encender las balizas de todos los patrulleros para que sean vistos a distancia, hacer funcionar las sirenas
de los mismos, cachear o identificar al mayor número posible de
sospechosos.

No podemos dejar de lado que, en la comunidad, el vecino
tiene también sus responsabilidades. Es importante aclarar, lle-
gados a este punto, que la prevención pasiva humana será la más
importante, porque será la voluntad del vecino de realizar acciones intencionadas para fomentar su propio nivel de seguridad.

La prevención pasiva de las vecindades estará integrada por
todos aquellos elementos de los que se habló antes (cámaras, alarmas, cinturones, etc.), que nos proporcionan protección física

durante y después de ocurrido el evento, destacándose significativamente que, por lo general, son elementos comprados.

En un espectro de intervención más amplio está la prevención social, que busca incidir en las causas de la criminalidad mediante la modificación de los factores estructurales que originan las conductas antisociales y delictivas, trabajando sobre grupos de riesgo focalizados.

La vecindad deberá verse responsable de su seguridad y la de su familia, formando parte de toda alianza comunitaria que le permita tratar esos problemas para conseguir soluciones preventivas eficaces a todas sus dolencias sociales.

La seguridad vecinal activa y pasiva forma parte cada vez más profundamente del conjunto de preocupaciones del colectivo social, lo que implica asumir los problemas que supone, pues sus consecuencias en lo personal y en lo material pueden ser muy graves. La comunidad conseguirá incidir en la resolución de sus problemas cuando logre direccionar acertadamente el esfuerzo conjunto de todos los implicados, que aportan su granito de arena en la prevención del delito.

El sistema de prevención pasiva será fundamental para la seguridad comunal, dado que todos los actores provienen de alianzas comunitarias independientes, que permiten apoyarlos con otros en caso de que alguno falle.

Dentro de este sistema, es necesario precisar que entre los mejores programas se encuentran los modelos de prevención en las escuelas, que, por desarrollarse a largo plazo, reducen la violencia y mantienen la capacidad de poder cambiar de rumbo para evadir obstáculos que, a veces, son insalvables. Para ello, tiene un valor inestimable brindar apoyo a los docentes, pues su participación los mantendrá estables, posibilitando absorber las irregularidades de la vida de cada adolescente a lo largo del tiempo.

Los demás componentes del sistema se centrarán en los alumnos de cada clase, sirviéndoles como voz de la conciencia que controle su inclinación casi natural a acciones anómalas y evitando así su salida del rumbo esperado.

El agente de Multipol, con su ejemplo personal, garantizará una retracción adecuada ante cualquier tentación, debiendo actuar siempre de la manera más correcta para obtener la máxima adherencia de los alumnos.

Por otra parte, temas como la iluminación, las plazoletas en las esquinas de las calles, el podado de arbustos en las veredas y otros aspectos están considerados como prevención técnica que, sin duda, forma parte de la prevención pasiva y servirá de apoyo en temas de seguridad.

Recordemos siempre, además, que un correcto sistema de supervisión garantizará la correcta puesta en marcha del proyecto. Los sistemas de supervisión actuales son vistos como asuntos sin los cuales no se podrá realizar ninguna actividad.

Resumiendo en una sola oración todo lo aquí explicado respecto a la prevención, finalizo recomendando que «para provocar que esa situación actual finalice, habrá que tratar el problema desde sus inicios».

SEGUNDA PARTE

6. Rehabilitación de jóvenes en riesgo

La Convención sobre los Derechos del Niño, adoptada por la Asamblea General de las Naciones Unidas y ratificada por casi todos los países del mundo, ofrece normas claras para proteger a los niños de la violencia y para tratar a los que ejercen dicha violencia.

Las pandillas juveniles representan uno de los fenómenos sociales más dramáticos en la actualidad de varios países, tomando especial relevancia en Centroamérica, hasta el extremo de convertirse en un problema de social de dimensión nacional.

La violencia juvenil y la inserción de niños y jóvenes en las pandillas constituyen una preocupación importante en materia de seguridad pública, sin que importe si se trata de zonas privilegiadas o desfavorecidas. Hoy en día, en el ámbito social, la violencia juvenil está considerada como una crisis de grandes proporciones en la nación que requiere un inmediato y eficaz tratamiento.

Pedro Gallego Martínez, en su libro *La mara al desnudo,* describe a las pandillas juveniles de carácter violento como agrupaciones de jóvenes de ambos sexos, generalmente de edades comprendidas entre 5 y 35 años, que se unen con la finalidad de controlar un barrio o un territorio, y que hacen de la pertenencia al grupo una forma de vida que los lleva a cometer cualquier tipo de delito e incluso a perder la vida.

A nivel teórico poseemos la suficiente información respecto a la sincronización y funcionamiento del tema de prevención de la violencia juvenil, pero a nivel práctico carecemos del personal idóneo que lo lleve a la práctica, lo que nos obliga a realizar permanentemente capacitaciones hasta poder ubicar una plantilla adecuada para tal fin.

Considerando nuestra experiencia personal en el tema, consideramos que precisamente un nuevo estilo de agente de policía con orientación social, como lo es el multipol, será el eje articulador más apto para proponer, organizar y llevar a la práctica todos los modelos propuestos a continuación respecto a la rehabilitación de jóvenes en riesgo.

El multipol creará lazos de cooperación con entidades que operan en la zona con el fin de acercarlas y que sirvan conjuntamente a la vecindad, elevando la imagen de todos los actores sociales vinculados y fortaleciendo la prevención de la violencia juvenil.

También formará alianzas comunitarias, esencialmente con el Gobierno local, entidades, directores y maestros de escuelas, ONG presentes en la zona, servicios sociales, comerciantes e industriales locales, centros de salud pública, policía en general, estudiantes e investigadores de universidades…, entre otros. Pero todos los propósitos quedarían en buenas intenciones sin el firme respaldo de la ciudadanía, quien, exponiendo su responsabilidad civil en la materia, se formará en equipos de vecinos voluntarios que realizarán acciones enfocadas a la prevención de la violencia juvenil junto al multipol y, de ese modo, serán una parte coprotagonista, activa —y no pasiva—, a la hora de afrontar y resolver las necesidades respecto al comportamiento de sus hijos y de otros adolescentes de su comunidad.

En este capítulo se presentará el proceso del desarrollo de la rehabilitación y reinserción de jóvenes en riesgo a la sociedad, los resultados más destacados de la experiencia obtenida, así como las conclusiones a las que se llegaron.

Permítaseme un breve paréntesis personal, ya que tiene relación directa con el contenido de este capítulo. Como ya se apuntaba en las primeras páginas, tras mi retiro activo del cuerpo de Policía escribí mi primer libro, titulado *Policía y comunidad*, donde se explicaban con detalle los modelos practicados y en el que, además, me propuse modificar estos con precisión para adaptarlos a las distintas necesidades de América Latina. Al percibir que casi en todas partes se tenía en cuenta a la comunidad como a un cliente, y no como a un aliado, publiqué un segundo libro, *Voluntariado vecinal,* donde explico cómo aprovechar el servicio voluntario para encajar actividades y planes de acción que favorezcan la prevención del delito juvenil desde edades muy tempranas, aspecto crucial que ocupa un lugar preferente en este libro y en este capítulo.

Los propósitos de este apartado son:

– Crear diversas áreas de intervención.

– Capacitar a la comunidad para que acepte a dichos jóvenes en su ámbito sin sospechas y de manera integral.

– Dirigir un proceso de cambio basado en objetivos y elementos medibles.

– Brindar sensación de protección a todas las personas y en todos los ámbitos del barrio.

– Educar hacia valores a través de la integración social y la responsabilidad personal mediante el voluntariado comunitario.

– Desarrollar conductas comprometedoras de la juventud con sectores menos favorecidos de la sociedad.

– Crear alianzas entre los jóvenes marginales, vecinos voluntarios, el multipol, las ONG y la comunidad.

– Lograr un cambio de patrones de comportamiento de los jóvenes que transgreden las leyes o que se encuentran en riesgo y guiarlos a adoptar moldes de comportamiento dentro de la norma.

– Inculcar un empoderamiento personal inspirando un sentido de pertenencia comunitaria y responsabilidad social, previniendo violencias y minimizando futuros daños.

La metodología utilizada para el presente estudio se basa en sistemas llevados a la práctica en Israel y que tuvieron excelente resultado, pero, dado que la problemática con la juventud de Medio Oriente es muy distinta a la de Hispanoamérica, he realizado los cambios pertinentes para adaptarlos a las sociedades a las que va dedicado este escrito. También he constituido para dichos modelos nuevos componentes, los cuales complementarán la falta de otros. Es importante subrayar que los resultados se aprecian a medio y largo plazo, lo cual requerirá apoyo logístico de los aliados y una gran dosis de paciencia por parte de la vecindad. Si hablamos de números, los resultados de tal actividad en el barrio Guiló, en Jerusalén, mediante la aplicación de determinados planes aquí propuestos, han reducido la tasa de delincuencia en más de un 46 % a lo largo de un año de muy intensa labor. Desde el año 2013, en la ciudad de León, México, el modelo Multipol está siendo aplicado con éxito en 10 distintas colonias, pero al no poseer aún de estadísticas de largo recorrido es preferible no apresurarse a la hora de ofrecer datos concretos, aunque ya sepamos que son halagüeños.

Ya se adelantaron en las primeras páginas de este texto ciertas explicaciones para aclarar las diferencias entre el modelo conocido como policía comunitaria y modelo Multipol, que resumiremos en tres puntos: 1) El sistema de policía comunitario no posee uniformidad global y es identificado más bien con la policía de proximidad o de cercanía, mientras que el modelo Multipol posee una base de utilización uniforme y comunitaria por excelencia. 2) El primero no propone alternativas que permitan elevar alianzas ni modelos de acuerdo con las necesidades de cada zona, en tanto que el modelo Multipol trabajará con alianzas tripartitas entre la comunidad, el Gobierno local y el multipol. 3) El plan Multipol no reporta beneficios monetarios, de hecho, reducirá gastos, ya que gracias a las capacitaciones se empleará a menos policías y cada agente multipol, en su papel de líder comunitario, cumplirá con la labor de toda una estación policial de una forma práctica y eficaz.

Todo ello, y recuperando el asunto central de este apartado, irá en una firme línea de trabajo dedicada a la prevención de violencia juvenil.

Esta tendrá 5 etapas operativas:

- Primera etapa: **el diagnóstico**

Para trabajar sobre este tema en cualquier barrio será imprescindible profundizar en el conocimiento objetivo de la población, pues el comportamiento varía de lugar a lugar, lo que dificultará atribuir una fisonomía idéntica a todas las poblaciones por igual. Al tiempo, se realizará un diagnóstico que nos permita conocer las condiciones sociodemográficas, tener presente el entorno y delimitar el programa. Esto permite optimizar recursos y capital humano. Después, habrá que estimar qué porcentaje de aquellos que requieran nuestros servicios lo harán por iniciativa propia, cuántos lo harán por extrema urgencia y cuántos no lo harán de ninguna manera. Una característica compartida en el perfil con el cual se quiere trabajar, «jóvenes en riesgo o pandillas juveniles», es que presentan una fractura con lo instituido —familia, Gobierno, organizaciones, etcétera—. Sin embargo, habrá jóvenes con quienes se pueda trabajar más lento y otros con los que podrá hacerse más deprisa hasta lograr su confianza, de igual modo que habrá perfiles que no se podrán abordar, por ejemplo, el de aquellos jóvenes envueltos estructuralmente en organizaciones criminales.

Tal estudio no se limitará solamente a factores demográficos, sino que se deberán conocer los problemas sociales, los conflictos y la carencia de valores que condujeron a la formación de pandillas y, en paralelo, las instituciones, grupos económicos, vecinales, religiosos y ONG que se aliarán para aminorar sus proporciones. Así, se detectarán todas aquellas instituciones e incluso líderes[2]

---

2. Aunque, por el contexto, creemos que el lector lo entenderá, conviene recordar que nos estamos refiriendo a menudo a *líderes* de forma genérica porque esta figura puede variar en función de la zona de actuación, la estructura de esta, etcétera, y no tiene sentido sustantivarlo ni adjetivarlo de forma concreta (director de..., líder religioso..., regidor de..., etc.). Tendrán en común, en todo caso, sean quienes sean en cada lugar, un peso específico reconocido en la comunidad o colectivo sobre el que se está trabajando.

que podrán sumarse al proyecto. Consideramos importante que, además de instituciones religiosas, se ubique a instituciones espirituales, que serán consideradas para el trabajo sobre el terreno con la población objetivo. Cuanto más mermen los componentes de las pandillas, más mejorarán las condiciones de vida en la zona.

- Segunda etapa: **rehabilitación y reinserción**

Las presentes líneas no pretenden ser un informe o un estudio sobre la formación de pandillas, sino aportar información respecto a su tratamiento preventivo de manera comprobada, para lo cual es necesario, para empezar, diferenciar con claridad los conceptos de «rehabilitación» y «reinserción». Por «rehabilitación» se entiende el proceso de ajuste o adaptación al ambiente social y familiar de individuos o grupos que han manifestado conductas violentas o delictivas. La «reinserción» es la reincorporación del rehabilitado al sistema laboral o a procesos productivos.

Pero… ¿cuál es el perfil de un miembro de una pandilla? Sobre la base de nuestra experiencia y de la de autores especializados en la materia, nos permitimos establecer que en su mayoría proceden de hogares disfuncionales, han sufrido maltrato o abandono infantil, usan lenguajes y hábitos propios, no tienen lugares de diversión, no actúan como anarquistas, sino como vándalos, desertan totalmente del sistema escolar, no gozan de ninguna preparación técnica, consumen alcohol y drogas, han estado o están recluidos en centros penitenciarios, utilizan la violencia como medio de vida, los nexos con la acción delictiva y la tendencia a esta forman parte inseparable de su vida y se graban tatuajes identificativos en sus cuerpos —a pesar de que, en la actualidad, en Latinoamérica, hay pandillas que ya no se tatúan debido a la identificación que hace la policía, lo cual no quiere decir que no sean jóvenes en riesgo—. Los tatuajes podrían ser signos o códigos o bien historias de vida.

La frustración siempre conduce a alguna forma de agresión. Neal Miller escribió en su libro *Hipótesis de la agresión-frustra-*

ción que existen una serie de factores, como la fuerza del impulso agresivo, la fuerza de otras respuestas inhibitorias —como el castigo— y/o el grado de semejanza con la fuente de frustración, que determinan el desplazamiento de la agresividad hacia otra persona si no es posible manifestar hostilidad hacia la fuente de frustración.

Existen, además, una serie de factores que considerar, como que dentro de las pandillas existen jóvenes que abandonan la escuela por un periodo de tiempo y luego regresan por iniciativa propia o con ayuda de personal competente y que forman por sí mismos una subcultura social. Así mismo, viven en barrios donde la vida social es muy pobre y convierten a la pandilla en su modo de vida y de reproducción social; incluso la misma sociedad reconoce el rol y lo toma en cuenta para su desempeño.

Dibujan grafitis en la zona de actividad de la pandilla para identificarla con la misma o bien como forma de transgredir una zona que no les corresponde, ya que son jóvenes territoriales, lo que los lleva también a luchar por los espacios de actividad de la banda. Derivada de esta lucha territorial, mantienen una rivalidad permanente con otras pandillas y con algunas otras mantienen vínculos o alianzas. La protección a los otros componentes de su mismo clan es una prioridad y elemento de cohesión, y tienen un respeto dentro de su misma pandilla —y entre las demás— basado en el temor personal, muy contrariamente a la idea de respeto tal como la concibe la sociedad común.

■ Tercera etapa: **teoría y práctica**

La labor sobre el terreno con jóvenes que no estudian y con jóvenes en riesgo es uno de los principales pilares del modelo Multipol.

Tal actividad se llevará a cabo mediante un plan prototipo a nivel zonal para niños y jóvenes en situaciones de riesgo que están en las pandillas. Este será un modelo social llevado a cabo por el multipol junto con aliados profesionales de la comunidad (ministerios de Educación y Bienestar Social, Gobierno local y, principalmente, estudiantes universitarios de criminología).

La Organización Mundial de la Salud señala factores de riesgo asociados a la afiliación a pandillas al señalar que la adolescencia representa un periodo de transición marcado por la aparición de nuevas capacidades cognitivas y expectativas sociales cambiantes y, por ello, se intentarán explicar los cambios sociales que acontecen en esta etapa del ciclo vital.

Jensen Arnett escribió en su libro *Adolescencia y adultez emergente* que, para los jóvenes en riesgo en especial, este será un período que se caracterizará por importantes cambios físicos, psicológicos y sociales, a través de los cuales se realiza la transición de la niñez a la edad adulta, enfrentándoles a un amplio rango de cambios en la escala de valores, a las que se unen demandas sociales que no se realizan y falta de oportunidades, lo que les dificultará equipararse con otros adolescentes de su edad, lo cual podrá derivar en el desarrollo de problemas psicológicos o conductuales que perturbarán seriamente no solo sus propias vidas, sino también la de la sociedad en la que viven.

Algunos de los factores de riesgo identificados en esta etapa de vida son los siguientes:

— Falta de oportunidades de movilidad social o económica en el contexto de una sociedad que promueve el consumo de manera agresiva.

— Debilitamiento del compromiso de los efectivos locales con la aplicación de la ley y el orden (corrupción y violencia dentro del aparato estatal encargado de ejercer la fuerza).

— Interrupción de la escolaridad, combinada con una remuneración muy baja por el trabajo no calificado.

– Falta de orientación, supervisión y apoyo de los padres u otros miembros de la familia.

– Maltrato en el hogar.

– Presencia de compañeros que ya pertenecen a una pandilla.

Los objetivos serán crear diversas áreas de intervención que permitan tratar de manera correcta a los jóvenes en riesgo, brindándoles una segunda oportunidad para que dejen de pertenecer a subculturas sociales violentas.

John Maxwell resaltó en su libro *El lado positivo del fracaso* que la oportunidad es algo muy especial. «Dos personas con dones, talentos y recursos similares pueden observar una situación dada y una de ellas verá tremendas oportunidades, en tanto que la otra no verá nada. Por lo tanto, se puede opinar que la oportunidad está en el ojo del observador». Es ahí donde podremos ayudarlos a ver las cosas como se debe.

Antolín Suárez escribió en su libro *La conducta antisocial en la adolescencia, una aproximación ecológica,* que la adolescencia es un período que se caracteriza por importantes cambios físicos, psicológicos y sociales, a través de los cuales se realiza la transición de la niñez a la edad adulta. Chicos y chicas adolescentes se enfrentarán durante estos años a un amplio rango de cambios, demandas y oportunidades que, si bien en la mayoría de las ocasiones conducirán a una transición satisfactoria hacia la vida adulta, en algunos casos puede derivar en el desarrollo de problemas psicológicos y/o conductuales que perturban seriamente no solo sus propias vidas, sino también la de las personas que los rodean.

Touraine, respecto al tema, apoyó en su libro *¿Podremos vivir juntos?* el pensamiento de que hay que establecer la práctica del voluntariado juvenil como parte integral de la estructura de su vida para impedir que su personalidad cuide su unidad mediante su acoplamiento al conjunto, posibilitándole un rol social.

En nuestra opinión, lo ideal sería crear un nuevo encabezamiento juvenil mediante el modelo «empoderando del liderazgo juvenil». A pesar de que el liderazgo positivo se mencionará en el capítulo adecuado, es algo que durante la capacitación del voluntariado se deberá de identificar y subrayar, ya que dentro de cada pandilla existen jóvenes que son líderes natos y, en su mayoría, líderes negativos, así como el jefe, una figura diferente al líder: el líder lo es sin ser elegido, la misma pandilla lo reconoce y él influye en el resto, mientras que el jefe de cada pandilla, por diversas razones, es designado por ellos mismos. No siempre el líder es el jefe, no todo jefe es líder y no todo líder es positivo. Podría costar trabajo que dentro de la pandilla existieran líderes positivos, sin embargo, esto se tratará de canalizar. A menudo, nos encontramos con un líder positivo al que sus experiencias difíciles le han hecho razonar y lo han llevado a cambiar su posición. Suelen contar con más edad que el resto de los integrantes de la pandilla.

Continuaremos estas reflexiones hablando de la posibilidad de engendrar áreas de intervención en la prevención de violencia terciaria, como podrían ser, entre otras, las medidas siguientes:

— Borrado de tatuajes. Dado que muchos tatuajes se realizan de forma precaria, será importante borrarlos bajo la supervisión y el acompañamiento del sistema de salud.

— Constituir familias acogedoras que acepten a estos adolescentes en su seno.

— Inserción laboral, sea enseñándoles un oficio o, sencillamente, consiguiéndoles un trabajo sencillo.

— Inclusión en el sistema escolar mediante modelos que mencionaré más adelante.

El proceso estará constituido por seis pasos, siendo necesario el seguimiento puntual de los mismos para abonar al éxito del programa:

1) Identificación y selección de los aliados que apoyen el propósito.

2) Ubicación y diagnóstico del problema, de las pandillas y de la zona, por separado, o bien juntándolo en una sola evaluación mediante la tecnología que se presentará en el apartado correspondiente.

3) Filiación y selección de los participantes del modelo. Dado que los jóvenes a quienes se elija o que se afilien, generalmente, tienen problemas con las autoridades o con la policía, lo primero que se deberá hacer es afianzar su seguridad, asegurándoles la protección de sus datos personales y una máxima discreción respecto a todo lo dicho o manifestado. Tales actitudes crearán un ambiente de mutua confianza.

4) Brindar a los activistas sociales una capacitación sobre el manejo de grupos de pandillas, siendo este un factor de suma importancia en la acción en sí.

   La capacitación deberá ser un pilar del cual dependerán muchas cosas, e incluso los resultados, porque se presentan diversas circunstancias en todo momento. Los jóvenes en riesgo no están acostumbrados a que se les acerquen, en muchas ocasiones, por no decir siempre, ellos no tienen acceso a las decisiones de la zona, de modo que, cuando alguien se les acerca, se deberá tener en cuenta que podrán tener esa sensación de falta de importancia. El manejar grupos de jóvenes en riesgo, por tanto, requerirá de mucha cautela y el empleo de las mejores herramientas para las primeras aproximaciones, porque los primeros días del proyecto podrán tener una actitud de rechazo o no acudir a las citas concertadas.

   Habrá que hablar con cautela y no hacer promesas difíciles de cumplir, ya que si se les dice algo a los componentes de las pandillas, ellos lo tendrán siempre en cuenta. Si se acuerda algo con ellos y no se cumple, ellos lo manifestarán, por lo que se deberá cumplir con lo prometido a toda costa.

5) Talleres de reflexión personal y grupal mediante actividades con criminólogos y psicólogos o estudiantes de tales disciplinas para poder profundizar con las pandillas estos espacios, trabajando primero en lo grupal y después en lo personal, a menos que se presenten casos de jóvenes que, por iniciativa propia, demanden un trato de urgencia, siendo su necesidad diferente al resto del grupo.

Jean Piaget escribe en su libro *Psicología del niño* que mediante esas actividades personales se ayudará al niño para que su inteligencia se desarrolle como si de una construcción continua de la organización de su mundo se tratara.

6) Evaluación del proceso y promoción de los jóvenes a la inserción laboral y escolar.

Todo modelo comunitario que el uniformado quiera constituir poseerá la siguiente metodología: el multipol construirá un modelo que se adapte a la realidad del lugar. Se lo presentará al responsable del tema del Gobierno local para que dé su aprobación y acepte su encabezamiento. El multipol, junto con tal funcionario, presentará el modelo a posibles aliados para gestar nuevas y fructíferas alianzas comunitarias. Por último, se propondrá ingresar en actividades a los padres de los jóvenes para que estos acompañen al plan activamente y se logren mejores resultados, una vez obtenido su consentimiento y aceptación, siendo esta una parte inseparable del resto de los factores.

Ya comenzada la labor, cada multipol trabajará anualmente de forma directa y personal con 5 niños o jóvenes en riesgo de entre 10 y 18 años de edad, encontrándose con ellos en sesiones de dos horas dos veces por semana, fijando el lugar y los horarios, teniendo presentes los días y las horas de reunión de las pandillas. Las hay de fines de semana, pandillas diurnas, nocturnas, etc. La tutoría personal estará compartida entre el multipol y estudiantes de criminología, quienes guiarán el rumbo de manera profesional.

La integración del público objetivo estará sujeta al consentimiento de sus padres y a la aprobación profesional de los estudiantes. Los jóvenes recibirán de los miembros que se han aliado con el proyecto programas culturales, experienciales y de aprendizaje. Se expondrán a las funciones y actividades del multipol y bajo su tutela realizarán alguna experiencia que contribuya a la comunidad mediante el voluntariado vecinal, estableciéndose factores medibles que indiquen el éxito del modelo. La meta primordial es sumar al modelo a un joven más cada año de actividad, pues sumar a un joven por año, si en la ecuación multiplicamos este hecho por las horas de reunión, por conductas violentas, etc., se convertirá en un logro de gran relevancia.

A continuación, presentaré planes de acción y actividades posibles para las distintas edades que se realizarán en las calles:

- Modelo «Foro Didáctico», en el que se absorberá a aquellos que den señales de querer regresar a la escuela, apoyándolos mediante clases acordes a su edad.
- «Momentos con mi multipol», en el que, al igual que en las escuelas, el uniformado recibirá de manera privada a quienes quieran hablar con él de algún tema relativo a su labor.
- «Empoderando el liderazgo juvenil», mediante el cual se realizará continuamente una formación y asesoramiento a los jóvenes adecuados para ensamblarlos como líderes positivos en la sociedad juvenil.

Los encuentros que se lleven a cabo no serán encuentros vacíos de fondo, sino que cada uno de ellos tendrá un profundo contenido pedagógico con una clara gama de valores humanos para que los absorban lentamente en cada ocasión. Eso posibilitará cambios paulatinos muy medidos, en los que no sientan presión ni imposición de ningún tipo.

Los encuentros tendrán lugar a todo lo largo del año y estarán acompañados por actividades voluntarias que deberán realizar paralelamente a los encuentros, como demostración de buena voluntad hacia la sociedad a la que se quieren acercar. Algunos de los temas podrían ser: comportamiento dentro de la norma frente a conductas violentas, vandalismo juvenil, recuperación de espacios públicos, informar no es delatar, violencia intrafamiliar, violencia sexual o embarazo precoz, entre otros.

Los temas a través de los cuales se intentará inculcar valores serán:

- Familia.
- Salud integral.
- Actividades deportivas.
- Capacitación técnico-laboral mediante formación laboral.
- Intervención social.
- Labor con los padres.
- Lugares de rehabilitación.
- Educación.
- Consejería espiritual.
- Borrado de tatuajes.
- Actividades mediante valores.
- Familias acogedoras.

Las enumeradas son solo algunas de las muchas cuestiones —sobre las que se detallará algo más en las próximas páginas— que pueden plantearse. Tal y como fue expuesto en el perfil del miembro de una pandilla: en su mayoría proceden de hogares disfuncionales, han sufrido maltrato o abandono infantil y buscan protección grupal. Estos tres principales puntos se tratarán mediante familias voluntarias que estén dispuestas a abrir las puertas de sus hogares para que estos jóvenes puedan visitarlas y así vivir una nueva y real experiencia familiar que les permita sentirse queridos y aceptados sin condición alguna.

Los jóvenes tendrán miedo y resistencia primaria a este modelo por desconocimiento del mismo, pero una vez que se les haya captado, y tras realizar las primeras labores con ellos, se les podrá «contagiar» el calor de hogar.

Javier Gómez Sastre escribe en su libro *Intervenciones profesionales desde el trabajo social* que: «La aceptación es un proceso progresivo y que conlleva cierto tiempo y cuidado. No hay que olvidar, y sobre todo cuando los niños acogidos tienen cierta edad, que no dejan de ser personas desconocidas, tanto ellos para los padres como al contrario, y que es necesario un periodo de acercamiento y juste familiar». Aquellas familias que quieran formar parte del modelo serán capacitadas por trabajadores sociales.

Anthony Giddens, en su libro titulado *Sociología,* aclara que: «La familia está considerada como un grupo de personas directamente ligadas por nexos de parentesco cuyos miembros adultos asumen la responsabilidad del cuidado y educación de los hijos».

En lo referente a la salud integral, se realizarán revisiones médicas e inmunizaciones y tratamientos a aquellos que así lo requieran. Además, se llevarán a cabo actividades contra la drogadicción, el tabaquismo y el alcoholismo. También se abordará el tema de la prevención en las relaciones sexuales, dando a conocer los peligros de las enfermedades venéreas y otros derivados de una actividad desinformada o descontrolada, asuntos como el embarazo precoz, etc.

Respecto al tema de actividades deportivas, se deberá disminuir con ellas el tiempo de ocio dedicado a otros menesteres. Es preciso equipar gimnasios que brinden servicios y repartir material deportivo. El vestirlos con uniformes de equipo deportivo les brindará otra opción de identificación lejos de la pandilla. La organización de torneos o de encuentros con otros equipos —entre ellos equipos profesionales— es una motivación para superarse en algo muy distinto que la violencia.

Para la formación laboral habrá que centrarse en el autoempleo, el empleo y las becas. Se pueden realizar cursos de capacitación laboral, como de panadería o carpintería. También aportar asistencia técnica para aquellos que así lo requieran. Igualmente, disponer de un contacto empresarial para el comercio de productos que ellos puedan producir.

Para la intervención social habrá que rehabilitar y reinsertar a jóvenes en riesgo que vivan en zonas con elevados índices de violencia. Crear equipos de apoyo emocional y de superación cuya meta tenga un claro interés por el éxito del modelo, debido a que los implicados viven o actúan en tal zona.

Como parte inherente de la emisión de valores, será de cardinal importancia lograr hacer partícipes a los padres de todas las actividades. Estos proyectan a sus hijos sus propias expectativas de la vida, sus frustraciones, sus etapas de la infancia o adolescencia donde quedaron conflictos sin resolver, sus necesidades insatisfechas y también sus áreas de luz. Dado eso, si tales padres fueran ellos mismos «jóvenes en riesgo», dicha actividad cobraría mayor envergadura, al convertirse en algo así como una advertencia: «Quiero para ti algo mejor de lo que yo te puedo dar».

Martha Alicia Chávez, en su libro *Tu hijo, tu espejo*, puso de relieve que, si bien Freud nunca analizó niños, fue a través de los relatos del padre Hans como se percató de las distintas actividades. En tal caso, hará falta el apoyo profesional de trabajadores sociales y demás aliados del modelo.

Habrá que establecer lugares de rehabilitación (escuelas, fábricas, granjas) en zonas caracterizadas por elevados niveles de violencia e intensa actividad de las pandillas. Hay que impulsar un proceso de transformación integral en cada joven pandillero para que deje su vida delictiva y de calle y se integre a la sociedad como ciudadano modelo.

Otro asunto que importa incorporar a este sistema es ofrecer charlas que proporcionen educación. Aquí deberé citar lo que Paulo Freire escribió en su libro *La educación como práctica de la libertad*, donde afirmaba que:

En cuanto a poder brindar consejería espiritual, habrá que adherir a la alianza las distintas iglesias y congregaciones, que podrían dar una respuesta espiritual basada en las distintas fes que se profesen.

Borrado de tatuajes: hasta hace unos años una persona tatuada era considerada un delincuente, alguien que había estado en la cárcel o miembro de una pandilla. Hoy en día, el tener determinada clase de tatuajes está de moda gracias a que figuras públicas los usan y los han popularizado, pero las imágenes que se tatúan los jóvenes en riesgo poseen características muy determinadas que representan un submundo tenebroso y una subcultura violenta, por lo que habrá que facilitar su borrado para evitar que se los etiquete.

El objetivo será mejorar la calidad de vida de los jóvenes que sufren las consecuencias negativas de poseer tatuajes, logrando cambios definitivos a nivel individual y social, ya que si el joven ha incursionado en el ambiente laboral, lo más probable es que se haya encontrado con experiencias como que se le niega un trabajo debido a los tatuajes que quedan a la vista. La eliminación de tatuajes se realizará a cargo del Gobierno local y bajo la supervisión del Ministerio de Salud Pública. Sobre el tema del borrado de tatuajes nos queda una duda, que dejamos en el aire, sobre la edad hasta la cual trabajarán: si también cuando los jóvenes superan los 18 años o solo con los menores de 18.

Los aliados más idóneos para este modelo: Gobierno local, vecinos voluntarios, multipol, servicios sociales, familias de acogida, ONG que trabajen con la juventud, empresas locales, instituciones e institutos de educación, empresas *Hi-tech* que enseñen clases de capacitación, Cruz Roja, equipos deportivos locales, iglesias y otros centros espirituales.

Los resultados que se esperan son:

– Alejar a la juventud en riesgo de la delincuencia, posibilitando su rehabilitación y su regreso a la vida dentro de las normas.

– Posibilitar el desarrollo de un liderazgo positivo en los jóvenes que participarán del modelo.

– Prevenir la violencia y futuros crímenes.

Como mencionó Bruno Bettelheimen su libro *Psicoanálisis de los cuentos de hadas*:

> Todos tenemos tendencia a calcular el valor futuro de una actividad a partir de lo que esta nos ofrece en este momento. Esto es especialmente cierto en el niño que, mucho más que el adulto, vive en el presente y, aunque sienta ansiedad respecto al futuro, tiene solo una vaga noción de lo que este puede exigir o de lo que puede ser.

– Cambiar la imagen de la policía entre los jóvenes y sus familias.

– Crear «embajadores de buena voluntad» entre el público en general y la juventud en particular.

El papel crucial de los padres

Por demás está aclarar que el principal apoyo que puede recibir un adolescente será el de sus padres, que no pocas veces desconocen sus funciones, por lo que a continuación hago hincapié en unas aclaraciones tanto prácticas como sencillas que leí del doctor Juan Yovera Álvarez, de la Facultad de Medicina de la Universidad Nacional Mayor de San Marcos, en su artículo «Disciplinando a tus hijos efectivamente», que reproducimos aquí:

Una disciplina efectiva comienza mucho antes de que se necesite corregir algo y depende de la relación de confianza entre el padre y el hijo.

Las personas que mejor ejercen disciplina son las más amadas por aquellos a quienes reprenden. Esto se debe a que la disciplina efectiva depende de la relación entre la persona que está disciplinando y aquella que está siendo disciplinada. Si quieres que tus hijos hagan caso a lo que tienes que decir, tienes que prepararte de antemano para asegurarte de que te escucharán. Ellos deben estar seguros de que aquello que tienes para decirles es para su beneficio.

Esto significa que una relación fuerte, amorosa y de confianza debe existir antes de que la primera reprimenda se escape de tus labios. Tienes que hacer que tus hijos sean tus discípulos. No es casualidad que la palabra «disciplina» derive de la palabra «discípulo». La importancia puede ser definida así: «Si es importante para ti, es importante para mí». Tienes que demostrarles eso, pues con palabras no es suficiente.

Bríndales atención: hazte de tiempo para ellos y escúchalos. Cuando alguien balbucee algo respecto a algo que le pasó, no pienses que es solo un balbuceo. Es todo su mundo, escúchalo. Si expresas que aquello que es importante para el joven no es necesariamente importante para ti, puedes estar seguro de que llegará el día de mañana en que te recordarán que lo que es importante para ti, no es importante para ellos.

Una vez que hayas construido la «base de la disciplina», consérvala y construye una disciplina productiva siguiendo los siguientes principios: ten siempre en mente que esos jóvenes a quienes tratas no son tus hijos, sino que son un depósito de confianza social, educarlos apropiadamente y marcarles un rumbo será la mejor manera de demostrarte a ti mismo que fueron puestos en buenas manos.

Cuando se comportan mal es porque tienen un problema y tú estarás ahí para ayudarlos, pero si ves su problema como tu problema, lo verás todo subjetivamente —con miedo y confusión— y perderás la posibilidad de ayudarlo, perdiendo su credibilidad en ti.

7. Foro Didáctico

Son muchos los niños y los jóvenes que se ven obligados a dejar la escuela por estricta necesidad, para contribuir a los ingresos familiares o que no acuden a ella por distintas razones. Estos jóvenes suelen acabar por pertenecer a grupos marginales en los que quedan expuestos a un futuro desalentador, convirtiéndose en un riesgo para la sociedad y en un lastre al que esta no puede volver la mirada. Ellos son, en su mayoría, niños con un gran historial de desilusiones, rechazos, renuncias e ignorancia hacia su persona, tanto por parte del sistema educativo como por la sociedad.

Este plan de acción tiene como objetivo ofrecer soluciones a un fenómeno evitable que debe ser tratado con particular atención, pues aqueja en muchas sociedades a un número considerable de jóvenes en riesgo carentes de estudios o de profesión. Para la consecución de tales objetivos se deberán aliar no solo las escuelas, sino también comerciantes, fabricantes y profesionales de actividades prácticas, como pueden ser peluqueros, zapateros, carpinteros y demás que quieran aportar sus conocimientos, proporcionándoselos a dichos adolescentes para que se puedan enfrentar a la vida con una mejor herramienta.

El trabajo con estos niños y jóvenes ha de basarse en la completa comprensión de sus profundas necesidades, que no reciben una correcta respuesta, lo cual conduce a su forma de expresión, que se concreta en las dificultades que se perciben en las pandillas y en la rebeldía (cuando no violencia) que demuestran hacia las instituciones sociales y sus representantes.

Es preciso establecer lugares en las calles de todo el ámbito de la colonia que se puedan considerar como un Foro Didáctico

(FD) en instituciones de estudios o en los comercios o fábricas antes nombrados para posibilitar, una vez finalizada su labor, la reintegración completa y normal de esos jóvenes a las clases de las escuelas de las que fueron sacados o que nunca visitaron o a un trabajo profesional que nunca tuvieron.

Hay que ubicar a estos jóvenes en el centro de la importancia didáctica-laboral para así brindarles nuevas y distintas experiencias, a las que no están acostumbrados, buscándolos y yendo detrás de estos, actuando a su favor y escuchándolos sin renunciar a ellos, incluso si no se llega a logros o no se alcanzan las metas.

Hay que acrecentar las posibilidades de reintegración con éxito a la sociedad. Una vez vivida tal positiva experiencia, se dará paso a un gran progreso en el aprendizaje y un sentimiento de pertenencia a la comunidad que vive dentro de las normas. Hay que enseñarles un oficio que practicar, enseñarles a fabricar en mínima escala para que puedan lograr sustentar a sus familias sin necesidad de volver a delinquir. De igual manera, hay que permitir, a quien así lo requiera, que continúen o reanuden los estudios en la escuela, pero de una manera más personal y en los horarios de tarde, para poder alejarlos de las pandillas cuanto más, mejor, creando un ambiente de seguridad para los adolescentes que estén interesados en estudiar.

La población objetivo estará compuesta por adolescentes pertenecientes a las pandillas y alumnos que están en avanzadas etapas de abandono del sistema educacional reglado.

También el personal de las escuelas pasará un proceso por el cual aprenderá a aceptar a los alumnos «difíciles», acogiéndolos y apoyándolos en vez de echarlos de sus clases para «terminar con el problema». En la interacción estudiante-profesor, lo que más afecta al profesor son las conductas de desinterés académico, las continuas llamadas de atención y las conductas disruptivas.

Para activar y poner en marcha dicha actividad, primeramente se hará un mapeo escolar para llegar a una identificación efectiva de alumnos con tendencia al abandono o que ya, en la práctica, han abandonado las aulas —aunque en la teoría sigan siendo alumnos de la escuela—.

Se construirá para cada alumno un programa adaptado a sus necesidades personales, fomentando sus puntos fuertes para incentivar su espíritu. El personal de educación y tratamiento del FD se reunirá periódicamente con el coordinador de asistencia escolar y otros funcionarios de atención comunitaria, según las necesidades. El equipo en su totalidad recibirá un tutorial semanal por el coordinador de zona del modelo.

Al mismo tiempo que se trabaja con el alumno, el FD establecerá como objetivo aportar elementos educacionales y medidas de percepción de valores en cada una de sus clases. En el sistema educacional se inspirará a que las escuelas se vean comprometidas por el destino y el futuro de aquellos alumnos que están en riesgo de desertar de las aulas.

Uno de los principales factores que aumentan las posibilidades de éxito del plan es el principio sistemático que ve la conexión entre el equipo del FD, el personal de la escuela, los padres de los alumnos, los funcionarios de atención de comunitaria, los vecinos voluntarios y el multipol como base para el progreso del alumno como individuo.

Insertar un sistema de valores

Los jóvenes marginados viven carentes de un sistema de valores bien definido, lo que los instala en una indefinición y en un vacío existencial, convirtiéndolos en seres vulnerables y a merced de situaciones de riesgo personal.

El inculcarles valores les servirá de guía hacia una conducta en la que reflejarán su personalidad real en los ámbitos moral, cultural, afectivo y social marcados por instituciones constituidas, como son la familia, la escuela, las instituciones comunitarias y la sociedad en la que viven. Tales cualidades favorecerán de manera sustancial su calidad de vida, el desarrollo de su personalidad, la equidad, la satisfacción de relaciones y el bienestar personal y social.

Los principales objetivos de la inserción de valores serán, por un lado, reflexionar sobre los distintos valores, comprendiendo la implicación práctica de los valores con relación a uno mismo y a la sociedad en general, inspirándolos para elegir sus propios valores personales, sociales, morales y espirituales y a conocer métodos prácticos para desarrollarlos y profundizar en ellos. Por otra parte, abrir un banco de ideas y experiencias con el fin de ampliar y promover recursos para poner en la práctica actividades y experiencias en relación con los valores propuestos.

El FD es un espacio físico definido dentro de la escuela, pero indefinido en la colonia, ya que dependerá de las entidades que pidan participar en la actividad y su ubicación geográfica, y estará diseñado para brindar a los participantes un primer marco de pertenencia para ellos. La escuela aportará al FD un aula de estudios totalmente equipada que brinde calor de hogar y personal especializado en trabajo de prevención secundaria dentro de un ambiente cálido, seguro y adecuado, en tanto que los demás profesionales harán lo mismo en sus propios talleres.

Sus metas futuras serán:

– Aplicar el modelo en la mayoría de las colonias para prevenir el incremento permanente de adolescentes que forman parte de las pandillas y aumentar la capacidad operativa por la inercia de la actividad.

– Ver la forma de trabajo en los FD y ponerlos en marcha en programas de trabajo regulares.

– Entretejer el modelo dentro de los programas preventivos que el Gobierno local llevará a cabo en la zona para que se ejecute de forma rutinaria e independiente.

– Reducir de forma drástica la deserción escolar y la violencia juvenil.

El modelo será administrado bajo la supervisión de un coordinador del modelo que tendrá título universitario de Trabajador Social o Criminólogo. El resto del equipo estará compuesto por tres clases de personal: 1) maestros de las distintas materias, que darán clases personales a cada alumno de acuerdo con las distintas dificultades en sus horas libres —tales horas les serán remuneradas en sus sueldos—. 2) Vecinos voluntarios, que ayudarán en forma general a fomentar un ambiente positivo, llevando a cabo actividades generales que el coordinador indique, así como comerciantes y fabricantes que harán las veces de «escuela de una profesión». 3) El multipol, que procederá a dar en el FD los mismos temas de «modelos de prevención dentro de los centros de educación formal» que enseña al resto del alumnado, pero de manera más personal y meticulosa.

El equipo técnico deberá estar compuesto por personal muy capacitado en actividades con adolescentes con necesidades especiales, por las cuestiones fundamentales que influyen en la relación educativa.

Hebe Tizio escribió en su libro *Reinventar el vínculo educativo* sobre la importancia del consentimiento del sujeto y el deseo del educador de transmitir un saber y causar un interés en el sujeto de aprender. Si uno de estos elementos no se da, la acción educativa no será posible, por lo que se ha de aceptar que la educación no lo puede todo para ver qué es lo que sí puede hacer, o, más aún, qué debe hacer.

Medición de eficacia y retroalimentación: por parte de la dirección, cada coordinador determinará las medidas que indicarán el éxito del modelo en su zona de forma independiente.

Por parte de los adolescentes, habrá tres parámetros por parte de tales jóvenes que se deberán tener en cuenta en todas las actividades por igual: asistir a clase en el Centro Alternativo de Educación (CAE, del que se hablará más adelante) de forma periódica; llegar a un nivel de estudios que posibilite la reinserción a la sociedad y, en tercer lugar, erradicar la violencia en todos sus niveles.

Habrá grandes posibilidades de que el alumno que estudió en el CAE y aprobó con éxito los niveles en los que anteriormente fracasaba continúe comportándose de la misma forma y acabe abandonando las pandillas, e inclusive que forme parte del liderazgo positivo de la sociedad en la que vive.

8. Mi hogar rodante

Introducción

Las pretensiones principales de este servicio serán: localizar a niños y jóvenes que viven en las calles, a fin de crear un contacto inicial con ellos, ofrecerles servicios comunitarios básicos y, de ser necesario, derivarlos a otros servicios sociales. El servicio será operado desde vehículos que estarán en las calles, exactamente en los lugares de ocio y tiempo libre de la juventud.

Pero no basta con lo anterior, se buscará también responsabilizar a los adolescentes, convirtiéndolos en los protagonistas de su propia reconstrucción social. Habrá que tener en cuenta que el público objetivo es reacio a estar en contacto con los servicios sociales existentes, por lo que en los vehículos deberá trabajar gente capacitada, pero también con grandes calidades humanas que permitan crear una estrecha relación desde el primer contacto.

El plan de acción titulado «Mi hogar rodante» brindará un servicio para niños y jóvenes en estado de riesgo y peligro que viven o se encuentran permanentemente en las calles, sea porque se han fugado de sus hogares o como parte de su forma de vida.

El vehículo deberá ser una camioneta grande, que permita sentarse en su interior con los jóvenes de una manera discreta, cómoda y apropiada.

Durante la investigación, finalizada la fase de recopilación de datos, se obtuvieron los principios de trabajo —que fueron desarrollados hasta entonces intuitivamente basándose tan solo en las experiencias de encuentros con los jóvenes— de una investigación teórica más estructurada.

En la edad que denominamos pubertad, que es la adolescencia inicial o la primera fase de la adolescencia y de la juventud, que normalmente se inicia a los 10 años y finaliza a los 15 años —un período de consolidación personal que los separa de los padres y familiares—, muchos adolescentes pasan largas horas fuera de las casas en reuniones sociales o vagando por las calles. Los patrones de comportamiento en las calles no son uniformes y varían en cada joven. Algunos de ellos estarán fuera de sus casas durante las horas del día y también habrá aquellos que lo harán también por las noches, pernoctando donde puedan.

Muchos adolescentes abandonarán la escuela y los marcos estudiantiles alternativos para salir a las calles. Es difícil estimar el número exacto de tales adolescentes, dado el escaso contacto con agencias de bienestar social e instituciones educativas, a lo que se suma el hecho de que tampoco permiten que se los ayude por falta de confianza hacia las instituciones gubernamentales.

Como un proceso natural, gente mayor comenzó a caminar por las calles interesándose por la suerte de esos jóvenes, contribuyendo significativamente a la creación de un «Contacto hábitat», como llamamos a un lugar donde mantener contacto con ellos, que permitieron que se los ayudase con alguna terapia o se les proporcionara asistencia. Su disposición para aceptar dicha ayuda contribuyó muy positivamente.

Metas principales del «Hogar rodante»

Los principales objetivos de este plan son:

— Localizar a adolescentes carentes de hogar que vagan por las calles.

— Contactar con ellos de manera directa.

— Mediar entre ellos y los servicios comunitarios pertinentes de acuerdo con sus necesidades concretas.

— Posibilitar una intervención inmediatamente en momentos de crisis.

— Asistir materialmente con medicamentos, ropa, comida o primeros auxilios.

— Diagnosticar el terreno donde se actúa y concienciar al público respecto al estado de la juventud en las calles.

Para conseguir tales metas hará falta provisionar camiones con suficiente espacio para que sea posible sentarse con la suficiente privacidad. Habrá un teléfono móvil y, para casos de urgencia, un depósito con medicamentos, ropa, comida, mantas, artículos de higiene o primeros auxilios para repartir a los adolescentes necesitados. La población objetivo de «Mi hogar rodante» son niños y jóvenes de 10 a 18 años de edad que viven o vagan por las calles y que están en distintas situaciones de aislamiento familiar y en estado errante o en dificultades. A diferencia de otros servicios de extensión frente a otras clases de poblaciones determinadas, como serían los drogadictos o los seropositivos, «Mi hogar rodante» dirigirá sus servicios móviles a jóvenes que necesitan de sus servicios sin condiciones ni restricciones.

Fuera de charlas informales, se llevarán a cabo conversaciones de carácter preventivo, se brindarán servicios de comida y se podrá efectuar el uso de internet. Con el equipo móvil de trabajadores sociales se incluirá a profesionales y vecinos voluntarios, de cuya integración se beneficiará el servicio, al permitir atender a más jóvenes a la vez.

El servicio deberá prestarse en las áreas donde deambulan adolescentes, como son estaciones de transporte, centros comerciales, jardines públicos, playas y demás, teniendo en cuenta, y esto es importante, que la población que el equipo móvil busca encontrarse en estas zonas se encuentra en situación de mayor o menor grado de deserción escolar, y la presencia en esas áreas se prolongará durante largos periodos para trabajar ahí fuera en sesiones semanales con grupos más o menos permanentes de adolescentes, pero que también, en muchos casos, su presencia no es constante y, a veces, esos encuentros son únicos.

También existen zonas donde viven los jóvenes y trabajan para ganarse la vida, algunas veces a través de la prostitución. Parte de ello es debido a lo que Mercedes Hernández denomina «cosificación de los cuerpos de las mujeres», que es la utilización de mujeres y niñas como mercancías para diversos fines, sobre todo el beneficio económico, independientemente de cualquier marco y, por lo general, usando drogas a diario, a pesar de que Phyllis Kilbourn, en su libro *Street Children,* pone de manifiesto que a veces se las acusa de tomar drogas cuando en realidad no lo hacen, de manera que, por despecho, acaban tomándolas.

Una vez finalizada la absorción del adolescente en «Mi hogar rodante», es decir, cumplido el objetivo primordial de sacarlo de la calle, habrá casos en los que se derivará al mismo a alguna familia de las que componen el modelo «Mi familia compañera», de lo que se hablará con más detalle en el siguiente capítulo.

En todo caso, la aceptación del joven a la misma será un proceso progresivo y que llevará tiempo y cuidado, sin olvidar que todos los implicados no dejan de ser personas desconocidas el uno hacia el otro, por lo que será necesario un periodo de acercamiento muy parecido a una verdadera adopción familiar formal.

La familia que apadrina al adolescente deberá afrontar este proceso con naturalidad, evitando desmoralizarse ante expectativas no cumplidas o desilusionarse porque los resultados están por debajo de lo que ellos esperaban del menor. Existen ocasiones en las que las familias caen en lo que June Bond denominó —en su artículo con este mismo título— «síndrome de depresión postadopción (DPA)», debido a la cantidad de expectativas que tienen en torno a la relación con el menor, que luego distan de hacerse realidad.

La clave será ser pacientes, sin pensar que las carencias de los adolescentes se cubrirán tan solo con afecto, ya que hará falta también mucha profesionalidad y apoyo del trabajador social para poder superar de una manera adecuada esas problemáticas.

Muchos adolescentes no tienen suficiente fuerza espiritual para presentarse regularmente cada semana a una hora determinada para encontrar a un trabajador social, y así no obtienen el servicio que necesitan. Además, muchas reuniones de tratamiento son realizadas a primera hora de la mañana y los adolescentes que vagan por las calles en las ciudades no están acostumbrados a estar despiertos a esas horas, lo cual les impedirá llegar a conseguir la ayuda deseada. En esto, en todo caso, se puede ser flexible para que el vehículo pueda llegar a los lugares y a las horas adecuadas donde ellos y ellas recibirán la atención merecida.

9. Mi familia compañera

Introducción

A nivel estadístico, en el mundo existen 2200 millones de niños, de los cuales 1000 millones viven en la pobreza o en riesgo de ella, y dicha cifra continúa incrementándose. Muchos de ellos son víctimas de abandono por sus familias, que económicamente son incapaces de sostenerlos, provocando que vivan en las calles, en edificios abandonados, en cajas de cartón, en apartamentos deshabitados, en estaciones de transporte público en desuso o en cualquier rincón donde puedan dormir sin ser agredidos. Viven, en fin, privados de atención familiar o protección de un adulto, debiendo sobrevivir de la mendicidad y hasta de actividades delictivas, siendo víctimas de abusos, negligencia y explotación.

Niños y jóvenes que viven en las calles: en la edad púber, muchos adolescentes pasan largas horas fuera de las casas, reunidos con otros o vagando por las calles. Hay quienes estarán fuera de sus casas durante el día y están aquellos que lo harán también por la noche, y también los que dormirán donde puedan, al tiempo que tampoco permiten que se los ayude por falta de confianza hacia las instituciones gubernamentales o hacia las personas extrañas.

Como un proceso natural para dirigirse a las metas principales, se comenzará a caminar por las calles interesándose por la suerte de esos jóvenes para poder contribuir significativamente a la creación de un contacto mutuo en su propio entorno, donde ellos recelarán menos y permitirán que se les proporcione alguna asistencia, contribuyendo con su disposición a aceptar dicha ayuda.

En el capítulo precedente indicábamos que muchos adolescentes no tienen suficiente fuerza espiritual para regularizar sus contactos con un trabajador social. De igual manera, posteriormente, pueden mostrar resistencia a aceptar integrarse a una familia, y así no obtienen el calor de hogar que requieren. El plan de acción «Mi hogar rodante», como primera atención al menor, si se ha desarrollado con éxito, gracias a su flexibilidad y a su adecuación a las rutinas del joven, ya habrá hecho posible ese primer acercamiento para que reciba la atención que necesita y merece. En fin, habrá limado las asperezas y recelo iniciales, lo cual sienta las bases para avanzar. De ahí que el siguiente paso, al modelo «Mi familia compañera», será una situación que vendrá de manera natural y que hará posible un contacto profundo, de confianza y a largo plazo.

Metas y características de «Mi familia compañera»

Este modelo será llevado a cabo con la misma implicación con la que se realiza a cabo una adopción *de facto*, ya que se trata de ubicar a niños y jóvenes que viven en las calles, crear un contacto inicial con ellos, ofreciéndoles servicios comunitarios básicos cuya meta final será el brindarles «calor de hogar» mediante familias que se ofrezcan a abrir sus puertas sin interés en finalizar la relación con una adopción legal, sino que tan solo abrirán las puertas de sus casas a adolescentes que así lo requieran y les brindarán, por tanto, una cama limpia, casa, comida y, si ellos lo quisieran, también una familia.

Los principales pasos a dar serán los mismos que se describieron en el capítulo anterior (Mi hogar rodante), que resumimos: localización, contacto directo, mediación, posibilidad de intervención en caso de crisis, asistencia material y concienciación pública. A ellos se unen ahora dos pasos más:

122

— La integración del adolescente en el seno de una familia que lo apadrina.

— Contactar con sus padres biológicos (o familiares más próximos, en ausencia de estos).

El contacto con los padres biológicos del menor en fase de adaptación a la familia de acogida será un paso de crítica importancia en las vidas tanto de estos niños como en las de las nuevas familias que los acompañarán, que será necesario afrontar de una manera adecuada, positiva y planificada, ya que el superarlo de forma cierta significará el éxito del modelo. Para este paso, la función del trabajador social será el ofrecer pautas, orientaciones adecuadas y específicas para guiar a todos los implicados. Sin importar la situación penal de los padres o si pertenecen a alguna pandilla, el adolescente tendrá derecho a mantener un contacto permanente tanto con su familia como con sus raíces y su pasado, tanto como él lo requiera.

Los padres de acogida serán los encargados de posibilitar esta comunicación de manera total y, siendo ellos figuras de referencia, serán los responsables del cuidado físico, intelectual y afectivo de los niños durante tal contacto, hablando con ellos abiertamente sobre el tema e informando respecto al tema al trabajador social que ayuda en su caso.

En resumen, las acciones realizadas en todas las comunidades no están orientadas a la integración social de los jóvenes en riesgo, y tal vez sea por el gran costo que implicaría brindar políticas de integración, servicios de educación, sociología y psicología en las calles. En el mismo sentido, tampoco se brindan incentivos monetarios a las familias o a las ONG que los integren en sus círculos, siendo muy necesario contar con aquellos que quieran acogerlos en los diversos programas antes descritos. Hoy en día, los programas de prevención terciaria con jóvenes en riesgo se caracterizan mayoritariamente por dar una respuesta reactiva a las actividades delictivas que cometieron, y casi no poseen cualidades que ayuden a su rehabilitación y que apoyen a su reinserción a la sociedad.

Habrá que adjuntar a cualquier programa de carácter preventivo una correcta atención personal orientada específicamente para estos jóvenes, profundizando en tal labor con todo el apoyo comunitario que se pueda recibir para permitirles consumar su derecho a ser felices. Y, al respecto, quiero finalizar con unas palabras que escribió el dalái lama en su libro *El arte de la felicidad*: «Creo que el derecho fundamental de nuestra vida es buscar la felicidad. Tanto si se tienen creencias religiosas como si no, o si se cree en tal o cual religión, todos buscamos algo mejor en la vida. Así pues, creo que el movimiento primordial de nuestra vida nos encamina en pos de la felicidad».

10. Prevención de la violencia escolar

El gran científico judeoestadounidense Albert Einstein solía decir, muy acertadamente, que la «educación es lo que queda después de olvidar lo que uno ha aprendido en la escuela». En otras palabras, la apuesta de futuro de una sociedad debe apuntar principalmente hacia la máxima ampliación posible de la base educativa de sus jóvenes. La construcción de una juventud sólida, educada y comprometida con su entorno es la única garantía de progreso y paz social, de una comunidad ajena a la violencia y en la que todos sus miembros disfruten de los derechos básicos y cumplan con las obligaciones individuales y colectivas.

Hasta alcanzar ese objetivo, resulta también primordial luchar contra cualquier forma ya existente de violencia que aqueje a la sociedad, y que en muchos casos tiene su origen en círculos juveniles, los más propensos a dejarse llevar por comportamientos antisociales en su tradicional lucha por sobrevivir dentro de entornos hostiles y, muchas veces, opresivos, en los que reina la demanda y ambición de poder. La violencia juvenil es, sin duda, un elemento decisivo para el bienestar del entorno social, y la escolar un elemento decisivo en la juvenil con la que se encuentra en relación de interdependencia, pues ambas se nutren mutuamente. Por el entorno cerrado en el que se desarrolla —las instituciones educativas—, la violencia escolar es mucho más abordable con planes de prevención que la que se desarrolla en las calles. Es obvio, por otra parte, que la una es reflejo de la otra.

La violencia se percibe como la forma destructiva e ilegítima de agresión y se define como el uso de la fuerza, física o de otro tipo, contra los demás para dañar su cuerpo, su dignidad, su propiedad, su alma o su cultura. Muchas veces, especialmente en niños, lo que comienza como una agresión leve, aparentemente inofensiva, puede deteriorarse rápidamente y convertirse en violencia real. El acoso verbal y físico, las maldiciones, los juegos agresivos, etc., son las connotaciones de violencia y su momento.

La violencia fue definida en encuestas de opinión pública como la falta de respeto mutuo, la intolerancia, la falta de estima mutua, el desprecio por los derechos individuales y las normas sociales, la negación del derecho del individuo a una sensación de seguridad y la falta de coordinación con los medios. Son aspectos más difíciles de medir, porque son generalizados y bastante abstractos.

La violencia es un fenómeno muy común que aparece en casi todos los contextos de nuestras vidas: en la familia, entre vecinos, en carreteras, en lugares de recreación, en recintos deportivos, en escuelas, en la calle y, más recientemente, en política. La violencia entre los niños y adolescentes alcanza la conciencia pública en su clímax más impactante cuando los medios informan de casos extremos de asesinato, robo, violación colectiva o comercialización y uso de drogas, pero el fenómeno realmente serio es que estos picos son una expresión de participación y exposición a la violencia cotidiana en varios niveles de gravedad.

La literatura científica indica que las tasas de violencia son particularmente altas durante la adolescencia, en comparación con otros grupos de edad, y que en muchos países del mundo hay un marcado aumento de la violencia y un aumento en la exposición de los jóvenes a beber y portar armas.

Los estudiosos de este tipo de fenómenos sociales formulan cuatro expresiones genéricas de violencia:

- Física: golpes, empujones, apuñalamientos, etc.
- Verbal y/o social: insultos, extorsión, etc.
- Psicológica: acoso, boicot, aislamiento, etc.
- Material: destrozo de propiedad, grafitis (pintadas), robo, etc.

La intimidación o *bullying* —fenómeno también conocido como acoso escolar— es el común denominador de los cuatro tipos de violencia, y cuando echa raíces en las escuelas es particularmente preocupante porque acaba rompiendo el esquema de autoridad y disciplina que debe regir en todo centro escolar. Otro denominador común es la aspiración del infractor a conseguir poder e influencia en su entorno social más inmediato. En cualquier caso, la consecuencia será una irrupción de mayor violencia si el afectado o víctima reacciona, o de temor y persecución si no se ve en la capacidad de hacerle frente.

A lo largo de décadas de estudio e investigaciones, los psicólogos no han conseguido ponerse de acuerdo sobre las razones que conducen a este comportamiento antisocial. La corriente freudiana ve en la agresividad una cualidad innata del ser humano, empujado a actuar de acuerdo con instintos primitivos internos, de supervivencia —hambre, sed o sexo— y de muerte (recuérdese, al hilo de esto, lo comentado en el capítulo 3 sobre el yo, el superyó y el ello). Por su parte, Albert Bandura ve sus orígenes en un aprendizaje social y cree que la agresividad es un tipo de reacción aprendida a través de la observación del prójimo y la imitación de sus conductas. Dan Olweus definió el término *bullying* y sostiene que, en cualquier circunstancia, la agresividad demuestra en el agresor una deficiencia en sus habilidades sociales para comunicarse o negociar sus deseos.

La violencia en el sistema educativo amenaza la seguridad de los estudiantes y los maestros y daña la actividad educativa. Los estudiantes se comportan agresiva y violentamente hacia otros estudiantes y profesores. Ejemplos de esto son numerosos y diarios: los estudiantes se niegan a obedecer instrucciones, gritan, acosan física y verbalmente, amenazan, atemorizan e incluso usan la violencia física. El alcance de la violencia en el sistema educativo es la demostración de atropello más prolífica en todos los países occidentales.

Entre los motivos del aumento de la violencia se encuentran los bajos logros académicos, la sensación de estar aislado de la escuela, el reconocimiento de la violencia en la escuela, la mala situación económica, la mala alimentación o la inanición de los estudiantes, la violencia doméstica y el impacto de la violencia en la televisión. Los niños violentos a menudo huyen de la escuela, se aburren, fracasan en sus estudios y se meten en problemas con los maestros y los padres.

El fenómeno del aumento de la violencia en las escuelas también está relacionado con el debilitamiento del estatus del docente, la erosión de su autoridad, el desdén hacia los docentes y la falta de apoyo que reciben. La creciente violencia severa entre la juventud es también una expresión de la angustia social y económica de los niños de familias pobres, padres desempleados, familias monoparentales y familias que viven en un clima de violencia interpersonal.

Tomar medidas para fortalecer los logros con los estudiantes violentos en las escuelas puede favorecer que estos tengan una imagen más positiva de sí mismos e influir en una mejor integración en el sistema educativo y en la sociedad. El fenómeno de la violencia entre niños y jóvenes es un reflejo de lo que sucede en la sociedad de adultos. La sociedad es más violenta y los límites entre lo permitido y lo prohibido se violan todos los días.

A nuestro parecer, el aumento de la violencia en la sociedad discurre en paralelo al aumento del ambiente de violencia que se vive en cada país en particular. Los buenos modales, como la consideración por los demás, ya no están de moda. La responsabilidad también recae en los padres, que no establecen límites claros para los niños, ya sea en la vestimenta o el comportamiento, lo que provoca una crisis de valores.

Los niños imitan a los adultos en la búsqueda de una solución a los problemas a través de la fuerza. Los adolescentes violentos pueden crecer como adultos violentos que son difíciles y hasta imposibles de rehabilitar. Los niños y jóvenes, que se supone que deben absorber valores en el sistema educativo, se golpean unos a otros de forma brutal por valores como el honor, la prueba de masculinidad, el control o el acoso en su beneficio, entre otros. Algunos de ellos son gravemente heridos por la violencia de sus compañeros contra ellos y el uso de armas blancas o de fuego.

Violencia escolar es la acción intencionada y maliciosa ejercida entre alumnos dentro de las instalaciones escolares o en los alrededores de la escuela, y hasta en lugares donde se desarrollan actividades extraescolares, siendo lo más habitual el *bullying*.

La UNESCO declaró en un informe, en la reunión anual de ministros de Educación, que, a pesar de la gravedad del problema, algunos países han hecho progresos significativos para reducir o contener este problema, pero aun así la violencia y el acoso escolar continúan siendo un problema mundial. Los problemas de violencia escolar suelen desconocerse, dado que pocos de ellos son detectados y, en un elevadísimo porcentaje, ni las víctimas ni las personas de su círculo cercano informan de ellos. Para que los alumnos aprendan normas de convivencia será necesario fomentar en las escuelas temas que contengan valores sociales y modelos de prevención, y con ambos elementos se podrá romper el círculo vicioso que ve a la información como una delación.

De acuerdo con nuestra experiencia en el tema, activar planes de acción preventivos en las escuelas posee sus bases técnicas muy lógicas: la población objetivo llega a los centros de estudios en días y en horarios conocidos. Dicho público ya está dividido por grupos de edades, lo que permitirá ejecutar programas de acuerdo con el desarrollo intelectual y emocional de cada uno. Las escuelas ya poseen las infraestructuras requeridas donde poder intervenir, sin que haga falta realizar esfuerzos o implementar partidas de gastos especiales.

Los objetivos de las actividades preventivas serán dos, el primero será garantizar que todos los alumnos gocen de un ambiente de aprendizaje seguro y sano, eliminando la violencia, el acoso sexual, la discriminación de alumnos y docentes por razones de salud o de género, y que rechace el consumo de drogas, alcohol y tabaco en esos espacios. El siguiente objetivo será crear un ambiente de solidaridad, que aprecie las labores voluntarias que realicen los alumnos en todos los ámbitos de la vida comunitaria, y apoye a toda clase de comunidades especiales que así lo requieran.

Las acciones centrales para poder cumplir con tales objetivos serán:

– Dirigir un proceso de cambio basado en objetivos a los que llegar y con elementos medibles que nos indiquen que hemos cumplido con la meta.

– Brindar sensación de protección a todas las personas y en todos los ámbitos de la escuela, tanto a alumnos como a maestros, así como a todo el personal de la escuela en general.

– Educar a los alumnos hacia valores a través de la integración social y la responsabilidad personal mediante el voluntariado comunitario.

– Desarrollar conductas del alumnado comprometidas con sectores menos favorecidos de la sociedad, ayudando a otros menos afortunados que ellos.

– Crear alianzas entre el estudiantado, el equipo de la escuela, el multipol o policía comunitario, las ONG y la comunidad que posibiliten trabajar hombro a hombro en todos los campos propuestos.

Se pretenderá que la escuela como espacio físico sea accesible para todos los alumnos, incluyendo aquellos que sufren de algún tipo de discapacidad física. Que ofrezca un entorno seguro donde permanecer, sin lugares rotos u oscuros, tanto dentro de las aulas como en los lugares que sirven para el tiempo libre del alumnado. Que evite la existencia de lugares que sirvan de zulos donde los alumnos se puedan reunir en secreto para cometer travesuras o actividades prohibidas. Que goce de un aspecto agradable que induzca a la identificación tanto por el alumnado como por los maestros, y hasta por los padres de los alumnos. Que cobije en cada aula a un número idóneo de alumnos que permita enseñar y aprender de manera cómoda y sensible, ya que un aula con demasiados alumnos se convertirá muy rápidamente en una fábrica de multiplicar delincuentes. Que brinde a los maestros un lugar apropiado en el que trabajar y en el que recibir tanto a los alumnos como a sus padres.

Mediante acciones de los diversos componentes humanos en lo referente a la prevención de la violencia, se crearán equipos de seguridad y grupos especiales contra la intimidación escolar en los que el estudiantado formará parte de la solución, instándoles a no responder al hostigamiento con violencia y advirtiendo sobre casos de violencia o acoso que conozcan.

Los estudiantes más adultos: serán la mano derecha de los maestros en los recreos, posibilitando que el tiempo libre sea seguro, interviniendo como mediadores en casos de violencia y serán mentores de sus pares en prácticas seguras de informática y redes sociales.

Los maestros: desempeñan un papel muy importante en la vida de sus alumnos, ya que pasan mucho tiempo con ellos, en algunos casos hasta más del que pasan con sus propias familias, por lo que en su trato con ellos siempre deberán transmitir mensajes empapados de valores humanos.

La dirección de la escuela: deberá ofrecer un entorno seguro de aprendizaje y de trabajo, creando un ambiente en el que todos puedan progresar social y académicamente sin sentir temor, publicando casos graves que hayan ocurrido y las medidas que se han adoptado tanto con la víctima como con el causante del hecho punible. Fomentará la reintegración a los estudios de alumnos mediante torneos deportivos u otras actividades, ya que su discriminación solo será un motivo más para aumentar la violencia en la sociedad por parte de aquellos que han abandonado los estudios.

El comité de padres: brindará la mayor cantidad de información a los padres de alumnos para que conozcan los casos de acoso en la escuela y dialogarán con padres de niños violentos, apoyándolos en busca de soluciones intrafamiliares. Participarán interactivamente, junto con el resto del personal, en la prevención de la violencia, profundizando en temas relacionados con la informática y las redes, teniendo en cuenta que los casos de acoso en la institución pueden comenzar y continuar a través de teléfonos celulares, computadoras y redes sociales.

Los padres de niños acosadores: hablarán con sus hijos acerca del acoso escolar y sus consecuencias de índole jurídica, evitando que ignoren el daño que este produce, dándoles ejemplos positivos mediante su forma personal de relacionarse con otras personas. Detectarán problemas de autoestima, ya que, a menudo, los niños con problemas de autoestima acosan a otros para sentirse bien consigo mismos, teniendo en cuenta que hasta niños que gozan de cierta popularidad y aceptación pueden tener tendencias crueles.

Los padres de niños acosados: observarán la actitud de sus hijos para detectar señales de acoso, ya que los niños no son propensos a decir que se les está intimidando. Deben buscar señales como ropa desgarrada, temor a ir a la escuela, disminución del apetito, pesadillas, llanto, depresión y estrés. Mantendrán conversaciones abiertas con sus hijos en las que puedan enterarse de lo que ocurre en la escuela con el fin de tomar medidas apropiadas, haciéndole saber que están dispuestos a ayudarlo y que no intentarán contratacar al acosador.

Hablamos del paso a un modelo de educación holística, en la que siempre se tendrá en cuenta que todos los planes que se lleven a la práctica forman parte de un todo y que su concepción se basa en la activación integral de todos los módulos elegidos para hacerlos funcionar correctamente y de una manera coordinada.

Las metas del modelo serán potenciar y fomentar el talento humano y la comprensión de que cada alumno quiere encontrar un significado, creatividad y valores en lo que hace, centrándose en el cultivo intelectual de cada estudiante sobre los temas que él quiera, desee o decida realizar. Será necesario hacer un mapeo holístico que contenga innovadoras acciones en los ámbitos de la salud, el tiempo libre, el entorno social, el descanso físico, la alimentación, el voluntariado comunitario, la convivencia, las relaciones interpersonales y demás. Igualmente, se deberán unificar todos los recursos humanos, materiales y estructurales, como que los centros educativos sean lugares para el tiempo libre, bibliotecas y edificios públicos, entre otros.

Fuera de estas actividades escolares, existen otras maneras de luchar contra el *bullying*, pero siempre con la ayuda de los mismos cinco actores: la familia, la escuela, la comunidad, el joven y, cómo no, el policía comunitario. Existen muchas técnicas y mecanismos que ayudarán a superar este gran problema de la sociedad moderna y que pueden resumirse de acuerdo con el escenario en el que han de implantarse.

En el seno familiar, la labor de los adultos consiste en concebir un ambiente en el que el niño se sienta aceptado y querido, y en crear una atmósfera de hogar que transmita valores humanos. Es necesario el fortalecer un diálogo fluido, exento de reproches y predicciones de los padres hacia sus hijos para no crear una situación en la que los adolescentes piensen que tales profecías se deban cumplir —pues si una situación es definida como real, esa situación tiene efectos reales—. Por lo tanto, los padres deberán alentar y buscar elementos que motiven al joven a preferir el calor del hogar a la independencia callejera, que es también una estrategia básica para combatir el fenómeno.

La escuela es, sin duda alguna, el escenario decisivo para luchar contra el acoso escolar, y no solo porque es uno de los caldos de cultivo que más lo alienta. Las amenazas entre escolares son parte del lenguaje habitual por la supervivencia y muchos jóvenes se ven en ese contexto en condiciones extremas por una mera rivalidad social.

Las dificultades y cambios que arrastra la adolescencia no son ajenas a nadie, y para facilitar el paso por esa etapa de la vida el sistema educativo debe ponerse al día con los cambios sociales contemporáneos. No hacerlo significa eludir los problemas y, consecuentemente, ceder el terreno a la supervivencia del más fuerte. Todo ello se puede combatir mediante un diálogo constructivo y sincero entre maestros y alumnos fuera del aula —en recreos, sesiones de diálogo privadas o incluso con llamadas telefónicas domésticas— y siempre bajo una estricta regla: el maestro debe mantener una completa equidad con todos sus discípulos sin renunciar emocionalmente a ninguno.

Dar por perdido a un alumno —como se solía hacer hace años con un estudiante problemático o con aquellos que demostraban rebeldía o cometían actos violentos— tiene un precio social altísimo, cuando la solución está verdaderamente en encontrar la fórmula para llegar a él y devolverlo al comportamiento dentro de la norma.

En este proceso desempeñan un papel crucial los llamados Centros Alternativos de Educación (CAE), un espacio que se propone prevenir la deserción escolar, ofrece al alumno con dificultades un refuerzo anímico y pedagógico que, en definitiva, ayudará a impedir la violencia originada por la frustración y los sentimientos de inferioridad que genera el fracaso escolar. Otra herramienta es alentar la participación de los padres en la actividad escolar e introducirlos en esa otra vida que muchos adolescentes tienen fuera del hogar y de la que los padres no suelen tener constancia. Es importante tener en cuenta también que ninguna de las técnicas sugeridas contempla la erosión de la distancia que debe haber entre un maestro y su alumno, sino todo lo contrario. Todas ellas están destinadas a instaurar y reforzar la autoridad del docente sobre el alumno, pero no mediante la imposición, sino haciéndose acreedores de la misma, es decir, ganándose el respeto del adolescente.

La comunidad es el tercer actor de toda actividad preventiva con los jóvenes. Sin ella es casi imposible sacar adelante procesos correctores contra la violencia, porque el clima social de respeto mutuo necesita el apoyo generalizado del entorno. Las medidas introducidas en la familia y en las escuelas no serán suficientes si en la calle el adolescente debe aún luchar por su supervivencia. Por ello, la comunidad ha de fomentar un clima de respeto que premie el rechazo a la violencia y transmita permanentemente valores humanos y de responsabilidad social —adaptados, naturalmente, a la conciencia juvenil—.

Técnicas prácticas para hacerlo demandan un mayor grado de compromiso de la juventud en la solución de los problemas comunitarios, movilizar a padres y profesionales a escenarios juveniles en los horarios y lugares donde la juventud interactúa y, lo que no es menos importante, ofrecer alternativas a los jóvenes. Este último factor es, quizás, el más decisivo para mantener ocupado al joven y evitar que, en su tiempo libre, se busque a sí mismo «emociones» fuera de la legalidad.

El cuarto elemento son los mismos jóvenes, que han de adoptar una responsabilidad y un compromiso personal de rechazo tajante a la violencia. Esto incluye el repudio a ser víctima o autor del delito mediante la denuncia de abusos personales y a terceros, prestando asistencia a estas víctimas silenciosas. La sumisión voluntaria a la autoridad de los maestros y de los padres es vital para generar un cambio.

Finalmente, el policía comunitario es quien carga con la responsabilidad de supervisar y seguir este tipo de fenómenos sociales y de presentar los modelos preventivos para las escuelas que ayuden a contrarrestarlo. Lo hará mediante la inspección periódica de establecimientos juveniles para evitar el consumo de drogas y alcohol, reaccionando a la violación de las leyes por los jóvenes de una manera más indulgente que con los adultos y, en la medida de lo posible, ofreciendo siempre segundas oportunidades en casos que lo merezcan. Una postura diametralmente opuesta a la que habrá de mostrar frente a adultos que inciten a la juventud a la delincuencia o al consumo de productos prohibidos.

En el plano preventivo, el agente debe contribuir a evitar los encasillamientos y los prejuicios, alentar un diálogo franco y abierto con los alumnos —una propuesta es hacerlo en los recreos en la llamada «Momentos con mi multipol», de los que más tarde se hablará— y trabajar decididamente con jóvenes de alto riesgo tanto en las escuelas como en las calles. De la misma forma que el maestro no debe dar por perdido a ninguno de sus alumnos, el policía comunitario ha de agotar todos los recursos preventivos a su disposición antes de volcar todo el peso de la ley en un adolescente o joven que incurra en comportamientos inaceptables.

Con independencia de las explicaciones de expertos, psicólogos o incluso de las que sugiere este libro, la escuela es el epicentro de la actividad preventiva. Una sociedad sana debe aspirar a la erradicación de cualquier tipo de violencia en los centros educativos —sea hacia alumnos, hacia profesores o hacia el personal adjunto— y adoptar una política de tolerancia cero hacia la violencia, porque lo contrario conducirá a una legitimación de la fuerza como forma de vida. Es una condena no solo para el agresor, sino para toda la sociedad.

Para la víctima, que no suele hacer partícipe de su situación a los adultos y, por lo tanto, no recibe ni el apoyo psicológico ni las herramientas necesarias con las que hacer frente al agresor, el daño a largo plazo incluye desde el miedo a ir a la escuela hasta el aislamiento social, pasando por dificultades de aprendizaje y concentración, daño a la salud, sentimientos de venganza y hasta pensamientos de suicidio. Cualquier acción preventiva debe, pues, comenzar por una mayor concienciación de los docentes y de los adultos a la hora de detectar esos alumnos que, inexplicablemente, se ausentan del aula con una frecuencia atípica respecto de su conducta normal, que son menos activos en el entorno general, que muestran mayor timidez y que se disocian de la realidad encerrándose en sí mismos. Detrás de estos comportamientos puede esconderse algún tipo de acoso y, si ese es el caso, deberán exhortarle a comunicar su problema abiertamente.

La solución a largo plazo radica en un proceso conjunto de cambio por iniciativa de la dirección escolar y la policía comunitaria, y que se funde e inspire en:

– Objetivos claros y medibles.

– Reglas claras de comportamiento en las escuelas.

– Reactivación de la responsabilidad personal por parte de docentes, padres y alumnos, devolviendo la autoridad al maestro.

– La inmunidad psicológica del alumno a este tipo de fenómenos, más que en la reacción al agresor.

– Un clima de protección en todos los ámbitos y espacios de la escuela.

– Valores de respeto, tolerancia, contención y responsabilidad individual y colectiva.

Es importante también evitar la profecía autocumplida o el también llamado efecto Pigmalión, en este caso negativo (podría ser positivo, como se verá enseguida), que significa que al alumno se le están enviado mensajes según los cuales se tienen de él unas expectativas muy bajas, lo cual conduce a que, inconscientemente, se comporte de acuerdo con lo que el educador espera de él. Es decir, y en definitiva: las expectativas negativas se terminan cumpliendo. El efecto de profecía autocumplida tiene lugar en muchas áreas y en los últimos tiempos también se analiza en las escuelas, hallando que las expectativas que el maestro tiene de sus alumnos pueden influir poderosamente en sus logros.

El fenómeno tiene un gran impacto y se produce en tres etapas: al principio, se produce una cierta impresión en una persona basándose en una primera impresión o información predeterminada. En la segunda etapa, el comportamiento se basa en las expectativas de la persona, hasta la tercera etapa, en la que la persona comienza involuntariamente a adaptar sus acciones a sus expectativas.

La respuesta también puede ser positiva, como apuntábamos arriba. Esto lo ilustraré mediante un experimento que realicé durante un reclutamiento de voluntarios para la policía. Informé a los jefes de que los nuevos aspirantes a voluntarios poseían un gran potencial, muy por encima de la media, y un alto grado de compromiso con su nueva función, aunque, de hecho, estos candidatos solo tenían capacidades promedio. Pues bien, después de pasar los estudios de voluntariado, estos recibieron calificaciones más altas que el resto del plantel, tanto en los exámenes escritos como en las derivadas de las opiniones de sus jefes.

La escuela es, con frecuencia y como cabe suponer, el centro de actividad de diversos planes de prevención para evitar situaciones de riesgo o exclusión de los menores en esa etapa vital, en todos los sentidos, de su desarrollo. No es el objetivo de este texto entrar en cada uno de ellos, pero sí lo haremos con el modelo concreto llamado Centro Alternativo de Educación (CAE), al que ya hicimos referencia unas líneas más arriba, que aporta medidas más globales, dentro del centro educativo, pero también mirando hacia afuera, para evitar la deserción escolar. En clara continuidad con este, el capítulo siguiente los CAE se dedicará el capítulo siguiente.

11. Centro Alternativo de Educación

Existen diversos planes de actividad que se apoyan en la escuela como epicentro de sus actividades de prevención con el objetivo de garantizar el curso correcto del menor a lo largo de sus primeros años de vida y durante la adolescencia, pero hay un modelo específico llamado Centro Alternativo de Educación (CAE) que se sale del entorno cerrado y cómodo de las escuelas para ofrecer soluciones a un fenómeno inevitable que debe ser tratado con particular atención y que aqueja en muchas sociedades a un número considerable de jóvenes: la deserción escolar.

Sin hacer generalizaciones —son muchos los menores responsables que se ven obligados a dejar la escuela por estricta necesidad para contribuir a los ingresos familiares—, los jóvenes que abandonan la escuela suelen acabar en grupos marginales en los que quedan expuestos a un futuro desalentador, convirtiéndose en un riesgo para la sociedad y en un lastre al que esta no puede volver la mirada.

La comunidad debe afrontar el problema no con rencor ni con acusaciones, sino de manera constructiva que reconozca en estos jóvenes unos problemas inherentes a su condición. La mayoría de ellos son niños con un gran historial de desilusiones personales, familiares y sociales, que han sufrido desde la infancia incontables muestras de rechazo y a los que, por lo general, la sociedad ignora y ha renunciado pensando que el problema no merecía mayor esfuerzo.

Pero estos aparentes «casos sin solución» son la clave de cualquier sociedad sana que aspire a ser inmune contra sus propios errores desde la autocrítica y con un espíritu constructivo, por lo que el modelo propuesto busca tanto ayudar a las escuelas a prevenir la deserción como a combatir sus efectos posteriores cuando ya se ha producido el abandono del aula y el joven ha puesto sus pies en la incertidumbre de las calles.

En la etapa preventiva, trabajar con estos niños significa comprender sus necesidades más inmediatas y profundas, aceptar que estas no han recibido la respuesta adecuada durante largos años y que la dificultad en los estudios y la rebeldía —a veces, también la violencia— que estos jóvenes demuestran hacia maestros y alumnos no es otra cosa que la expresión externa de esas necesidades.

Asumir estas premisas es cambiar la percepción personal e institucional hacia este tipo de problema y debe conducir a una cartografía del colegio para identificar y localizar aquellos casos de riesgo que hay en cada aula para ofrecer a los alumnos con dificultades acompañamiento y soluciones con las que superar los problemas particulares de cada uno. El programa incluye, en ese sentido, un taller para el personal docente en el que se les enseña a aceptar a estos casos difíciles, en lugar de recomendar su expulsión del centro para «terminar» con el problema de raíz.

Y aun así, la actividad preventiva no siempre puede evitar la deserción efectiva —el alumno se ha dado oficialmente de baja de la escuela— o práctica —sigue registrado, pero no acude a las clases—, por lo que la alternativa al completo abandono es la creación de un Centro Alternativo de Educación (CAE). Se trata, en esencia, de una infraestructura de apoyo para los casos avanzados de riesgo, y también para casos ya efectivos o prácticos de abandono, cuyo objetivo final es la reintegración completa del alumno a su clase.

Completamente equipada dentro del mismo colegio, el aula brindará un marco de pertenencia a estos alumnos especiales, una educación personal con elementos y atribuciones familiares, un «hogar» cálido, seguro y adecuado a sus particulares circunstancias que estará dirigido por personal especializado en este tipo de educación, que sabe vigilar a cada uno de los alumnos, favorecerlos, escucharlos y cuidarlos sin renunciar a ellos, incluso en el caso de que sus logros educativos no alcancen las metas previstas. Con esta nueva experiencia a sus espaldas y el acompañamiento de asesores pedagógicos especializados, una buena parte de estos alumnos de riesgo acabarán regresando a su aula y ganando el sentimiento de pertenencia a la sociedad.

En líneas generales, el proceso de gestión y administración del CAE incluirá un proceso de concienciación general en las instituciones educativas sobre la necesidad de abordar el problema de forma constructiva y sin renunciar a estos jóvenes. Para ello, habrá que elaborar, como se dijo, una cartografía escolar para detectar de forma efectiva a los alumnos con riesgo de deserción escolar o que ya hayan abandonado los estudios. Se diseñará un programa educativo adaptado a las necesidades personales de cada caso y en el que resalten las asignaturas fuertes que puedan devolverles la seguridad y la confianza en sí mismos como para motivarles a seguir adelante.

Habrá que buscar aliados del área comunitaria para que apoyen la labor docente con medidas sociales —por ejemplo, el traslado del alumno en casos excepcionales a un centro de acogida de menores en condiciones de semiinternado—, estableciendo una alianza firme y estable de acción entre el CAE, la escuela, los padres, los trabajadores sociales y la policía comunitaria. Esta alianza será uno de los principales factores del éxito del plan y base de cualquier progreso del alumno como individuo y miembro de la sociedad.

El modelo será gestionado en cada escuela por el director del centro escolar que alberga el CAE y, bajo su autoridad, un trabajador social licenciado como coordinador. El equipo lo completan profesionales de varios ámbitos y voluntarios según estas categorías: maestros de las distintas materias que darán clases particulares a cada alumno de acuerdo con las distintas dificultades —estas clases particulares las impartirán en sus horas libres y les serán remuneradas—, vecinos voluntarios que ayuden, de forma general, a fomentar un ambiente positivo, llevando a cabo las actividades que el coordinador les indique, y el agente comunitario, que impartirá en el CAE temas de prevención de manera más personal y meticulosa.

De vital importancia será que alguno de los miembros de este equipo de profesionales tenga capacitación como instructor de pandillas con el fin de que sepa cómo actuar en los distintos momentos en los que la violencia florece. Además, solo un experto en este campo entenderá el lenguaje y el comportamiento pandillero en su ámbito callejero.

La eficacia del programa podrá medirse a lo largo del tiempo según las pautas definidas por el director de los centros escolares y en función de la asistencia periódica del alumno al CAE, el nivel de estudios de sus alumnos y su equiparación progresiva al resto de la escuela y a la erradicación de la violencia.

El programa ha demostrado ser efectivo con muchos alumnos, a los que ha devuelto a las aulas normales tras equiparar sus logros educativos e inculcarles confianza en sí mismos e, incluso, los ha introducido en el liderazgo del centro. Su probada eficacia invita a expandir el modelo en la mayoría de los centros escolares y a colaborar con otros que no lo tienen, así como a reconsiderar si muchas de las técnicas pedagógicas del CAE no deberían ser aplicadas en realidad en todas las aulas.

Peritos en la materia recomiendan, después de haber comprobado por sí mismos los resultados, que el programa debería ser incorporado por el Ministerio de Educación como programa base en todas las escuelas y centros escolares, pero de una manera discreta para no encasillar a los alumnos que participen del mismo y sin distinguirlos delante de sus compañeros para que, de tal manera, más adelante sea más fácil reinsertarlos en las aulas comunes con el fin de devolverlos al programa habitual de estudio, que no es otro el objetivo primordial del modelo.

12. Momentos con mi multipol

Podríamos subtitular este capítulo «Escuchar sin amonestar», ya que esta es una de sus ideas motrices.

Los jóvenes en edad escolar pasan gran parte del día dentro de las instalaciones y con grupos estudiantiles. En dichos lugares aprenden, más allá de los temas comprendidos dentro de los programas de estudios, otras cosas en las que se deberán adentrar para poder «pertenecer» a la microsociedad del alumnado escolar, entre las cuales están el *bullying*, las drogas, el tabaco, el alcohol, la sexualidad, los robos y la violencia en general.

Evidentemente, no todos «disfrutan» de dichas experiencias, pues así como hay victimarios, hay víctimas y, en el peor de los casos, están aquellos que piensan que el «denunciar» o «informar» sobre lo que conocen es un acto antisocial. Como es obvio, falta en las escuelas un «quién» y un «dónde» que permita, en su intimidad, poder consultar abiertamente sin ser considerado un delator. El objetivo de este proyecto es diseñarlo para abrir un espacio de contacto con el multipol en la escuela, y de ahí su título.

Sus principales objetivos serán:

– Posibilitar la mera existencia de un lugar determinado dentro de la escuela al que puedan recurrir los alumnos por iniciativa propia ante cualquier clase de problema.

– Transformar al multipol en un consultor, actuando cual órgano de escucha activa para todos los alumnos.

– Permitirle abordar y tratar las cuestiones de peligro planteadas por los alumnos.

– Facilitar el cambio de imagen que poseen los estudiantes respecto a la policía, posibilitando que dejen de verla como un factor que amenaza y la aprecien como un elemento de ayuda.

– Trabajar en conjunto con la dirección de la escuela en todos y cada uno de los temas allí conocidos.

Para ello, el multipol ofrecerá una conferencia en cada clase, presentando la nueva actividad llamada «Momentos con mi multipol», comprometiéndose con los estudiantes que quieran participar de la misma a mantener todo lo allí hablado en absoluta confidencialidad —exceptuando a la directora del instituto— y de tratar cada uno de los temas allí presentados de la manera más profesional posible.

Para comenzar con tal actividad, la dirección de la escuela le proporcionará al multipol un lugar específico, de modo que los alumnos sepan que podrán recurrir a él en días y horas fijos, preferiblemente durante los recreos, para posibilitar que los estudiantes que quieran hacer alguna consulta, sea de forma personal o en pequeños grupos, según su elección, lo puedan hacer. La conversación de grupo será eficaz para cuando tengan problemas comunes.

Este proyecto se desarrollará como un componente más para evitar la violencia escolar, pero también podrá ser aplicado en las escuelas independientemente de tal actividad.

Para ello, el multipol presentará los pormenores de la actividad a la dirección de la escuela, acordando las pautas acerca de qué temas expuestos podrán ser tratados por la directora o el director dentro del seno escolar y cuáles serán tratados fuera del mismo, sea mediante los servicios sociales, la policía u otros órganos que sean considerados como los más idóneos para el caso.

A continuación, se elegirá un equipo de profesores que, junto con la comisión de padres de la escuela, hará un seguimiento permanente, debiendo la escuela brindar un lugar específico para llevar a cabo la actividad y presentar el modelo al alumnado.

La función principal del uniformado se materializará escuchando de manera discreta a los alumnos, brindando una respuesta inmediata en forma de orientación, asesoramiento, explicaciones sobre las reglas o procedimientos, reforzando la apelación con el fin de resolver el problema o remitiendo el caso a la dirección para continuar de acuerdo con los patrones coordinados de antemano.

Los posibles efectos del proyecto serán por lo menos dos: por un lado, fomentar la capacidad de inspirar confianza en los estudiantes y conducirlos a abrirse, rompiendo el silencio sobre cosas y casos que hasta el momento no se atrevieron a hablar ni con sus padres, ni siquiera con los consultores del colegio ni, ciertamente, con un policía. Por otro, responder a situaciones que los alumnos presenten, asegurando obrar con la mayor discreción, pero sin comprometerse a guardar en secreto situaciones en las que la ley lo prohíba, como sería el caso si la vida de otro alumno corriese peligro, además de la obligación de informar sobre casos de abuso de menores, que se aplica a todos los ciudadanos.

Esta actividad, como cualquier otra que lleve a cabo el multipol en cualquier centro educativo, estará encabezada por el director del instituto y supervisada por el equipo de profesores electo y la comisión de padres de la escuela antes mencionados.

Esas cuatro figuras en conjunto llevarán a cabo una medición de eficacia realizando discretamente entrevistas con aquellos alumnos que hayan participado en el proyecto, a quienes se pedirá que clasifiquen su nivel de satisfacción. A la vez, se transferirán al alumnado cuestionarios de retroalimentación al principio y al final del año, lo que permitirá hacer una correcta evaluación basada en la percepción de seguridad que se acredite en tales cuestionarios.

13. Empoderando el liderazgo juvenil

La visión

Los niños y los jóvenes se aburren fácilmente y se dejan arrastrar por aquellos que les proporcionen emociones que los satisfagan. A una edad temprana es más fácil sucumbir tras un liderazgo negativo que le proporcione alternativas a tal aburrimiento, como pueden ser fumar, beber, drogarse, ejercer la violencia, huir de la escuela, sexo a una temprana edad, vandalismo, etc.

Muy poco se hace para corregir tal situación. Sin embargo, mediante una actividad regulada e integrada se podrá cambiar dicha realidad en un período literalmente corto. Como ejemplo se puede mencionar que en el año 2006 la Policía Comunitaria de la zona sur de Jerusalén, en conjunto con aliados de la comunidad y vecinos voluntarios del barrio, redujeron los índices criminales de tal comunidad en un 46.8 % en tan solo un año de labor conjunta, lo que les hizo acreedores de la Mención Honorífica del ministro de Seguridad Pública por el tratamiento adecuado de la delincuencia en general y de la violencia juvenil en particular.

Parte primordial de tal tratamiento será el ubicar a los jóvenes que encajarán potencialmente en la prevención de violencia primaria y secundaria, asesorarlos y combinarlos como líderes positivos en la comunidad, extrayendo del potencial inherente en ellos, para que podemos estar seguros de que no renunciaremos a ninguno de ellos, pues si lo hiciéramos sería como renunciar al futuro de toda la comunidad.

Táctica del proyecto y las actividades que formarán parte de la misma

En toda sociedad moderna se lleva a cabo un debate público sobre el fenómeno de la violencia juvenil en su entorno.

No es necesario comenzar a introducir el tema mediante ideas de los distintos filósofos o mencionando estudios para demostrar que las escuelas —lugares con gran número de niños a la vez en cualquier momento determinado— son los clásicos emplazamientos que mejor permitirán el avance del proceso del comportamiento negativo y que desde ahí el camino a la violencia y el crimen son muy cortos, dado que en las escuelas apenas son implementados modelos de prevención de los factores de riesgo, que conducirán a efectos negativos.

Como resultado de dicha situación, existe la necesidad de construir un modelo de ejecución de programas de prevención para los alumnos. Es importante que el modelo sea fácil de entender y suficientemente atractivo para que los órganos competentes quieran participar en el proyecto. El que se presentará a continuación será una estrategia aplicable para permitir y asegurar su éxito en todas las escuelas de la ciudad.

Durante la construcción del modelo se integrarán los recursos existentes en las escuelas junto con nuevos recursos sugeridos, tales como asistencia para encontrar aliados y, no menos importante, la correcta elección de vecinos voluntarios que, al igual que personal profesional, trabajarán el tema sobre el terreno y directamente con los alumnos.

El plan se basará en distintos materiales existentes, que fueron llevados a la práctica exitosamente. La innovadora estrategia principal del proyecto es constituir un liderazgo positivo entre los jóvenes de las escuelas.

El modelo creará un liderazgo juvenil tal que podrá ofrecer a otros estudiantes ideas sobre cómo utilizar el tiempo libre en general y el de los recreos en particular. Los alumnos elegidos recibirán distinta formación y apoyo continuo de los expertos, que los capacitarán como líderes y como agentes de cambio en el proceso.

Es importante subrayar por qué la escuela se considerará el mejor lugar para influir en el comportamiento de los jóvenes. Primero, porque la población objetivo llega a dichos lugares regularmente y en horarios conocidos, lo que permitirá realizar modelos que induzcan al diálogo, incluyendo temas complejos e intrincados. Segundo, dicho público ya está dividido por grupos de edad, lo que permitirá ejecutar programas de acuerdo con el desarrollo intelectual y emocional de cada grupo. Tercero, en las escuelas ya existen infraestructuras que permitirán la accesibilidad de muchos adolescentes, sin requerir esfuerzos o medidas especiales.

Para que no sea necesaria la construcción de un proyecto que se base en nuevos planes que aún no han sido probados, este modelo se basará en modelos que han demostrado su eficacia y éxito (aunque en algunos casos, por motivos diversos, fueron finalmente dejados de lado, a pesar de su gran utilidad).

Algunos los ejemplos incluyen los tres programas construidos por el Ministerio de Educación, en cooperación con la Policía Comunitaria y llevados a cabo por voluntarios de la comunidad entre 1999 y 2008. Tales modelos traspasaron claros mensajes a la población objetivo, desde la edad preescolar pasando por las escuelas primarias y hasta en las escuelas secundarias, o sea, que los niños y adolescentes estaban bajo la influencia positiva de las instituciones educativas, la comunidad y de la policía comunitaria desde los 5 años de edad y hasta los 18, consiguiéndose los resultados esperados.

Como componente importante de la visión, habrá de establecerse un nuevo liderazgo positivo entre los alumnos de mayor edad de cada escuela, que constituirá como una brújula de comportamiento que guiará a los otros estudiantes en un nuevo camino.

Entre otras cosas, los participantes de este nuevo liderazgo serán los voceros del resto del alumnado frente a la dirección de la escuela, al igual que frente a los otros aliados del modelo, lo que permitirá a los nuevos dirigentes ser vistos por sus compañeros como alguien que ocupa un lugar alto en el escalafón.

Estas tácticas deberán estar unidas a otras tácticas que permitirán a la estrategia global alcanzar una meta con pasos firmes. La realización del proceso en general requerirá de firmes y variadas alianzas en las comunidades en las que el modelo se aplicará con el fin de llevarlo a cabo correctamente, cosa que por sí misma será un desafío apasionante y real para toda la comunidad. Los vecinos voluntarios servirán de puente entre las dos puntas que participarán en el modelo.

Costos del proyecto

No se prevén gastos inesperados en ninguna institución educativa en que se proyecte el modelo, más allá de aquellos presupuestos rutinarios de las escuelas, incluyendo servicios de oficina. En el supuesto de solicitud de gastos fortuitos para actividades especiales, será solicitado un presupuesto razonable para financiar los gastos que requieran las actividades con los alumnos, especialmente la publicidad del modelo.

Riesgos y probabilidades

Puesto que el modelo se basa principalmente en actividades preventivas existentes que se han probado y triunfado, del puro desarrollo como un plan maestro que une a todos no hay visibles riesgos, pero estos se expresan de dos maneras: elección inapropiada de vecinos voluntarios como trabajadores de campo o alumnos faltos de cualidades de liderazgo. Si la formación profesional del personal de terreno fallara, el mensaje pasado a los estudiantes podría ser negativo o incluso nocivo. Sin embargo, las perspectivas de éxito basadas en los muchos años de experiencia en este campo son absolutamente enormes, y todo dependiendo de la respuesta de cinco factores clave en el proyecto: el centro comunitario, el centro Multipol, las escuelas, los servicios sociales y el voluntariado vecinal del municipio.

El valor agregado del modelo

Como todo proyecto comunitario, este modelo ofrece valores agregados, más allá de los intrínsecos al propio modelo, como son los tres siguientes:

El primero es el establecimiento de un comité de expertos formado por personajes influyentes de la comunidad, que podrá actuar en los distintos temas sin tener que agregar más miembros.

El segundo, aprovechar los centros Multipol existentes en la comunidad poniendo al multipol como a un policía disponible para toda necesidad de la comunidad, y en especial para estar en contacto con el alumnado.

En tercer lugar, el reclutamiento de vecinos voluntarios de la comunidad para tratar problemas de violencia entre los adolescentes obrando mediante programas de prevención de violencia para evitar el encasillamiento, dando una correcta información, vigilancia comunitaria en los lugares que así lo requieran, proporcionando lecciones en los colegios y muchos otros temas más. Cada voluntario aportará según sus capacidades, el entrenamiento que haya recibido y de acuerdo con sus cualidades humanas.

Detalles generales del modelo

Hacer propuestas en busca de una idea creativa que, en su conjunto, realmente ayude a mejorar la seguridad personal y la calidad de vida en la comunidad. El objetivo de tal selección será el resultado de la ejecución preliminar de una tabla de prioridades en las que serán sopesadas una serie de problemas que existen en el barrio, en las que cada problema recibirá un puntaje numérico que exprese su dimensión y su impacto negativo en la sociedad de acuerdo con:

– Qué porcentaje de la sociedad se ve afectada por el problema.
– Interés de la comunidad y de sus líderes en tratar el tema.
– Posibilidad de crear una alianza que combata el problema.
– Facultad de trabajar sobre el tema con recursos relativamente factibles de conseguir.

Los temas estudiados fueron «trabajo con pandillas callejeras», «protección de antigüedades», «capacitación de poblaciones especiales» y «empoderamiento de jóvenes dirigentes». Este último ha superado todas las otras ideas por mayoría.

Propiedades requeridas para seleccionar el modelo apropiado

Tras conocer sobre qué tema trabajar es importante que el modelo por construir posea características muy singulares, pues sin ellas la realización de este sería imposible, como serían: su carácter preventivo, que en parte ya fue experimentado y ha tenido éxito, y que su planeamiento y ejecución sean simples e interesantes, tanto para los operadores como para el público objetivo.

— Fase de planificación: el diseño básico del proyecto debe incluir:

- Estudio de los datos con los que deberemos atacar al problema sobre el terreno.
- Presentación de la idea de manera «cruda», utilizando una metodología y unas reglas claras y simples.
- Comprender por dónde empezar y a dónde ir, incluyendo objetivos generales que lograr. Esta visión deberá dibujar las medidas con las que será medido el éxito por nuestra parte y por parte de la comunidad en sí.

— Fase de presentación: presentación del plan maestro a los patrocinadores y directores mediante un «resumen de ejecutivos», ya como un modelo o como una explicación para su consideración y aprobación.

— Fase de estudio: participación de la formación profesional. Participación de los vecinos voluntarios en las distintas capacitaciones y cursos profesionales que se van a llevar a cabo para aprender el tema de manera profesional.

— Fase analítica, análisis de las reales posibilidades de la implementación del modelo: se establecerá un equipo de análisis primario basado en las etapas iniciales de planificación que estudiará opciones reales para probar el modelo, incluyendo las consideraciones problemáticas, cómo superarlas y para determinar los parámetros para el éxito y sus mediciones.

— Fase de alianzas, la selección de los aliados del modelo: deben elegirse a los aliados correctos, de los cuales los principales serán el director del centro comunitario, los directores de escuelas, el jefe regional de la Policía y otros. Con ellos para establecerá un comité de expertos que reemplazará comité creado en la fase analítica llevando a cabo un análisis de posibles oposiciones de los socios menores, sus causas y cómo superarlos.

— Fase de emplazamiento: elección de la zona y la escuela donde se llevará a cabo el plan piloto. Es necesario incluir el barrio de la escuela, dándole prioridad a lugares que deseen participar en el proyecto y a escuelas que se atrevan a inculcar los cambios necesarios para realizar las modificaciones adecuadas.

— Fase de planeamiento final: escribir un documento con todos los elementos y presentación del modelo por aplicar. Es necesario que incluya una agenda adecuada con el uso inteligente de todos los pasos anteriores, considerando el tiempo adecuado para medir el éxito del modelo según los parámetros seleccionados en la fase de análisis.

— Fase de integración de recursos humanos: encontrar a los vecinos voluntarios adecuados que activarán el modelo. En este caso, los que permitan trabajar en las escuelas y en lugares frecuentados por la juventud, que sepan hablar con niños y adolescentes en lenguaje sencillo y claro para que este público les responda. Al mismo tiempo, ser lo suficientemente calificado para empoderar a la juventud frente a la comunidad.

— Fase de implementación o el inicio de la aplicación del modelo en los lugares y con las personas y factores programados: debe utilizarse como una estrategia de amplio espectro con el objetivo de llegar a las metas fijadas en la fase de planificación, y las diversas tácticas que se aprendieron en la fase de estudio, como un gran número de funciones individuales que forman la estrategia en general con el fin de alcanzar los objetivos.

— Fase de integración de objetivos y medidas de éxito: calendario de objetivos intermedios por alcanzar hasta llegar al objetivo final y medidas indicativas del éxito logrado.

El formato ideal para la prueba de realización de las metas y medidas de éxito son las siguientes: primera prueba, a los tres meses. Una segunda prueba en otros seis meses. La tercera y última prueba, después de un año de la segunda prueba.

En cada prueba, si los objetivos se clarifican y se alcanzaron los indicadores, se deberá mantener con el modelo en su forma actual. De lo contrario, se deberá regresar a la fase de planificación y realizar cambios sobre los objetivos que no se han alcanzado y comprobar los resultados de este nuevo cambio. Después de la tercera prueba se decidirá si el plan piloto se convierte en una aplicación de modelo o se cancela.

Creación de un equipo de investigación

Es necesario constituir y gestionar un equipo de investigación que guie el programa desde el principio y por todo el camino por medio de una mesa redonda, que estará encabezada por el alcalde o autoridad administrativa local por las siguientes razones:

En primer lugar, porque el modelo se llevará a cabo en su zona. En segundo lugar, su condición social le brindará ventajas sobre el resto de los aliados y, en tercer lugar, debido a su capacidad de centralizar el proyecto mediante comités y subcomités de los trabajadores, activistas y voluntarios de su administración y a su accesibilidad a un número de canales comunitarios que podrán ayudar en el reclutamiento, administración y operación de nuevos voluntarios para el proyecto. El equipo de investigación también dirigirá grupos de trabajo, donde la aportación mutua se llevará a cabo cuando todos los actores participen sus conocimientos y reciban conocimiento de las otras personas. En la víspera del lanzamiento se le dará publicidad al proyecto, presentando a los aliados activos y a los voluntarios que aportarán en la construcción del modelo.

Se presentará el modelo de manera global, enseñando las reglas que cumplirán con los requisitos de la visión general de la siguiente manera:

Alianzas: convocar a una reunión a todos aquellos interesados en el proyecto y de ellos constituir una infraestructura de aliados superiores.

Cometidos generales: revisión de la información sobre las actividades conjuntas. Crear metas que enmarcarán el éxito. Agendar las fechas para la revisión de las metas. La formulación de una visión que se imponga a todos los aliados. Dar publicidad al proyecto en todos los canales posibles. En la misma publicidad, solicitar voluntarios de la comunidad con cualidades para actuar con adolescentes. Escribir un plan de acción detallado del modelo. Comprobar la existencia de modelos que son activados de manera positiva y agregarlos a la estrategia general. Determinar qué personas trabajarán sobre el terreno. Formación de los activistas sobre el terreno. Tras haber realizado todo lo mencionado, se pasará a entrenar cuidadosamente a los vecinos voluntarios que funcionarán junto a los jóvenes.

Formación de los estudiantes: en esta fase se comenzará a entrenar a los alumnos seleccionados como futuros líderes sobre temas de capacitación. No se deberá olvidar el importante papel que cumplirán esos instructores que, de ser inicialmente jóvenes marginados, tras un tiempo, han logrado convertirse en líderes positivos. En nuestra experiencia, tras lograr reorganizar sus vidas, se formó con ellos grupos que formaban parte de las patrullas por las calles, esencialmente, para actuar sobre la prevención de comportamientos delictivos y para hablar y tratar de convencer a otros jóvenes —aún dentro de la norma— de que no delinquieran y evitasen, por lo tanto, ser encasillados, con todo lo que ello comporta.

Para finalizar, queremos expresar que sobre el tema de violencia juvenil existen varias teorías de psicólogos famosos que podrían confundir y conducir a la controversia entre los estudiosos. Por ejemplo, mientras que Freud afirma que la agresión es genética, Bandora asegura que es un aprendizaje social.

La exposición de los alumnos a comportamientos violentos continuos, por parte un estudiante o de un grupo de estudiantes, lleva a una reacción violenta por parte de la víctima o al miedo a ir a la escuela. Las víctimas son extremadamente sensibles a las expresiones verbales, las intimidaciones, los boicots y el *bullying* en general, se sienten solos en tales situaciones y no están dispuestos a compartir con los adultos tales situaciones en las que son amenazados. En consecuencia, no reciben apoyo o asistencia. El daño a largo plazo es real y podría tener como consecuencia discapacidad para el aprendizaje, falta de concentración y hasta menoscabo de la salud, llevando al alumno a pensamientos negativos, sentimientos de venganza e incluso a tentaciones de suicidio.

De aquí la importancia de la actividad antes propuesta, ya que la entrada de las personas mencionadas en las instituciones de educación, impartiendo clases adecuadas de acuerdo con las distintas edades y de acuerdo con el desarrollo intelectual de cada diferente grupo de edad, permitiendo el crecimiento y empoderamiento de jóvenes dirigentes entre los estudiantes, con la asistencia de todos los involucrados en el modelo, será como un salto de trampolín sobre el liderazgo negativo existente, de modo que dejamos de lado por el momento la teoría de Freud y preferimos la de Bandora, ayudando al alumno a que escoja dejarse guiar por los líderes positivos y a rechazar el estado actual.

TERCERA PARTE

14. La Policía Comunitaria en Israel

La decisión del Gobierno de Israel sobre la creación de una rama policial denominada Policía Comunitaria fue concebida en julio del año 1999 con la finalidad de lograr el fortalecimiento de la seguridad personal de los habitantes del país y mejorar los servicios que brinda la Policía a los ciudadanos.

La Policía Comunitaria es un concepto de gestión policial centrado en el ser humano basado en la fortaleza de la sociedad e implementándose, en conjunto con la comunidad, para proporcionar al público una mejor calidad de vida, que tendrá como principales objetivos el aumentar la percepción de seguridad de los ciudadanos y mejorar su calidad de vida.

El concepto de Policía Comunitaria centra el enfoque de la labor policial en la sociedad de dos maneras principales: la primera es que la policía existe para preservar la seguridad de las personas y su calidad de vida. La segunda es que la comunidad en sí es el principal recurso para la prevención de la delincuencia y para una lucha efectiva contra el crimen.

El pensamiento básico es que el fortalecimiento de la cooperación entre la policía y la comunidad facilitará la identificación de los problemas reales que preocupan a los residentes, posibilitando crear las prioridades adecuadas para su solución, que, lógicamente variarán de un lugar a otro. La comunidad y los ciudadanos tienen un papel fundamental en la definición de las necesidades en los diversos campos y en el tratamiento de los complejos desafíos que posibilitarán respuestas a corto, medio y largo plazo.

La coordinación y la cooperación entre ambas partes en las áreas de actividad conjunta serán un componente primordial para lograr resultados positivos desde el punto de vista ciudadano a lo largo del tiempo y para cumplir cada uno de los factores en sus objetivos.

Para lograr llegar a estos principios, la jefatura de la Policía Comunitaria estará a cargo de la implementación de alianzas tanto con otras ramas policiales como con todos los actores que compongan las comunidades para cumplir con sus funciones básicas y, de tal manera, mejorar significativamente el servicio que la policía brindará a los ciudadanos e incrementar la confianza del público en «su» policía.

Realizará su labor mediante una gestión cimentada en procesos y fundamentos filosóficos estructurados, que permitirán alcanzar el fortalecimiento del servicio a la comunidad como principal componente de gestión de la seguridad ciudadana en el eje de la prevención. La pretensión es que los uniformados se adapten y se adecuen a las distintas realidades sociales que se viven en cada zona como base de un trabajo policial con sentido social, que utilizará estrategias preventivas para aminorar la violencia y para devolver, de ese modo, la confianza en los agentes del orden.

Entre las primeras tareas que se requerirán para comenzar a formar una Policía Comunitaria habrá que desarrollar, formular y asimilar el concepto operacional de los Centros de Policía Comunitaria en las zonas urbanas, que complementarán a las comisarías zonales, acercando y posibilitando la mayor parte de los servicios policiales a los barrios, tanto para lograr los objetivos de la organización como para mejorar la percepción de seguridad personal, brindando al ciudadano un servicio más individualizado y mejorando su calidad de vida.

Entre las actividades que se brindarán en esos centros estarán el dar a los residentes servicios policiales específicos —cuyas cualidades dependerán de las normas legales de cada país— así como información de índole social que buscará soluciones comunitarias junto con los aliados estratégicos de la vecindad.

Los nombres y teléfonos de los policías comunitarios serán de conocimiento público para permitir un mayor y mejor acercamiento entre ambas partes y para permitir otra clase de contacto. Se pondrán buzones en puntos neurálgicos del barrio donde se podrán dejar mensajes, sugerencias o quejas para el tratamiento del uniformado.

El propósito, en el ámbito de las alianzas comunitarias, será servir como una entidad profesional en la creación y desarrollo de alianzas sistémicas entre la comunidad, el Gobierno local y la policía misma, facilitando así la solución de pequeños problemas delincuenciales que se producen a diario en todas las comunidades. De este modo, se evita etiquetar a los conciudadanos, y en especial a los adolescentes, de maleantes, regenerando conceptos como el de «buena ciudadanía».

Otra forma clásica que se lleva a cabo en Israel desde el año 2010 es el patrullaje combinado, estableciendo unidades conjuntas en las que se encuentran en una misma patrulla un policía comunitario y un funcionario municipal para tratar problemas relacionados con la calidad de vida, tanto en el área municipal como en el policial.

Su propósito es establecer unidades conjuntas de la policía y la autoridad local para fortalecer significativamente la capacidad de disuasión y aplicación a nivel municipal, local, haciendo hincapié en delitos que afectan directamente a la percepción de calidad de vida como una forma clave para mejorar esta entre los residentes de la zona de actuación que corresponda. Estas unidades conjuntas operan actualmente en varias ciudades con mucho éxito y aceptación por parte de la vecindad.

Los estatutos locales brindan a esos agentes municipales que realizan actividades de vigilancia conjunta poderes adicionales, como puede ser exigir identificación, realizar un cacheo y detener a sospechosos de acciones ilícitas o delictivas junto al policía que opera junto a él.

15. El perfil de un policía

La persona recta caerá siete veces y siempre se levantará

En casi todo el mundo, el organismo gubernamental responsable de la seguridad de las personas que viven en cada entorno es la Policía. El papel de dicha organización es mantener el orden público, proteger las vidas y las propiedades de los residentes combatiendo el crimen, hacer cumplir las leyes y regulaciones y mantener el orden público. Los deberes del policía están determinados por la ley y están subordinados a los diversos órganos de gobierno.

Hasta aquí no escribo nada nuevo, ya que esas son las funciones clásicas que de una manera u otra siempre se mencionan, siendo el gran enigma quién es aquel ser humano que viste ese uniforme y cuál debería ser su perfil social, pues según su forma de ser y de proceder se consolidará el producto llamado «seguridad comunitaria».

Hay quienes aseguran que el mero hecho de que debe pensar como un delincuente, y hasta ponerse hipotéticamente en su lugar para poder predecir sus movimientos y así poder descubrir complicados actos delictivos pone, absurdamente, a ambas figuras en una línea paralela donde el comportamiento de ambos se diferencia solamente a la vista de sus simpatizantes.

En el frágil equilibrio que requieren las instituciones nacionales que se encargan del cumplimiento de las leyes y el mantenimiento del orden público, la Policía es la principal herramienta que el Estado tiene a su disposición, y el uniformado es el actor necesario que hará funcionar ese mecanismo legal en el lugar exacto y a la hora adecuada.

Hay una larga lista de atributos relacionados con la personalidad y las características profesionales del agente del orden, ya que proporciona servicios que podrían ser fácilmente evaluados para los que soliciten su asistencia. Esas cualidades están directamente relacionadas con los componentes de la personalidad del individuo y pueden observarse, o no estar presentes, en los procesos del alistamiento a filas.

En toda policía moderna se deberán buscar perfiles específicos dependiendo de la unidad a la que pretenda pertenecer cada policía, ya que no todos deben reunir un mismo perfil, sino aquel que esté de acuerdo con la especialización con la que cumplan. Así, un vigilante que trabaja en la calle a diversas horas del día y de la noche no tendrá que poseer las mismas cualidades que un administrativo que trabaje detrás de un escritorio cumpliendo horario de oficina e, igualmente, a un uniformado de bajo rango se le exigirán menos cualidades que a un oficial de mando.

Varios son los principales componentes que provienen de la personalidad y que tendrán que ver de manera directa con los diversos cargos o funciones que deberán cumplir.

Necesitarán tener una equilibrada confianza en sí mismos, pues el exceso de confianza será imprudente, ya que afectará a la forma en que reaccionen. El poseer ese buen hábito les permitirá actuar con autoridad y propiedad, permitiendo enfrentarse a cualquier evento con decisión.

Son precisas también la determinación y la perseverancia para tomar decisiones importantes con decisión, esforzándose para actuar audazmente en sus funciones hasta estar dispuestos a correr riesgos personales para proteger la vida humana, la seguridad personal y la propiedad. Todo ello con determinación, coraje y sabiduría, manteniendo un nivel apropiado de compromiso y responsabilidad en sus acciones, pero actuando siempre con prudencia.

Igualmente, se necesita empatía con el sufrimiento de la persona que pide su ayuda, aunque sea de una manera muy selectiva, pues puede que ese estado empático no le permita diferenciar entre el sufrimiento de una persona y el de muchos, y, a veces, para poder ayudar a uno deberá tomar una decisión que causará malestar a otros.

La humildad es una cualidad según la cual uno se considera igual entre iguales y no se siente importante o superior a los demás por el mero hecho de vestir un uniforme o poseer poderes. La persona que sabe lo que vale no se ubicará en el centro y no buscará la gloria ni el honor, sino que llevará a cabo las acciones adecuadas y deseables como se le exige en su función de servidor público. La carencia de ego hace de estos uniformados líderes dotados de abnegación innata en su trabajo en beneficio de la comunidad, muy por encima de sus asuntos personales.

Deberá mostrar calma y fortaleza en situaciones tensas, demostrando que posee madurez emocional para que puedan confiar en él. De ahí que podrá persuadir a contingentes a llegar a un resultado final mediante actitudes pacíficas con argumentos evaluados cuidadosamente que le ayudarán a mediar en cualquier clase de conflicto.

Es importante demostrar optimismo y positividad incluso en tiempos difíciles para brindar al público una chispa de esperanza necesaria para poder superar cualquier desafío.

Finalmente, ante la pregunta «¿quién podría ser un buen policía?», se puede afirmar con certeza que no todos aquellos que así lo quieran serán adecuados para cumplir con ese trabajo, ya que dentro del marco de la labor policial se le exige que demuestre coraje, determinación, que se aferre a la meta, que sirva bajo condiciones de presión, que posea un gran sentido de justicia, una intachable integridad, poder de credibilidad, apego por los desafíos y, sobre todo, paciencia. Esas son las personas más adecuadas para cumplir con las funciones policiales, y son los buscados por los cuerpos policiales.

La organización, por su parte, si deseara mejorar la calidad de los reclutas atrayendo a sus filas a los mejores talentos, deberá aprender cómo hacer que los candidatos no solo asistan a una entrevista de trabajo, sino que también elijan a la entidad como su lugar profesional de trabajo y su *modus vivendi*, ya que para ser un buen policía no solo hay que vestir el uniforme, sino que hay que sentirse orgulloso de serlo y no temer a las caídas, ya que el fracaso no es algo a lo que se deba temer, sino que es parte integral del camino a la grandeza, teniendo siempre en cuenta el famoso dicho: «Fallarás el 100 % de los intentos que no realices». Reproducimos a continuación el texto que publicó la revista francesa *IPA* titulado «El perfil de un policía»:

> Un policía debe ser una mezcla de todos los hombres, un santo y un pecador; es al mismo tiempo el más buscado y el menos deseado de entre los hombres. Es un ser extraño al que se llama «señor» de frente y «perro» por la espalda. Debe ser tan diplomático que pueda mediar en un altercado entre dos individuos haciendo creer a cada uno que él ha ganado. Si un policía está bien vestido es un esnob; si su forma de vestir es descuidada, es un abandonado. Si es agradable, es un coqueto; si no lo es, es un gruñón. El policía debe ser capaz de sostener una pelea con dos hombres que sean dos veces más fuertes y más jóvenes que él sin dañar su uniforme y sin ser brutal. Si consiguen pegarle, es un cobarde; si es él quien pega, es un bruto. Tiene que tomar una decisión en un instante, cuando la misma cuestión le llevaría varios meses a un abogado.
>
> Tiene que ser el primero en llegar al lugar del accidente y dar un diagnóstico de lo más preciso.
>
> El policía tiene que devolver la respiración, cortar una hemorragia, entablillar una articulación y, sobre todo, asegurarse de que la víctima vuelve bien, entera, a su casa.

El policía debe ser un experto en el manejo de las armas de fuego. Tiene que ser capaz de sacar su arma a la carrera y alcanzar el objetivo allí donde no le haga un mal grave para, posteriormente, explicar de manera exhaustiva por qué ha disparado.

Un policía debe conocer de todo y saber de todo, pero no decir nada.

Tiene que saber dónde se cometen todos los pecados del mundo, pero no hacer ninguno. Tiene que partir de un solo cabello, describir el crimen, el arma del crimen, el nombre del culpable y dónde se le puede encontrar. Si él lo encuentra, es un afortunado; si no, es un inútil. Si es ascendido, será porque conocía a alguien de alto nivel; si no lo consigue, es un tonto.

El policía debe seguir una pista hasta el final, trabajar jornadas completas para encontrar un testigo que ha visto todo, pero que niega acordarse, escarbar en los dosieres y escribir informes con el fin de establecer una prueba infalible que será destruida por «sabios colegas».

Debe ser: un pastor, un trabajador social, un diplomático, un duro, un caballero y, sobre todo, tiene que ser un genio, pues tiene que mantener a una familia de una manera irreprochable si, no obstante, vive lo suficiente para ver crecer a sus hijos.

He aquí un individuo al que pocas veces se le llama AMIGO.

16. *HIGH AND LOW POLICING*

Este documento aclarará las diferencias existentes entre *High and Low Policing* (en libre traducción, «alta y baja función policial»), poniendo en tela de juicio la función y el aporte de ambas tácticas sobre la labor de los uniformados comunitarios, llámense estos policías comunitarios, multipoles, agentes municipales, serenos, guardias civiles o de cualquier otra manera, abarcando de tal manera a todos los uniformados que brinden servicios de seguridad orientados en un sentido social.

La definición de la «alta y baja función policial» es específicamente la acción policial como política o el paradigma de toda la vigilancia política, que implica la busca de amenazas potenciales en un intento sistemático por preservar la distribución del poder en una sociedad determinada. Es una vigilancia policial absorbente que combina los poderes de protección del y al Estado, lo cual obliga a reflexionar sobre las grandes y profundas diferencias existentes con la «baja función policial», ya que no ha conseguido prevenir grandes ataques terroristas que dejaron serias secuelas para el mundo libre. Se podrá utilizar lo escrito para poder evaluar el lugar que ocupan las agencias de seguridad privadas dentro del tema de las patrullas de vigilancia, teniendo en cuenta que la «alta vigilancia privada» solo comparte algunas pocas de las características definitorias de la «alta función policial», careciendo de otras que tan solo se le otorgan por ley a los policías de carrera. Finalmente, el contraste entre ambas funciones policiales se examinará en relación con la importancia simbólica respecto a hasta qué punto el pueblo acepta a su policía.

La «baja función policial» se ocupa de los cometidos y actividades de uniformados policiales o municipales con un sentido social, es decir, de la lucha contra la delincuencia, la violación de las leyes y la violencia de acuerdo con las necesidades y expectativas del público, priorizando actividades preventivas que posibiliten la creación de un ámbito comunitario que rechace la trasgresión de las leyes como *modus vivendi*.

Si bien es cierto que el principal rol que tiene la policía es proteger a los ciudadanos y estos podrán ser protegidos sin que necesariamente confíen en los uniformados, para tener éxito al servir al público se deberán ganar su confianza y actuar de manera coordinada, siendo así que el uniformado hará lo que el vecino espera de él.

A nivel mundial, los altos logros policiales de la última década, sin embargo, tienen poco efecto sobre la confianza pública, pues han sido invertidos en su mayoría en «alta función policial» y, por supuesto, esta no influye directamente en la opinión pública.

El periodista Avi Bujman escribió que el público quiere en todo momento sentir que la policía está presente y disponible donde se la requiera, por lo cual pensó que lo correcto sería que, junto con el fortalecimiento continuo de la «alta función policial», sería preferible cambiar el sistema policial clásico y sincronizarlo con la «baja función policial».

Nos es necesario explicar por qué la policía no puede actuar sin la confianza del público. Uno de los mayores problemas de la jefatura es que esta tiende a usar una terminología y unas definiciones que muchos uniformados dentro de la organización no logran asimilar, y esto crea objeciones que algunas veces son acompañadas con bromas o comentarios cínicos.

La «alta función policial» es un concepto cuyos inicios podemos situar —siguiendo a Jean-Paul Brodeur— en Francia bajo el reinado de Luis XIV, que crearía la primera organización policial comparable a las modernas. Su propósito manifiesto fue, inicialmente, fortalecer la autoridad real en todos los campos de actividad. Esta fuerza creció con rapidez en forma de *high policing* bajo la comandancia de René d'Argenson, que fue director de la Policía francesa entre 1697 y 1715 y recibió no poco apoyo entre intelectuales de la época como Fontenelle.

Más adelante, en 1749, en su proyecto de reforma de la Policía francesa, el oficial de la *Maréchaussée* (policía provincial), de nombre Guillaute, no solo esbozaba las líneas maestras del primer sistema automatizado de registros policiales, sino que también hizo propuestas detalladas para numerar las casas, los apartamentos, para identificar los vehículos, registrar las ocupaciones, los viajes, la ocupación hotelera, entre otros. Pero la recogida de información, según este paradigma, no se restringe a los datos físicos, a los hechos reales. Las palabras, ya sea hablar en público como susurrar en privado, ya sea escribir algo para que sea publicado como la correspondencia personal, son también un foco importante de vigilancia. Se decía, en un tono bastante melodramático, que la apertura de la correspondencia tenía lugar en una cabina negra.

Hoy en día, la Policía en Francia se define como un modelo policial dividido, por lo que en realidad hay dos Policías nacionales subordinadas al Gobierno central. La policía clásica se llama Policía Nacional y está subordinada al Ministerio del Interior, mientras que la Gendarmería Nacional lo está al Ministerio de Defensa y se encarga de vigilar las zonas rurales, los disturbios públicos, el tratamiento antidisturbios y de servir como Policía Militar Francesa.

La «alta función policial» se ocupa principalmente del crimen que amenaza a un país, como el terrorismo, el crimen organizado, el delito cibernético, la venta, producción y consumo de drogas a gran escala, la inmigración ilegal y los espías infiltrados. En estos fenómenos, el Estado opera a través de las organizaciones que tiene a su disposición, como son las de investigación, inteligencia, unidades militares, unidades especiales y, por supuesto, la organización policial, que en esta área generalmente llevará a cabo la mayor parte de sus actividades sin la cooperación de los medios periodísticos y, por supuesto, sin proporcionar información a la comunidad antes y durante los operativos. En muchos países de Latinoamérica, esta tarea es normalmente desempeñada por los elementos adscritos a las procuradurías o fiscalías de justicia.

Tal y como aparece en los párrafos anteriores, la «baja función policial» se ocupará de la actuación policial con un sentido social, es decir, de la lucha contra la delincuencia, la violación de las leyes y la violencia de acuerdo con las necesidades y expectativas del público, priorizando actividades preventivas. Determinados cuerpos de Policía del mundo libre funcionan manteniendo alianzas con la comunidad mediante ramas etiquetadas como Policía Comunitaria. Allí las actividades se llevan a cabo de manera transparente, utilizando un enfoque de servicio orientado hacia las necesidades de la comunidad, centrándose en la prevención del delito tanto en términos físicos como teniendo en cuenta la opinión y los sentimientos de las víctimas de la acción criminal. La alianza con organismos formales e informales se lleva a cabo de acuerdo con el término acuñado por Hermann Goldstein, *Policing for problem solving,* que es cambiar las características de la manera policial de trabajar, creando una forma de patrullar orientada a resultados pretendidos de antemano, que será priorizar las actividades policiales que se realizarán, brindando una clara respuesta a los problemas existentes en cada lugar.

Los ataques terroristas del 11 de septiembre en los Estados Unidos llevaron a un cambio en la percepción en el campo del terrorismo y la policía de los Estados Unidos, que, como es bien sabido, tiene el modelo descentralizado de policías municipales, cuya su misión es «hacer cumplir las leyes, preservar la paz, reducir el miedo y procurar un ambiente seguro». Fuera de sus servicios clásicos de «baja función policial», se vieron en la obligación

174

de cumplir con funciones de la «alta función policial», abriendo el Departamento de Seguridad Nacional (DHS, por sus siglas en inglés). Sin embargo, continúan practicando actividades policiales clásicas («baja función policial»), que en conjunto permiten una constante disminución de delitos.

Últimamente, cuerpos de policía de diversos países de Europa, como Alemania, Francia, Inglaterra y Bélgica, también han sido requeridas para tratar temas que fueron resultado directo del terrorismo islámico radical y como resultado del problema de inmigración ilegal masiva y descontrolada que ha tenido lugar en casi todo ese continente en los últimos años, siendo que la conflagración con ellos también entra en la categoría de la «alta función policial».

El modelo de Policía en Israel, historia y patrimonio

Al estudiar la historia y el desarrollo de la Policía de Israel, nos encontramos con que, antes del establecimiento del Estado, David Ben-Gurión designó a la señora Golda Meir para estudiar y proponer el modelo de Policía deseado en el país que estaba a punto de establecerse. Golda Meir examinó los modelos policiales que existían en esos días, el modelo dividido que mencionamos en Francia, el modelo equilibrado en Inglaterra, modelos descentralizados y el modelo de Policía Nacional que existía en muchos otros países. La recomendación fue implementar el modelo francés, dividido entre la policía clásica y la gendarmería. Sin embargo, David Ben-Gurión decidió en 1948 que el Estado de Israel tendría una sola Policía Nacional.

En el año 1953 se estableció la Policía Fronteriza, y el primer ministro David Ben-Gurión decidió que este cuerpo sería parte de la Policía Nacional. La Orden de la Sede Nacional del 3 de julio de 1953 dispuso que la Policía Fronteriza de la Policía de Israel fuera establecida para desempeñar las funciones de proteger las fronteras del Estado respecto a la infiltración de personas de Estados enemigos. Dispondría de la existencia de policías reservistas calificados. En otras palabras, desde el año 1953 la Guardia Fronteriza de Israel ya realizaba actividades de «alta función policial», a pesar de que la función de resguardar la seguridad interior en el Estado estaba en manos del Ejército de Defensa de Israel (IDF, por sus siglas en inglés).

El evento fundamental para la Policía en Israel tuvo lugar en el año 1974, cuando tuvo lugar la llamada masacre de Maalot, un ataque terrorista en la escuela primaria Netiv Meir, en la ciudad israelí de Maalot, el 15 de mayo de 1974, llevado a cabo por miembros del Frente Democrático para la Liberación de Palestina (FNLP), que asesinaron a 22 alumnos de 6 a 12 años, a tres docentes, así como a una pareja y a su hijo de cuatro años, todos ellos mantenidos como rehenes y luego fusilados cuando estaban atados de manos. En una reunión nocturna entre el ministro de Defensa, Moshé Dayán, y el ministro de Policía, Moshé Hillel, tomaron la decisión de transferir la responsabilidad sobre la seguridad interior del país del Ejército a la Policía, fundando inmediatamente la Rama de Operaciones, la Unidad de Desactivadores de Bombas y la Rama de Voluntariado Vecinal, más conocida como la Guardia Civil. A los pocos años se inauguraban el Cuerpo Antiterrorista de la Policía (IAMÁM) y las Unidades Especiales de Patrulla, todas ellas en el campo de la lucha contra el terror, o sea, que a partir del año 1974 la Policía Nacional de Israel comenzó a actuar en modo de «alta función policial».

A finales de la década de 1970 y comienzos de la década de los 1980 se desarrolló en los Estados Unidos y en otros países el tema de la «policía comunitaria», basándose en la teoría del libro de Herman Goldstein, *Policing for problem solving* —mencionado anteriormente— y del artículo titulado «La teoría de las ventanas rotas». Este método de patrulla es fundamentalmente diferente de la actuación policial clásica tradicional, en términos de la función de los agentes del orden y las relaciones recíprocas entre ellos y la comunidad a la que sirven. En el año 1994, el director general de la Policía, Assaf Hefetz, decide implementar la Policía Comunitaria en Israel, lo que requirió un profundo cambio institucional. Como metáfora, se señalaba que un gran buque de guerra tardará varias horas en girar 360 grados, mientras que una lancha rápida lo podrá hacer en muy poco tiempo. «La Policía es una organización muy grande, como un destructor en la Marina, y el proceso de cambio será difícil y largo. Tendremos que superar muchas objeciones internas y externas».

Como parte de la implementación de la Policía Comunitaria en Israel se decidió adoptar una serie de estrategias clave, como crear alianzas con organizaciones comunitarias, iniciar medidas de prevención de la delincuencia, hacer imponer ley y el orden, trabajar mediante un enfoque de servicio integral hacia el vecino, descentralizar los servicios policiales y proteger los derechos humanos y civiles. En el proceso de implementación de la Policía Comunitaria, la Policía de Israel se ocupará de la «baja función policial», de acuerdo con las necesidades y expectativas públicas de la comunidad en la que presta servicios o, en otras palabras, la misma policía prestará distintas funciones, y eso de acuerdo con los requisitos de cada lugar donde opere.

Aquí no desarrollaremos los procesos que tuvieron lugar como resultado de la decisión de Assaf Hefetz, pero la idea de la policía comunitaria no tuvo éxito en esa época por múltiples razones. El director general que le siguió, Yehudá Vilk, consiguió hacer realidad el sueño de una Policía Comunitaria en Israel, desplegando Centros de Policía Comunitaria que cambiarían las funciones de las comisarías en los barrios. Más adelante, y hasta hoy en día, se sumaron a esa gran idea los Centros de Servicio al Ciudadano (MESHEL) establecidos en las estaciones de Policía de los grandes barrios, el modelo de «patrulla combinada», con policías e inspectores municipales en un mismo patrullero, y demás temas que representarán una clara intención de trabajar en clave de «baja función policial».

El director general de la Policía —o como se nombre en cada lugar al jefe supremo del cuerpo— tiene el mandato para cambiar la relación y crear un equilibrio entre el manejo policial de la seguridad interna y sus funciones clásicas, entre ellas la «alta y baja función policial». Sin embargo, al igual que con el uso del término «prevención del delito situacional», en el campo policial se debe hablar a las personas con sinceridad, pero es aún más importante hacerlo en un lenguaje sencillo para que entiendan todas las nuevas terminologías que se pretendan implantar, aclarando las ideas, el camino por hacer, las prioridades y, junto a ello, el cambio en la cultura organizacional que requerirá. Solo de tal manera se podrá cumplir con los objetivos que satisfarán las necesidades y las expectativas de la población, reduciendo la violencia, aumentando la confianza pública y acrecentando la percepción de seguridad que sientan los vecinos.

Y si pretendemos apreciar ambos sistemas respecto a la función frente a la vecindad, en la descripción de las ambivalencias y ambigüedades del trabajo policial aquí presentado priorizamos la comparación de ambas para poder mostrar que la casi militarización del trabajo policial producido por el significativo incremento de una «alta función policial» en los diversos poblados en asuntos de seguridad interior fue tan solo una politización de funciones. En cambio, con la «baja función policial» se consiguió reducir conflictos que a diario perturbaban la paz en las sociedades, limando las reticencias y las diferencias entre los vecinos y, por ende, permitiendo que los lugareños acepten a los uniformados comunitarios como parte primordial del entorno en el que viven y comprenda que sin estos representantes de la ley el entendimiento y la mejora en el comportamiento social serán muy difíciles de lograr.

El uniformado comunitario, sea este policía comunitario, multipol, agente municipal, sereno o guardia civil, tendrá cómo propósito más elevado el proveer seguridad a la vecindad, ya que esta no es más que la condición existencial de su vida. El agente comunitario tiene la misión de garantizar el bienestar, la prosperidad y el progreso de los residentes en la zona donde actúa, obrando primordialmente mediante planes de acción preventivos que posibiliten reafirmar el derecho del pueblo a vivir con plenitud de acción fuera de las rejas de sus casas y haciendo posible que se refleje en ellos el complejo vínculo existente entre los aspectos espirituales, físicos y existenciales de cada persona.

El continuo desafío de proteger físicamente las vidas de los ciudadanos hace que la policía clásica de todos los países del mundo se enfrente a decisiones complejas y dolorosas que recibirán una adecuada respuesta mediante la «alta función policial», pero existen otras consideraciones no menos importantes que deberán tenerse en cuenta en lo que se refiere a la toma de decisiones, en especial la percepción de seguridad personal, que tan solo se podrá conseguir poniendo en práctica la «baja función policial», que permitirá que florezcan los sentimientos y las aspiraciones de la ciudadanía de vivir en paz.

Sus conciudadanos requieren una narrativa comunitaria factible que le dé sentido a pretender vivir bien, haciendo hincapié no tan solo en los evidentes aspectos materiales, físicos, cuando se habla de problemas de seguridad, tal como se abordan en la «alta función policial», sino en hacer de la «baja función policial» una táctica efectiva que haga que los vecinos vean a los uniformados comunitarios como aquellos que posibilitaron el bienestar social, cultural y emocional en su vida cotidiana.

17. La policía clásica o la policía comunitaria

Similitudes y diferencias entre la policía clásica y la policía comunitaria

En las últimas tres décadas, la policía, los políticos y los ciudadanos han lamentado el fracaso del sistema policial profesional para tratar de manera efectiva, justa y honesta los problemas delictivos y de orden público. La policía descuidó el contexto social y comunitario y, por lo tanto, perdió la confianza y el apoyo de la comunidad, sin el cual no podrá hacer frente a los delitos y al daño a la calidad de vida comunitaria. Bajo el enfoque de este y otros factores, las organizaciones policiales de todo el mundo están probando nuevos sistemas de patrullaje orientados hacia la comunidad, que ayuden a enfrentarse a hechos delictivos y violentos en los vecindarios. Estos sistemas se llaman —la mayor parte de las veces erróneamente— «patrullajes comunitarios» y algunas veces se identifican con las patrullas «orientadas a la resolución de problemas». De hecho, el sistema de policía comunitaria está considerado desde principios de los años 2000 como la innovación más importante o la mejor alternativa a la acción policial tradicional. Los peritos más realistas ven este cambio una aportación significativa a la vigilancia profesional. La pregunta que falta por hacer es, por lo tanto, en qué se diferencia con la policía de proximidad o de qué manera se implementa, tanto en su faceta teórica como en la práctica.

Esta investigación nos condujo a dos conjuntos principales de conclusiones: en primer lugar, en relación con la aplicación de la policía comunitaria, tanto filosófica como técnicamente, dado que, en este contexto, los resultados sugieren que este planeamiento no ha sido completa ni continuamente aplicado, ya que los principales componentes de la programación manifestaron una seria debilitación en el correr del tiempo. El segundo grupo examina las contribuciones de esta técnica en áreas bien determinadas, que se definieron como parte integral del sistema. Aquí encontré efectos importantes y de largo plazo en el aporte del servicio en Israel, ya que, como parte inseparable de la idea básica, se pusieron en marcha modelos preventivos que brindarían respuestas positivas a corto, medio y largo plazo, dado que hubo una gran participación de las autoridades locales en temas de seguridad y desarrollo de patrones de acción de patrullas «orientadas a resultados», «combinadas con guardianes municipales», «enfocadas en problemas» y otras.

La implementación del modelo de Policía Comunitaria en el sistema policial comunitario en Israel a partir del año 2000 pasó a ser parte de una reforma operativa integral de la estructura policial de Israel, anotándose notorios éxitos en muchos de los campos elegidos, a pesar de que, con el correr de los años, los cambios que trajeron consigo los nuevos jefes de la Policía produjeron modificaciones básicas que condujeron a alteraciones operativas, así como en el sistema funcional de acción policial respecto a temas comunitarios. Pero estos cambios no minimizaron en ningún caso el volumen de actividades ilícitas, sino que solamente cambiaron un tema por otro, no tanto por necesidades tácticas, sino, a veces, por cuestiones que me atrevo a tildar de megalómanas, ya que cambiaron acciones de comprobada eficacia por otras cuya eficacia aún no se había comprobado, pero que le darían créditos a quien produjo ese cambio.

Una cuestión conocida mundialmente es que los mandos, por lo general, dificultarán cambios operativos que ellos desconocen o que impliquen su «renuncia» al mando directo de una determinada cantidad de subalternos, sin tener en cuenta el hecho de que ese cambio conllevará una merma efectiva en la labor diaria que realizan. Para ello establecerán prioridades en ciertos contextos para imposibilitar el modelo propuesto. En Israel hubo una expansión bastante rápida de policía comunitaria y, a pesar de que tal crecimiento ocurrió antes de que el programa se revisara profundamente, en los primeros tres años de su desarrollo el arquetipo fue todo un éxito en sus tres niveles: el policial, el social y el preventivo.

Para conseguir cumplir con las metas propuestas del programa fue necesario realizar cambios constantes que brindaron respuestas locales a los problemas de la expansión del programa en cada lugar y lugar, y todo ello de acuerdo con las características, tanto en lo referente al delito como sociales, de cada barrio. Cada modificación ha representado un impacto fundamental en la implementación de la policía comunitaria del lugar. En un principio hubo una fuerte oposición de los jefes zonales a la autonomía y las competencias de los agentes de niveles inferiores, pero, a la vista de los éxitos logrados en muy poco tiempo, estos recelos fueron sorteados por los propios jefes, que terminaron reconociendo el éxito conseguido y no solo eso, sino que pidieron ellos mismos ampliarlo a barrios donde no existía, ya que su contribución en áreas específicas donde se implementó influyó de manera indirecta a zonas lindantes casi como el mismo programa integral. De la misma manera, justo es reconocer que no todo fue perfecto, ya que el plan de acción primario tuvo ciertos defectos que, por su autonomía, fueron corregidos casi inmediatamente por los mismos policías comunitarios, y hoy en día esos cambios forman parte de las capacitaciones que reciben los nuevos agentes de la Policía Comunitaria, especialmente respecto a temas de suma importancia como serían: el enfoque del servicio a la comunidad, la creación de minicomisarías que brinden servicios a la población civil cerca de sus casas y, como tema más importante, la creación de un cuerpo de voluntariado vecinal que actúe, sobre todo, como apoyo del agente zonal.

La Policía es un servicio público que forma parte indivisible de la vida en toda sociedad democrática. Hoy en día existen en el mundo dos formatos principales de patrulla. El primero es el clásico o reactivo, porque se centra en el cumplimiento de la ley y en la lucha contra el delito. Esta forma de trabajo es la oficial, es reactiva, proviene de las altas esferas, es disuasiva, impersonal y no responde necesariamente de manera significativa a las expectativas o a las necesidades de la comunidad. Se solidificó en el año 1829 con la implantación de la primera policía uniformada en Londres.

El segundo formato es la policía comunitaria, que implica un cambio radical y supone la primera modificación en los fundamentos de la labor policial de los últimos 50 años, lo que ha supuesto que ocupe un lugar de honor entre los cuerpos de Policía del mundo occidental, engendrando en sus entrañas incontables y variadas formas de trabajo que tienen en común que centran en el vecino toda su actividad policial, como una filosofía básica compartida para dar un mejor servicio a la comunidad.

La principal diferencia entre ambos formatos consiste en la forma de comprender la labor que se va a realizar. La actividad reactiva está basada en lo beneficiosas que sean las actividades que la policía realice y sus características. Por su parte, la estructura policial comunitaria está basada en el servicio que se brinde al que así lo requiera, viendo siempre al ciudadano como epicentro de todas las actividades policiales. Ambas prácticas se oponen la una de la otra porque ambas dimensiones —la dimensión beligerante y la dimensión de asistencia— se enfrentan en sus fundamentos. Las diferentes enmarcaciones entre ambos sistemas de patrulla se manifiestan en todos sus niveles de acción, comenzando por la correcta elección del personal que la realizará, siguiendo por los planeamientos de trabajo, la supervisión y hasta por una adecuada retroalimentación.

A continuación, detallaremos las cualidades de ambas formas de patrullaje, lo que le ayudará a llegar a conclusiones profesionales, positivas o no, respecto a cada una de ellas, comenzando desde sus orígenes, el desarrollo de la policía comunitaria y los trasfondos que la condujeron a florecer por medio de diversos modelos preventivos que son llevados a la práctica en diversos lugares del planeta, sin olvidarnos de considerar los problemas y los peligros que se dan en ambas.

El formato de patrulla clásico ve su principal misión en la continua lucha contra la delincuencia. El temor sobre los poderes que la ley le concede a los policías, principalmente el de arrestar y el derecho casi inigualable de poder hacer uso de la fuerza física, así como el uso legítimo de un arma, forman componentes radicales y tradicionales en la erradicación del delito.

Esta forma de trabajo es de carácter reactivo y, en algún sentido, superficial. La medición de su eficacia es, por excelencia, la estadística respecto a las acciones ilícitas ocurridas, pero no necesariamente solucionadas. Este sistema casi no se ocupa del porqué o de cómo nacieron los hechos delictivos que tienen lugar, dado que se basa en la aplicación de las leyes sobre eventos que han ocurrido. La policía establece los niveles de gravedad de acuerdo con los niveles de castigo que la ley impone, y es por eso por lo que a los asesinatos, a la venta de drogas y otros hechos tipificados por el código penal o legislación equivalente se les presta la mayor atención policial, a pesar de que no son acciones diarias, o cuando menos no tan frecuentes como otras, mientras que a otros hechos, como la violencia intrafamiliar, por ejemplo, son dejados de lado por ser consideradas como menores según esta escala de valores.

La decisión de la policía de obrar de manera reactiva fija de antemano la calidad del personal policial. Los policías que más se adecúan para la lucha contra el delito son aquellos que lo conocen de cerca —dado que no hay mejor que conocer al contrincante—, es decir, aquellos que reconocen la mentalidad de los delincuentes o los conocen por haber vivido en el mismo barrio, que saben lo que son los estupefacientes bien de cerca, que conocen a los maleantes, al igual que a sus amistades, por sus nombres de pila. Es la lucha por poseer el control del territorio, y en esta el policía les deberá enseñar a los delincuentes —de acuerdo con su estilo— quién manda en las calles. En muchos casos en los que el agente se tope con un ciudadano corriente que requiera de un servicio policial, el uniformado no sabrá cambiar su norma de conducta y, generalmente, lo tratará y le hablará como lo haría con cualquier delincuente con los que está acostumbrado a encontrarse, constituyendo este un típico caso de distorsión de la situación real que se vive en la sociedad. Dadas las distintas visiones que poseen la policía y la comunidad, muchos uniformados no relacionan a la sociedad como su lugar de trabajo, ni tampoco ven el ímpetu de los civiles de querer ayudarles en dicha labor.

El proceso que condujo al sistema de policía comunitaria

Desde los comienzos de la primera policía moderna en Londres en 1829 hasta mediados de 1930 hubo un ambiente muy adecuado entre la policía y la comunidad, los uniformados generalmente patrullaban a pie en los barrios, por lo que su trato con los vecinos era muy íntimo y cercano, pero a partir de esa época comienza un alejamiento entre ambos actores por dos temas principales: el desarrollo de nuevas tecnologías y el desempeño profesional de los uniformados en otros estilos de patrulla.

Las nuevas tecnologías finalizaron con las patrullas a pie que rondaban en una zona fija donde mantenían un permanente contacto con la vecindad. El patrullaje en vehículos y el aparato de radioescucha al servicio de la policía facilitaron que creciera la eficacia y una acción policial ante el acontecimiento sobrevenido más rápido, con un significativo ahorro de presupuesto, ya que esos cambios permitieron disminuir la cantidad de personal requerido para cumplir con la misma cantidad de funciones que antes. En la actualidad se puede cubrir cualquier zona con gran eficacia con un número no muy grande de patrulleros, en vez de con muchos agentes que ronden a pie en el mismo perímetro. Esta circunstancia será posible, cómo no, a cuenta del trato personal entre los implicados, pero esto discurre en paralelo con la línea profesional exigida, que casi no tiene en cuenta formas más adecuadas de conducirse. Otro factor de alejamiento se produjo al elevar los niveles educativos exigidos a los nuevos postulantes a agentes, lo que produjo que más universitarios fueran recibidos en las filas policiales, desplazando a los propios habitantes de los barrios y, de tal manera, los uniformados que operan en los barrios no se sienten identificados ni con la población ni con sus problemas. El precio de tales cambios lo pagaron los diversos cuerpos de Policía mediante crisis de confianza que salieron a flote hasta el día de hoy, en el que determinadas poblaciones tienen una percepción de soledad, ofensa, y una sensación de amenaza. Al tiempo, en varios países decidieron mermar drásticamente los poderes que ejercían los agentes del orden, sobreponiendo el derecho de los sospechosos muy por encima de los que estaban acostumbrados a ejercer los policías, cosa que dañó muy sensiblemente las labores policiales.

En el año 1970 fue inaugurada en Los Ángeles una estación de Policía local con responsabilidades zonales en la que cada agente tenía responsabilidades sobre un barrio determinado, donde patrullaba permanentemente, y todos esos uniformados operaban bajo el paraguas orgánico de un policía de más antigüedad y categoría que estaba a cargo de los lazos entre la policía y la comunidad en toda esa zona policial. En el año 1973 esa estación fue dividida en puestos, a los que se exigió obrar de la misma manera, pero en esferas menos amplias, midiendo su eficacia mediante el contacto más estrecho con la población y los servicios que esta recibía. A esta estación se le sumaron otras que comenzaron a trabajar de igual manera, convirtiéndose en muy populares, porque bajaron sensiblemente la cantidad de delitos y fortalecieron los lazos con la población. A pesar del relativo éxito alcanzado, este *modus operandi* dejó de utilizarse paulatinamente hasta que desapareció, sobre todo por problemas presupuestarios de la Policía, ya que requería más uniformados en menores extensiones geográficas.

A principios de los años 80 esta estrategia comenzó a resucitar bajo el fundamento de que los policías clásicos que patrullan montados en vehículos pierden el contacto con la sociedad haciéndola temer, y ese miedo conduce a un aumento de actos delictivos, ya que esos barrios son propensos a ser objetivo de los criminales, y para actuar, en el aspecto psicológico, habrá que trabajar en conjunto con la comunidad, tanto en las acciones policiales como en las comunitarias, que van desde la mejora del aspecto del lugar hasta acciones de índoles social, como reubicar en lugares adecuados a *homeless* u otros que viven en las calles. De tal manera los policías, al salir de los patrulleros, encontrarán formas de ayudar a los vecinos y contribuirán a que se sientan seguros en las calles. Pocos años después se les fueron sumando proyectos sociales que representaban problemas y necesidades de la comunidad, al igual que temas relacionados con problemas de violencia juvenil, siendo considerados como muy exitosos, ya que había en ellos componentes que ayudaron a aminorar el temor hacia la delincuencia en las calles.

A consecuencia de tales éxitos, se llevó a cabo en Nueva York un programa destinado a vigilantes de a pie que debían programar su propia agenda de trabajo para servir de barómetro policial y social dentro de la comunidad, y que obtuvo un éxito muy notable, en especial disminuyendo los niveles de inseguridad en las calles y aumentando la estima por los uniformados. Pero como es poco menos que imposible trabajar únicamente mediante acciones sociales, en el año 1989 se constituyó el llamado Equipo de Acción de Seguridad, que tenía a su cargo el tratar problemas de pandillas, venta de estupefacientes y demás problemas de gran escala que no se pueden solucionar mediante acciones sociales. Para ello, cada participante del equipo debía conversar con al menos cinco vecinos durante cada turno y escuchar lo que decían acerca de las acciones ilícitas que ocurrían en las calles, a lo que también se atribuyó una gran merma en las actividades delictivas en estas. En el año 1992 comenzó a funcionar, en barrios con altos índices de violencia, otro programa piloto de policías en bicicleta, que se ocupaban del trabajo rutinario, como el de los patrulleros, pero siendo más accesibles a la vecindad cuando así hacía falta. Programas gemelos a este en Seattle y Phoenix demostraron que los agentes en bicicleta hicieron cinco veces más arrestos que sus pares en patrulleros, lo que conllevó que hasta el año 1994 funcionasen más de 400 unidades de agentes en bicicleta en los Estados Unidos. Estos éxitos fueron hitos que permitieron la ampliación de la Policía Comunitaria en EE. UU. hasta considerarla obligatoria en todos los emplazamientos (30 000) allí existentes, en todos y cada uno de los cuales se realizan actividades tanto sociales como policiales con el mayor de los éxitos.

Hay razones convincentes por las cuales los jefes de la Policía creen que ha llegado el tiempo para alterar las políticas y las prácticas en sus organizaciones. Estas razones están arraigadas en la historia policial durante el último cuarto de siglo, en la naturaleza cambiante de las comunidades y en las características variables del crimen y la violencia que afectan a las comunidades sobre las que tienen responsabilidades de acción. Varios fueron los causantes que fortificaron este paso, parte de ellos muy objetivos y parte provenientes de la policía misma. El primero de ellos fue la sensatez de la sociedad y de su policía sobre las expectativas poco realistas en cuanto a que la policía, mediante actividades reactivas, pudiera poner fin a todos los problemas de crímenes y violencia.

La violencia general bajó, pero los actos criminales violentos aumentaron, principalmente entre niños y adolescentes, como víctimas y también como ejecutores del acto delictivo. La cantidad de armamento en las calles ascendió. Por el reclamo de los políticos de hacer justicia, más y más casos pasaron a los juzgados hasta que las cortes quedaron saturadas de casos que se publicaban en primera plana de los periódicos, dejando de lado a los pequeños asuntos que ocurrían a diario en las comunidades, siendo estos mismos problemas los que quedaron sin ser tratados hasta hoy.

El avance policial respecto al cumplimiento de las leyes no permitió comprobar su eficacia, tanto por haber saturado los juzgados como por el desgaste de su capacidad de disuasión criminal, lo que consiguió abarrotar las cárceles en vez de obrar con eficacia. En consecuencia, acentuaron los impedimentos policiales, que por su propia iniciativa y de acuerdo con su sistema de trabajo, se centraron en brindar respuestas reactivas a las demandas de la población, reduciendo al mínimo tomar iniciativas. Y de ahí sale una pregunta embarazosa: si hoy en día el policía es más culto, está mejor equipado y se le paga más, ¿por qué no se encuentran soluciones a los problemas complicados? La falta de respuesta a tal interrogante conllevará la búsqueda de respuestas alternativas, como la policía comunitaria.

La labor policial en zonas urbanas es principalmente un servicio comunitario, de aquí que la patrulla con orientación reactiva pondrá en marcha solo una pequeña parte del conjunto de acciones necesarias que debería realizar para tener éxito en sus actividades, y más teniendo en cuenta que, de acuerdo con datos estadísticos de la Community Research Associates (1992), alrededor de un 85 % de las llamadas de civiles al teléfono de emergencias de la Policía no tienen ninguna relación con la función policial. También aseguran que tan solo un 10 % del tiempo durante el turno de un patrullero es utilizado en favor de la lucha contra el delito

—hay otros estudios que le adjudican solo el 5 %— y el resto de su tiempo lo puede dedicar de pleno a actividades comunitarias y a la puesta en práctica de modelos preventivos.

El famoso «cero tolerancia a la violencia» del exalcalde de Nueva York, Rudolph Giuliani, conocido como el autor del «milagro» de la seguridad en Estados Unidos, puede ser un mal ejemplo del rumbo que podría tomar la seguridad ciudadana, pues su plan de acción es muy distante de una agenda basada en la cercanía policial hacia la ciudadanía, ya que está basado principalmente en la represión policial, al margen de que tenga su fundamento en la conocida teoría de las «ventanas rotas», de la que ya se habló, que establece una relación causal entre el desorden callejero y el delito.

En el año 1994, Rudolph Giuliani nombró como director general de la Policía de Nueva York a William J. Bratton para resolver el problema de inseguridad que padecía la ciudad, pues había aplicado con éxito el lema de «cero tolerancia a la violencia» en la ciudad de Boston y seguidamente lo puso en práctica en la ciudad Nueva York, basando sus acciones reactivas en antiguos estatutos y ordenanzas municipales existentes que criminalizaban todo tipo de conductas violentas. A ello le sumó como una de sus principales tácticas el patrullaje preventivo agresivo (*preventive agressive patrol*), que basa su actividad en la represión y el castigo de cualquier acto ilegal, permitiendo a los uniformados mucha más libertad de acción.

Ese plan de acción se basó en tres aspectos: centrarse en las contravenciones que afectan la calidad de vida (patrulla orientada en problemas); operar dentro de las comunidades para la reducción de estas faltas (patrulla de cercanía) y evaluar los riesgos y, sobre todo, las poblaciones que constituyen un riesgo para la seguridad —marginando a sectores sociales de acuerdo con su origen o color, con un fuerte olor a racismo—. Tales actividades conllevaron entre los años 1994 a 1996 una merma del 37 al

50 % de las actividades ilícitas, pero ni siquiera esas cifras consiguieron que la ciudadanía confiase en la policía, ya que los métodos aplicados dañaron de forma irremediable la imagen positiva que los uniformados deberían haberse preocupado de ofrecer.

Otro caso digno de tener en cuenta por el interés de dar un mejor servicio policial a la ciudadanía es el llevado a cabo en la ciudad de Buenos Aires. En el año 2007 fue elegido Mauricio Macri como jefe de Gobierno y una de sus intenciones al entrar en funciones fue la de crear una fuerza policial exclusiva para esta ciudad y basándose en leyes ya aprobadas y, así, en el año 2008, se sancionó una reforma de ley que posibilitó que una fuerza policial llamada Policía Metropolitana compartiera funciones de seguridad no federales en la ciudad de Buenos Aires con la Policía Federal Argentina y la Prefectura Naval en ciertos temas. Sentadas estas bases, comenzó sus actividades en el año 2010. En el año 2017, esa Policía Metropolitana se unificó con la Superintendencia de Seguridad Metropolitana de la Policía Federal, convirtiéndose así en la nueva Policía de la Ciudad. Sus funciones declaradas son tres:

— Prevención del delito. Para ello cuentan con el Centro Único de Coordinación y Control y el Centro de Monitoreo Urbano.

— Información: capturan información en tiempo real en un sistema geográfico digital revelando los hechos criminales, pudiendo aplicar la prevención y determinando las causas de los ilícitos.

— Tecnológica: utilizan tecnología punta. Los vehículos se encuentran equipados con cámaras filmadoras y GPS, pudiendo monitorear desde la central a cualquier unidad y las acciones que realizó o que está realizando.

Como consideración personal, creo que producir tantos cambios en menos de una década impedirá que sistema policial se desarrolle como debe ser, pero, por otra parte, si estos cambios son hechos en favor de la comunidad, serán siempre bienvenidos.

Si miramos ahora a un punto muy alejado de Argentina, llegaremos al Lejano Oriente y llegaremos a Japón, donde siempre se pone a los Koban como ejemplo de policía comunitaria. Estos puestos de policía están ubicados en zonas muy frecuentadas, como estaciones de autobuses, estaciones de trenes, parques y demás lugares públicos. Manejan situaciones muy específicas, como personas perdidas, accidentes de tráfico, alcoholemia, objetos perdidos e información general al público y, más específicamente, a turistas. En algunas de estas casetas los que brindan tales informaciones son agentes de Policía en retiro que trabajan en los Koban en jornadas parciales. Periódicamente, estos uniformados se reúnen con vecinos representantes de la sociedad para tratar temas de interés comunitario. Estos policías gozan de una buena imagen frente a la vecindad, ya que no solo intentan dar solución a problemas delictivos, sino que también mantienen un firme contacto con la comunidad donde sirven.

La policía comunitaria abarca una variedad de prácticas filosóficas y prácticas y enfoques, y aún está evolucionando, aunque rápidamente. Las estrategias de vigilancia comunitaria varían dependiendo de las necesidades y las respuestas de las comunidades involucradas; sin embargo, ciertos principios básicos y consideraciones son comunes a todas las comunidades como esfuerzos netamente policiales. Hasta la fecha, no existe una descripción sucinta de la policía comunitaria para los profesionales que quieren aprender a utilizar este enfoque amplio para abordar los problemas del crimen y la violencia en sus comunidades. Comprender el porqué de la policía comunitaria es el comienzo de un esfuerzo para saber enfocarse en ella, y para ello habrá que ensamblar y examinar los componentes críticos de la policía clásica y a partir de ahí se podrá comenzar a fomentar el proceso de aprendizaje y estructurar la experimentación y modificación requerida para crear una policía comunitaria que funcione.

En barrios donde los niveles criminales no son altos, el vecino espera del agente comunitario, más allá de que lo trate bien, que haya una pronta asistencia a sus necesidades, protegiendo su vida, sus libertades y sus bienes materiales, de ahí que, si recibe temas preventivos y se apresa a los maleantes que afectan su vida, se sentirá más que satisfecho. Otro obstáculo que se le presenta es que el sistema penal no es eficiente en el trato de temas sociales que suceden a diario, como el mediar en una disputa entre vecinos, dado que, incluso cuando tales controversias llegan al juzgado y reciben algún dictamen, los sentimientos personales entre esos moradores, que tal vez vivan uno al lado del otro, ocasionarán que no termine la discrepancia entre ellos, sino que acentuará una rivalidad que crecerá a diario porque el caso no fue tratado de raíz. Esos son los típicos casos de los cuales la policía clásica se encarga a diario, absorbiendo en ellos preciosas horas de labor que no conducirán a nada, puesto que no tienen ni tiempo ni aptitudes profesionales que les permitan tratar con profundidad tanto el problema en sí como los sentimientos personales que condujeron al mismo. Es aquí donde la función del uniformado comunitario resaltará sobre las de sus homólogos reactivos, pues utilizará a sus contactos en la comunidad, redireccionando el caso a una mediación comunitaria que, a diferencia del juzgado, tratará la causa del problema antes que al problema mismo, sin pronunciar veredictos, sino que las soluciones serán propuestas por los mismos litigantes, consiguiendo que, a la par de solucionar los problemas, esos vecinos puedan volver a vivir en concordia.

La policía tiene que cambiar de rumbo en su trato con la vecindad para poder luchar contra la falta de confianza que se le tiene. El público quiere recibir un buen trato policial que le permita proteger sus derechos humanos básicos, y sin que haya una buena relación entre la policía y la comunidad no se podrá llegar a un correcto consenso sobre la labor policial que ese preciso barrio requiere. Esa es la razón por la que los diversos cuerpos de

Policía comenzaron a buscar métodos innovadores que les permitieran estrechar los lazos entre ellos, más allá de las rivalidades, que posibilitaran minimizar los actos delictivos, empoderando la percepción de seguridad de los vecinos.

Siempre se deberá tener en cuenta que existen dos temas muy candentes en lo que a policía se trata, y estos son el abuso de poder y la corrupción. Ambas cuestiones siempre estarán a la orden del día, ya que ambos términos son utilizados de forma recurrente por quienes pretendan manifestar su descontento hacia los uniformados por alguna causa, y no siempre con razones fundamentadas. Últimamente, tanto políticos como jefes de Policía están utilizando a la policía comunitaria como instrumento que les permite sobreponerse a esas intenciones negativas, ya que posee una buena reputación en los temas antes detallados. Será esencial potenciar comunidades si se quiere disuadir el crimen y crear barrios más seguros. En algunas comunidades llevará tiempo atravesar esas barreras de apatía y desconfianza que las asociaciones significativas puedan haber forjado. La confianza es el valor que subyace y vincula a los componentes de una sociedad comunitaria con la resolución de problemas. Una base de confianza permitirá que la policía establezca relaciones cercanas con la comunidad, que hará que se produzcan logros sólidos. Sin confianza entre la policía y los ciudadanos, la patrulla efectiva es imposible.

Un acelerador del desarrollo policial hacia el ámbito comunitario son las novedosas prácticas de dirección y manejo en el servicio público, en el cual la policía comunitaria es, en esencia, una colaboración entre la policía y la comunidad que identifica y resuelve los problemas de la comunidad. Por medio de tal idea, la policía ya no es el único guardián de la ley y el orden, sino que todos los miembros de la comunidad se convierten en aliados activos en el esfuerzo por mejorar la seguridad y calidad de vida en los barrios. La policía comunitaria tiene implicaciones de gran alcance. La perspectiva expandida de control y prevención del delito se centra en lograr que los miembros de la comunidad participen activamente en el proceso de resolución de problemas. Será fundamental recibir ayuda de los miembros de la comunidad, que se movilizarán como voluntarios para brindar apoyo y recursos con vistas a resolver conflictos y mejorar su propia calidad de vida. Ellos no tan solo expresarán sus preocupaciones, sino que también contribuirán activamente formando parte de la solución a sus preocupaciones creando una constructiva alianza, la cual recibirá por su intermedio energía, creatividad, nuevas ideas y paciencia de todos los involucrados en la solución a sus problemas.

Parte importante será el saber reconocer al público que requiere sus servicios y conocer sus exactas necesidades. El mero hecho de que se vea a la policía como a un cuerpo que brinda diversos servicios lo transforma radicalmente de ser un cuerpo reactivo —como un pequeño ejército— a una institución que también sabrá brindar servicios sociales que actuarán como generador de acciones preventivas, logrando hacer más con menos medios, ya que en las últimas décadas hay un gran desgaste en los logros de la policía clásica, que requiere más y más elementos y artilugios para hacerle frente al crimen y a la violencia.

El formato de policía comunitaria es mucho más eficaz en términos económicos, puesto que, para solucionar problemas, las necesidades dictarán la clase y cantidad de medios que se requieran y quiénes de los aliados comunitarios los poseen y los pondrán al servicio de la sociedad para cumplir con las metas. Pero en un cuerpo tan dogmático como es la Policía esto no será fácil, pues requerirá cambiar y hasta aligerar estatutos y directrices, al tiempo que permitir la descentralización de competencias y fomentar iniciativas locales, lo que posibilitará maniobrar con más libertad de acción sobre el terreno y, de tal manera, tomar las medidas adecuadas pertinentes a cada caso sin que hagan falta complejas redes de autorizaciones o permisos.

En el cuerpo de Policía se está descubriendo que las tácticas de control del crimen deben ser aumentadas con estrategias preventivas que aumenten la percepción de seguridad y mejoren la calidad de vida en los barrios. El miedo al crimen se ha convertido en un importante problema en sí mismo. Una presencia policial muy visible ayuda a reducir el miedo dentro de la comunidad, miedo que se ha encontrado más estrechamente correlacionado con el desorden que con el crimen. Sin embargo, debido a que el temor a la delincuencia puede limitar la actividad civil en las calles y mantener a los residentes en sus casas, contribuyendo a que las calles estén vacías, este clima de declive, paradójicamente, puede suponer un aumento en el número de actos delictivos.

De acuerdo con el diccionario de la Real Academia Española (RAE), «comunidad», además del 'conjunto de las personas de un pueblo, región o nación', es también el 'conjunto de personas vinculadas por características o intereses comunes', y eso tiene mucho que ver con la expresión «policía comunitaria», que intentará aminorar la violencia y acrecentar la percepción de seguridad vecinal mediante enfoques que apoyen iniciativas sociales, haciendo hincapié en los derechos humanos y en estudios profesionales que permitan basarse en la criminología —que se ocupará de estudiar el comportamiento antisocial, intentando proporcionar alguna solución para evitarlo en un futuro— y en la criminalística —que se ocupará de determinar en qué forma se cometió el delito y quién lo cometió—.

El foco de esos planteamientos se pondrá en la conjunción de alianzas entre todos los actores que estén en cada comunidad y la policía, ya que será la única fórmula comprobada que, dividiendo responsabilidades, permitirá crear zonas libres de peligro. El enfoque policial no utilizará únicamente al policía comunitario, sino que será apoyado por la policía reactiva en todos aquellos temas que así lo requieran, como el blanqueo de dinero, la fabricación y comercialización de drogas, el pandillerismo, los problemas fronterizos y otros que no tengan que ver con cuestiones sociales que puedan ser prevenidos, ya que sería un enorme error el pretender separar a ambas tácticas policiales.

La policía comunitaria se desarrolla en torno a diversas dimensiones:

— La dimensión del comportamiento, por la que se verá a sí misma como quien debe brindar buenos servicios de acuerdo con las necesidades de la vecindad donde trabaja, poniendo especial interés en lo que ella espera de ella o, en otras palabras, que posea orientación de servicio, lo que hará que cambie la percepción a ojos de los vecinos, que pasarán de verla como a un cuerpo armado que trata únicamente con malvivientes a verla como otro que se ocupa de sus necesidades, su protección y su bienestar social.

— La dimensión operativa pondrá su peso en la labor preventiva, evitando el «correr de una punta a la otra apagando focos violentos». Este tipo de patrulla es más efectivo, ya que, más allá de reaccionar a llamadas al número de teléfono de emergencias, también estudiará los pormenores del porqué de tal situación. Muchas veces se dieron casos en los que varios de los temas tratados por la policía por separado estaban entrelazados, y en cuanto se los estudió con esa perspectiva se descubrió un patrón de comportamiento que podría haber sido tratado o, en el mejor de los casos, solucionado a medio o largo plazo.

La respuesta fue un programa intensivo en patrullaje a pie, pero con un despliegue inteligente. Los vigilantes de a pie serán designados para los puntos urbanos donde se registren actos delictivos de mediana envergadura, realizando tareas comunitarias, conversando con los ciudadanos o visitando las áreas frecuentadas por jóvenes y, a la vez, llevando a cabo acciones policiales más tradicionales, como la revisión de autos o de transeúntes sospechosos. Al obrar de tal manera podrán demostrar que el prevenir el crimen no es tan solo un asunto de interés policial, sino también, y quizá más, de interés social. Importa subraya que no se trata de eliminar los vehículos policiales sin más, en absoluto, y que antes de lanzar a los policías a recorrer a pie las calles habrá que saber los segmentos donde ocurren los crímenes y, en lo que a las necesidades de la comunidad se trata, se tendrá en cuenta que los vecinos prefieren que la policía se ocupe de las pequeñas cosas que les molestan a diario, y no de problemas de ámbito nacional. Esto se hará proponiéndose metas y revisando la eficacia a la hora de conseguirlas mediante las alianzas que se crearon con todos los actores comunitarios.

El principal compromiso que la comunidad deberá demostrar será formar parte de un voluntariado vecinal que apoye significativamente al uniformado en su labor diaria. El mero hecho de que patrullen de manera organizada cuidando de su seguridad, la de los suyos y la de sus bienes personales les harán sentirse bien, ya que formarán parte de un servicio a sus propias necesidades, al tiempo que serán muy bien vistos por sus pares comunitarios.

– La dimensión institucional-educativa tiene por obligación reorganizar los estudios de la labor policial dentro la Academia de Policía para que todas las ramas internas conozcan y apoyen efectivamente esa forma de trabajo.

– La dimensión institucional-operativa será la que permita ofrecer servicios policiales, como una pequeña comisaría en los barrios.

– Finalmente, la dimensión de desempeños descubre las necesidades del lugar patrullando en busca de solución a los problemas existentes. Esta deberá funcionar mediante tres parámetros: el primero y principal siempre será la política de la jefatura, ya que son los responsables de permitir y aceptar cualquier tipo de cambios en la forma de operar y, principalmente, cambiar del modo tan radical como la policía comunitaria lo exige. Los comandos deberán apoyar el modelo de tal manera que hasta el último de los policías demuestre que está a favor del cambio, siendo esta la prueba más fehaciente en favor de este.

El policía, mediante su imagen estereotipada, representa la autoridad de antaño. Su uniforme está lleno de símbolos de poder y autoridad, y exige obediencia a sus exigencias. Las madres que buscan sofrenar a sus hijos tradicionalmente lo hacen amenazando: «Si no haces… [tal o cual cosa], llamaré a un policía». No cabe duda de que en un régimen normal tiene gran importancia la función del oficial, y parte de ella se llevará a cabo mediante la práctica del uso de la fuerza, si fuese necesario. Sin embargo, un gran ejemplo de una nueva imagen de autoridad que coincide con los valores de una sociedad libre es la policía comunitaria, ya que la policía clásica representa, en el más tradicional de los casos, la mano dura de la ley. Dado que, afortunadamente, yo formé parte del equipo experimental que diseñó y creó la Policía Comunitaria en Israel, dándole peso principalmente a diversas y variadas actividades preventivas en las escuelas, quiero darles esta información.

El objetivo del policía comunitario, a diferencia del policía regular, que es convocado solo durante eventos extremos, es convertirse en una figura familiar y accesible. Los agentes de la policía comunitaria deben visitar los ámbitos de educación formal e informal con regularidad, contactando, tanto determinada como ocasionalmente, con niños y adolescentes problemáticos, promoviendo el contacto e incluso conociendo a sus padres, así como a otros adultos significativos. En contraste, cuando el oficial de policía es parte integral del programa de un centro educativo para prevenir la violencia y el crimen, su participación en casos agudos refleja la determinación de la escuela de enfrentarse los problemas de una manera real. El agente comunitario comenzará sus actividades en la escuela con una reunión con la dirección, cuyo objetivo será integrarlo dentro del proceso de renovación y empoderamiento de la mayor autoridad jerárquica del colegio, y en ella aclarará que la dirección del instituto será la que encabece y sea la responsable del modelo que permite la actividad del uniformado en el lugar. Seguidamente, habrá otras dos reuniones, la primera con el personal docente, en la que se aclare el compromiso de la policía no solo para proteger a los estudiantes, sino también a los maestros y demás personal de la escuela, y la segunda reunión será con el comité de padres. Al igual que el maestro, que establece un contacto temprano con los padres al comienzo del año escolar, el oficial de policía debe establecer un contacto inicial con el comité de padres no como consecuencia de un evento grave, sino para establecer una base para la cooperación. Crear una alianza con el comité de padres contribuirá a un cambio en la visión predominante en el que la policía se implicará respecto a la seguridad de sus hijos en la escuela.

La diferencia entre la acción de un policía comunitario, que representa la nueva autoridad, y la de un policía clásico, que no goza de autoridad frente a los adolescentes, sino que inspira temor, es particularmente evidente en la forma de contacto con un joven que cometió un delito. En la visión tradicional, la función principal del policía es someter y disuadir. El policía que opera en la escuela se esforzará por mostrarle al joven que la carga de la ley es infinitamente más pesada que su posible acción. El evento se percibirá como un juego de suma cero, cuyo resultado determinará quién es más fuerte. De hecho, frente a un joven que muestra una conducta cobarde y despectiva, sobre todo cuando se hace frente a otros, es probable que esta sea la forma de actuar, pero el rol del policía comunitario es mucho más amplio.

Una de las áreas en las que el policía comunitario puede consolidarse con claridad como representante de la nueva autoridad es su alistamiento, a veces, para apoyar la implementación de acciones correctivas. Se logra un impacto especialmente alto cuando el policía llama a los padres para enfatizar la importancia de los pasos y dejar en claro que su desempeño cambiará el estado del joven en cuanto al delito o la falta que cometió. Aclarará a los padres y a los jóvenes que el acto de corregir a la víctima y a la comunidad constituye una consideración importante con respecto a la apertura o cierre de un caso después de que se haya abierto. De esta manera, el policía contribuirá a empoderar tanto a los padres como a la comunidad.

Otra diferencia significativa entre las acciones de un policía regular y un policía comunitario en un evento escolar se refiere a la intervención pública. Tradicionalmente, la escuela buscaba reducir la importancia de la llegada de la policía y olvidar el evento lo más rápido posible, enfatizando de forma significativa un estado de cosas tal que los jóvenes sabían que podrían hacer lo que quisieran, ya que no les pasaría nada. La situación es diferente cuando el funcionario de la comunidad y la dirección se ven a sí mismos como aliados para renovar la autoridad en la escuela y en la comunidad. En este caso, ambas partes estarán interesadas en hacer público lo ocurrido, eso sí, sin mostrar ni etiquetar a los infractores. En lo que respecta a la escuela, la publicación se integra en la línea de transparencia y una política de publicidad de su lucha contra la violencia, siendo esta parte de la lucha contra la misma.

Es importante enfatizar que el policía comunitario no solo es un factor central en la lucha contra la violencia y el delito, sino también un símbolo cultural que afecta a la imagen de la autoridad en la sociedad como un todo. Por lo tanto, la incapacidad del policía para lidiar con las viejas formas de violencia hace eco en todas las figuras de autoridad en la comunidad. Padres, maestros, directores de escuela y otras figuras de la comunidad están acostumbrados a ver los fenómenos negativos como un decreto del destino que debe ser aceptado. Cada vez que el policía interviene, pero el fenómeno negativo permanece, la conclusión se vuelve más fuerte: «Si la policía no tiene éxito, ¿qué podemos hacer?». La situación será muy diferente si el vigilante actúa con el espíritu de la nueva autoridad. En estos casos, no se le llama como la última opción, sino como un aliado permanente en una lucha continua. Ya no existirá la expectativa de que surgirá, asustará y subyugará. Ahora representará un tipo de jerarquía caracterizada por la combinación de varias autoridades en una red común que le hará aparecer como un auténtico líder comunitario.

Diferencias críticas entre la policía clásica y la policía comunitaria

La policía, de acuerdo con el sistema reactivo, es un conjunto de agentes del Gobierno (estatal, municipal, etc.) que está a cargo del cumplimiento de las leyes. Por el contrario, de acuerdo con el sistema comunitario, la policía es la comunidad y la comunidad es la policía. La función del uniformado es mostrarle al civil los límites que no deberá pasar y ayudarle a que así sea, viviendo en ámbitos seguros.

La base de interacción con cuerpos civiles para la policía clásica es quién manda y quién obedece, mientras que para la policía comunitaria son aliados con los que deberá trabajar para poder alcanzar las metas deseadas. Señalaremos a continuación otras diferencias reseñables entre ambos sistemas.

— Medición del éxito de las actividades: la policía reactiva es numérica, ya que lo hace contando arrestos y detenciones, mientras que la comunitaria lo hará mediante la percepción de seguridad que sientan los vecinos, ya que la prevención es una acción poco menos que imposible de sumar.

— Prioridades de trabajo: la policía reactiva dará prioridad a los temas que salen en las noticias y son de alcance nacional, mientras que los comunitarios se ocuparán de los pequeños problemas que ocurren y afectan a diario a la comunidad.

— Foco en el trabajo policial: la policía reactiva tratará en general casos urgentes que surgen, en general, a partir de llamadas al teléfono de emergencia. La comunitaria se ocupará preferentemente de los problemas que presenten sus conciudadanos o que ellos mismos descubran.

– Comunicación social: su función con el desempeño clásico es informar al público sobre arrestos y operaciones especiales cometidas. Con el comunitario, informar a la sociedad respecto a actividades conjuntas que se han realizado mediante la alianza comunidad-policía-Gobierno local en los barrios donde intervienen.

– Fiscalía: en la actividad reactiva, la función de la fiscalía es imprescindible, ya que mediante su desempeño se encarcelará a los sospechosos que se lleven a juicio. Mediante la actividad comunitaria será utilizada en menor escala, ya que se intentará utilizar más el formato de mediación comunitaria para evitar abrir investigaciones penales y, de tal manera, no encasillar a los conciudadanos que cometan acciones menores en contra de la ley, por supuesto que siempre bajo las condiciones legales locales que cada caso así lo permita.

– Recursos humanos: la actividad clásica siempre requerirá más personal en extensiones más pequeñas para poder, mediante su presencia intimidatoria, evitar que se cometan fechorías sin, tal vez, tener en cuenta qué ocurrirá cuando no estén presentes. La función comunitaria requerirá a menos uniformados en zonas más grandes, ya que estos recibirán capacitaciones que facilitarán llevar a cabo acciones y actividades preventivas en conjunto con todos los aliados comunitarios, y especialmente con vecinos voluntarios, que los apoyarán en sus actividades de rutina y, en casos extremos, también podrá ayudarse de sus pares reactivos.

En resumen, en los párrafos precedentes hemos descrito los que, a nuestro modo de ver las cosas, son los principales puntos en el campo del ejercicio y la práctica de la policía comunitaria frente a la policía reactiva, las posibles dudas y confrontaciones entre ambas, poniendo de relieve las necesarias alianzas con la comunidad y con todos sus componentes, y siempre tomando como ejemplo décadas de servicio en ambas ramas policiales. Intentamos demostrar la realidad detrás de las declaraciones y promesas que siempre se hacen, pero sin querer ensombrecer las formas clásicas de actuar, sino intentando comparar los diversos diseños e implementaciones existentes. Que quede en claro que la rama comunitaria jamás podrá cambiar a la clásica, que es y siempre será la base de todo cuerpo policial, siendo lo ideal que haya una rama comunitaria de no más del 1 % del total de uniformados existentes en todo ese cuerpo policial, que le apoye en el quehacer dentro de las vecindades con ciudadanos voluntarios y, de tal manera, permita liberarlos para que puedan ocuparse de pleno de los grandes problemas de delincuencia que producen los malvivientes.

A este respecto, y para evitar posibles interpretaciones equívocas, aclararemos que la presencia del agente comunitario, agente multipol —o como se los nombre o vaya a nombrar en cada lugar— no obedece a un cálculo porcentual, no responde a medias matemáticas ni a automatismos. Por el contrario, se intentará implementar allí donde se perciba que puede ser preciso, en zonas donde su actuación se estime necesaria y donde su influencia va a ser positiva y en los que, por añadidura, su presencia puede ser aceptada —no tiene sentido intentar implantar un modelo Multipol ahí donde, tras el oportuno estudio y valoración, se sabe que va a ser rechazado frontalmente—.

Por poner algún ejemplo ilustrativo que permita ver dónde se inserta dentro de la estructura general del cuerpo de Policía, en el caso de Israel existe la Policía Nacional, con autoridad para atender toda clase de delitos en todo el ámbito territorial del país y con las llamadas centralizadas a través del 911. Además, existen policías de proximidad en cada ciudad (Jerusalén, por ejemplo), que se ocupan de asuntos de menor rango, reservándose a los nacionales la actuación en temas de gran escala. En esta estructura, el agente multipol se implantará en los barrios donde se requieran sus servicios —como es el caso de Guiló, que se detalló en el capítulo 2— y se apoyará en los aliados de la comunidad —que se han ido describiendo en las páginas precedentes— en temas, sobre todo, de prevención. En caso necesario, se servirá de los servicios de policías nacionales o de proximidad.

En un lugar distinto, como España, con una estructura relativamente compleja, derivada de su configuración política y territorial (comunidades autónomas, por ejemplo) y donde existe la Policía Nacional, además de la Guardia Civil, ambas de ámbito nacional, además de cuerpos de Policía autonómicos, municipales... —no es el objetivo entrar en este asunto con detalle—, podemos poner la mirada en la ciudad de Madrid, de más de tres millones de habitantes, donde existen 21 distritos, en cada uno de los cuales hay diversos barrios (unos 120 en total) con diferencias, a veces, notables en cuanto a su perfil social, su densidad de población, su edad media y sus problemas específicos. En uno puede haber bastante incidencia del pequeño delito callejero, en otro esto puede ser irrelevante y primar, sin embargo, un problema de asaltos a viviendas, de deterioro del mobiliario urbano, de conflictos vecinales, etcétera. En fin, en una estimación inicial —susceptible de modificación, naturalmente—, entendemos que se requerirían 21 multipoles, o sea, que habría 21 zonas de actuación donde su implantación podría ser influyente para llevar a cabo las tareas preventivas, sobre todo en centros educativos o allí donde sea más necesaria la prevención secundaria, que se han ido describiendo a todo lo largo de este libro, con el necesario apoyo vecinal. En asuntos de otra magnitud —redes de trata de personas o de narcotráfico, seguimiento de células terroristas, o donde la actividad delictiva sea muy recurrente, por ejemplo, y como es lógico— será la policía de ámbito estatal quien se ocupe.

En definitiva, y para concluir, todo nuestro entusiasmo y compromiso estará siempre del lado que permita activar el mejor formato que servirá de pleno a las comunidades, asegurando, con nuestra intermediación, en lo posible, que el éxito de dichas novedosas acciones continuará, a pesar de que no estén exentas de fallos.

18. La Policía Municipal Comunitaria

Organización y objetivos

Este capítulo posibilitará conceptualizar el trabajo de las diversas policías comunitarias existentes en la actualidad mediante una gestión cimentada en procesos y fundamentos filosóficos estructurados, que permitirán alcanzar el fortalecimiento del servicio a la comunidad como principal componente de gestión de la seguridad ciudadana en el eje de la prevención. Se pretende que los uniformados se adapten y adecuen a las distintas realidades sociales que se viven en cada zona como base de un trabajo policial con sentido social, que utilizará estrategias preventivas para aminorar la violencia y para, así, devolver la confianza que se tiene en los agentes del orden.

La Policía es una institución profesional y técnica basada en un sistema jerárquico disciplinario. A pesar de ello, el modelo de policía comunitaria ha dominado el debate sobre la acción policial en los últimos años, haciendo hincapié en la actividad de tipo preventiva enfocada en un área geográfica muy reducida, el vecindario, promoviendo estrechas relaciones con la comunidad para provocar una mutua ayuda que permita a ambos intervinientes gozar de tal situación, viendo al vecino como a un aliado y no como un cliente. Eso les posibilita presentar sus opiniones basadas en estrategias preventivas que tratarán las causas de la violencia mediante alianzas comunitarias para resolverlos.

Para poder brindar accesibilidad al tema en Latinoamérica, habrá que formular las diversas acciones previas que brindaron apoyo a la sociedad civil mediante reformas policiales, investigando cómo esos uniformados han influido en sus comunidades hasta poder calificarlos como policías municipales comunitarios. Tales conceptos abarcan un campo muy extenso de acciones, tanto en los aspectos municipales como en los sociales, hasta poder realizar profundos cambios estructurales y operativos para así poder mejorar la colaboración entre la vecindad y la policía local-comunitaria, municipal —o como la quieran titular— en la identificación y resolución de problemas existentes, priorizándolos de acuerdo con su importancia.

Basándome en mi experiencia en el tema, soy de la idea de que los procesos de reforma policial que estén enfocados a servir a una comunidad específica y mediante acciones preventivas se deberían realizar sirviéndose de la Policía Municipal Comunitaria, aunque esta no desarrolle esos temas, dado que será más fácil y productivo crearla y capacitar a los agentes que cambiar la forma de pensar a los policías clásicos, dado que no existe una historial de cooperación entre estos y la vecindad donde operan y, en particular, en los barrios marginales, donde la policía dista mucho de ser un factor comunitario.

Son muchos los países que opinan que el concepto o idea de una policía comunitaria fue creado dentro de sus fronteras, de tal modo que, como el resto de miembros de la comunidad de naciones, todos absorbieron ideas, propuestas y soluciones de sus muchos otros homólogos. El escrito más antiguo respecto al tema se haya en la milenaria historia del pueblo judío, donde ya hubo esa figura que hoy conocemos como «policía comunitario» cuando El Señor ordenó a Moisés designar «jueces y policías en todos los portones» y se explicaba que a la noción bíblica del policía se le concedía el exclusivo propósito social de estar cerca del pueblo, sentir sus necesidades y ayudarle en su vida cotidiana, dado que el mantenimiento del orden y la aplicación de leyes eran atribuciones de otros actores. Lejos de allí, en la antigua China, Confucio había vislumbrado la que debía ser la principal misión preventiva de los encargados del orden en los cantones, alentándolos a «trabajar en impedir delitos para no necesitar castigos».

Con ese contexto histórico a sus espaldas, no es de extrañar que Israel rescatara al policía comunitario como una figura clave para toda su actividad preventiva, más aún cuando ya lo habían hecho con éxito otras naciones. El caso quizás más notorio es el de Japón, que inmediatamente después de la Segunda Guerra Mundial —conflagración que la dejó sumida en una profunda pobreza tras la derrota ante los aliados— tuvo que afrontar un período de gran inseguridad ciudadana. En esa coyuntura, grupos de vecinos aunaron sus esfuerzos en patrullas para combatir el crimen. Desde entonces, el concepto ha evolucionado y sus agentes de patrulla se ocupan, entre otras funciones, de la de orientar al público. La de Singapur tiene una base estructural y conceptual como la de Japón. Su dedicación al ciudadano se inspira en un profundo respeto a las necesidades y derechos de la comunidad, hasta el punto de que su tratado de «servicio público» exige atender al menos el 90 % de las llamadas telefónicas de emergencia en un máximo de 10 segundos y brindar una solución o, por lo menos, una respuesta casi final a quejas y denuncias en menos de 28 días.

En el mundo anglosajón se ha producido una evolución similar. Entre los componentes básicos de la estrategia de servicio de la Policía australiana están entre las primeras prioridades las del bienestar comunitario, la construcción de lazos de confianza con la comunidad y la creación de fórmulas conjuntas de trabajo con ella. Particular mención merece la Policía de Sídney, que en los últimos años ha dado un giro drástico hacia los principios de la policía comunitaria. Otro país que ha recurrido a la combinación de las dos formas de policía es Canadá, en este caso porque la clásica no ha sido capaz de resolver el problema del crimen ni brindaba satisfactoriamente la percepción de seguridad ciudadana a la comunidad. En cierto momento, una reducción de sus presupuestos acabó decantando la balanza. Y en Inglaterra la policía se define intrínsecamente como parte de la comunidad, teniendo la función de mejorar la calidad de vida del ciudadano y la prevención de crímenes. En esta misión define con claridad que sus «aliados» son «todas las fuerzas de la comunidad» sobre las que trabaja.

Una corta y clara definición del término «policía comunitaria» es que es un sistema creado para intervenir de manera específica y con un perfil innovador en los barrios que presentan contextos vulnerables. Su objetivo será profundizar en un conjunto de acciones tendentes a mejorar la calidad de vida, la convivencia y la seguridad vecinal, acentuando la labor preventiva que ayude a reducir la violencia mediante acciones conjuntas con los vecinos y otros actores de la comunidad. Estas acciones se coordinan en el barrio con aliados de los distintos ámbitos, como los educativos, los financieros, los sociales y los comerciales, entre otros. De tal manera, el agente comunitario se convertirá en un actor público que se integrará en el núcleo social, adquiriendo confianza y a la vez fortaleciendo sus lazos sociales con la comunidad. Cabe destacar que para lograr una Policía Municipal Comunitaria acorde con las necesidades y protocolos reales, será fundamental realizar capacitaciones que formen a los uniformados que reúnan las condiciones requeridas para servir de comunitarios.

El caso de Israel

Las razones que llevaron a fundar en Israel un Departamento de Policía Comunitaria se sitúan en la mezcla de intereses organizativos, presupuestarios y funcionales. Por un lado, se buscaba un aprovechamiento más efectivo de los recursos humanos y materiales mediante la unificación de jefaturas. Por el otro, un terreno común de trabajo con la comunidad en el que el agente policial pudiera adentrarse y conducir a las fuerzas sociales y comunitarias en la dirección que necesitaba la policía. Esta búsqueda dio lugar a finales de los años noventa del pasado siglo a unas fórmulas de trabajo en el ámbito comunitario que llegaron a movilizar a decenas de miles de personas por todo el país con un presupuesto relativamente bajo y que prestan valiosas funciones, desde el mantenimiento diario del orden en circunstancias normales hasta la evacuación de víctimas en una posible coyuntura de guerra. La variedad de misiones oscila entre dos ejes: uno funcional, de acuerdo con la coyuntura de cada comunidad, y otro temporal, definido por la necesidad de recursos en cualquier momento dado.

Las claves de cómo formar esa innovadora rama policial y qué atribuciones concederle exactamente las había dado una encuesta en 1998, a instancias del Ministerio de Seguridad Interior, de la que se desprendía una notoria falta de confianza de la ciudadanía hacia la policía y la insatisfacción generalizada por la atención que esta brindaba al público. Un año después, el ministerio avanzó sobre la idea de una «policía comunitaria», que quedó bajo el mando directo del comandante en jefe de la Policía de Israel. La idea básica, más allá de un acercamiento a la ciudadanía, era «invertir» a un solo y único agente que, con funciones varias y estacionado permanentemente en distintas comunidades, ofreciera una respuesta rápida y eficaz a las necesidades más acuciantes de su comunidad. Fue el germen de la figura del actual policía comunitario de vanguardia.

En el terreno de los hechos, en la actualidad, y tras de haber realizado no pocos cambios metódicos, la denominada Oficina de Actividades Comunitarias tendría entre sus diversas funciones el desarrollo de operaciones conjuntas de la Policía Municipal Comunitaria y la comunidad en la prevención de la delincuencia, una misión en la que debería desarrollar las estrategias más diversas para alentar a la ciudadanía a repudiar el crimen y la violencia. Se trata de un objetivo en el que la coordinación y el trabajo diario son fundamentales para que toda la estructura funcione de forma eficaz en los momentos de mayor necesidad.

En Israel, el engranaje que lo hace funcionar gira en torno a tres departamentos supeditados a la mencionada división: el de la Policía Municipal Comunitaria, donde se desarrollarán las estrategias preventivas y se ayudará en su aplicación junto a los órganos civiles de la zona, en un proceso de gestación de alianzas, siendo su distribución 360 Centros de Policía Comunitaria (CPC) distribuidos por todo el país. En segundo lugar, el Departamento de Voluntarios, que es el órgano profesional responsable de inscribir vecinos a la seguridad comunitaria, capacitarlos y hacerlos actuar junto al uniformado de la zona en acciones preventivas de diversa índole. Y, por último, el Departamento de Comunicación Social, que es una de las funciones clave entre todas las actividades de la Policía Municipal Comunitaria ya que, por su naturaleza, el Departamento de Voluntariado necesita un articulado canal de diálogo con la comunidad y la ininterrumpida difusión de material informativo a la población.

No se trata, pues, de un portavoz en el sentido tradicional del concepto, es decir, para relacionarse únicamente con los medios de prensa. El «portavoz» de la Policía Municipal Comunitaria es mucho más que eso y su función será la de «administrar» información al público en las dosis y formas que se requieran, buscando los canales de comunicación de masas más apropiados y, entre ellos, los medios tradicionales y las más modernas redes sociales, como Facebook o los sistemas de mensajería instantánea Twitter, WhatsApp y demás. Se trata de eficaces sistemas de comunicación en constante evolución a los que la Policía Municipal Comunitaria debe adaptarse. Otra de las funciones de esta sección es la organización de actos y eventos públicos que sirvan para estrechar la relación entre la policía y la comunidad, y que pueden incluir encuentros y exposiciones sobre equipos policiales, la articulación de conciertos de la orquesta o banda policial, la elaboración de materiales informativos y documentales, presentaciones multimedia, diseño e impresión de etiquetas y adhesivos de uso diverso, obsequios y, en general, todo tipo de material de difusión para concienciar e informar al gran público.

La policía comunitaria en Iberoamérica

En la mayoría de los países iberoamericanos existe una Policía de Desplazamiento Nacional y en cada provincia o estado hay policías municipales o locales. Tal y como explicamos a lo largo de este libro, mi recomendación es basar la orientación policial comunitaria en la Policía Municipal, dado que están mucho más en contacto con la comunidad de lo que se debería pedir de la Policía Nacional o estatal, pero sin intentar cambiarla, ya que la función reactiva que realiza es la base de la percepción de seguridad en la que se apoyan los vecinos que tienen una urgencia y requieren apoyo inmediato.

Las misiones que se le atribuirán al nuevo cuerpo policial comunitario en Iberoamérica consistirán en:

— Crear alianzas entre la policía y las autoridades comunitarias, representando a la comunidad dentro de la policía y a la policía dentro de la comunidad, de forma que las perspectivas de ambas se enriquezcan con la visión de la otra.

— Mejorar todos los servicios que la policía brinda al ciudadano en el día a día, conociendo de cerca a los vecinos de un entorno dado y sus problemas.

— Brindar servicios policiales y comunitarios de una forma rápida, personal y efectiva.

— Mirar por el bien de la comunidad según sus propias prioridades y con planes de prevención para los distintos problemas y en los que se aliente la participación ciudadana.

— Finalmente, fomentar a largo plazo un clima generalizado de seguridad en todo el vecindario.

Se constituirá una novedosa estructura, objetivos y funciones en los Centros de Policía Municipal Comunitaria (CPMC); la comandancia policial de cada cantón o provincia se encargará de definir las líneas maestras que conduzcan a un cambio en la actual visión de la Policía Municipal Comunitaria, capacitando a todo su personal en dos esferas, coordinando toda su actividad en sus diferentes facetas y escalafones. Sobre el terreno, son los CPMC los que fomentarán el contacto con el público para ganarse su confianza. Lo hacen cual brazos de un gran amigo que abrazan desde el exterior a toda una comunidad y, a la vez, se fusionan con ella de tal manera que de la calle puedan emerger los voluntarios necesarios. La simbiosis queda en manos de unos centros que, hábilmente estructurados en cuatro niveles funcionales y jerárquicos, solo incluyen la presencia física de uno o dos agentes profesionales, al ser el resto vecinos de ese barrio.

La primera meta de la Oficina de Voluntariado será, por tanto, la búsqueda e instrucción de esos agentes que encabezarán los CPMC por toda la zona, de forma que se conviertan en una pequeña y eficaz unidad policial, en términos profesionales, y, lo que no es menos importante, que asuman su nuevo papel como «agentes policiales comunitarios» o multipoles, función en la que se requiere una calidad y cualidades humanas tal vez no mejores, pero desde luego sí distintas a las del policía clásico. Distintas porque la orientación de su trabajo diario frente al público es también diametralmente opuesta.

El CPMC dedicará solamente alrededor de un 15 % de sus actividades a «funciones reactivas», es decir, en respuesta a actividades delictivas, que surgen de forma aleatoria y, en consecuencia, sin advertencia, por los infractores de la ley. El resto de su actividad se vuelca en la «función preventiva» del delito y de la violencia, y la lleva a cabo dentro de la comunidad pasando por tantos eslabones de esta como así lo requiera su misión. Es por ello por lo que gran parte de sus programas de prevención están

214

orientados hacia los jóvenes y ponen en la práctica los estratos y mecanismos de prevención primaria y secundaria. Son programas de acción aplicados en los centros de educación formal —desde el jardín de infantes, o escuela infantil, hasta el último año de secundaria—, en los de educación informal, así como en centros comunitarios, clubes o centros juveniles y en las calles, tratando con jóvenes en riesgo, a pesar de que están incluidos dentro de la prevención terciaria. Para ello será vital también que el agente municipal unifique, coordine y movilice a todos los órganos comunitarios en su zona de actividad por medio de alianzas, evitando la descentralización de recursos. Se trata este de un fenómeno común en cualquier Administración pública que se da cuando cada organismo actúa independientemente, sin tener en cuenta la actividad o las metas de otros en su mismo espectro profesional y entorno geográfico. En el mejor de los casos, se trata de un simple solapamiento de funciones o rivalidad por la autoridad y, en el peor, del desconocimiento de algunos organismos públicos sobre el alcance, la actividad y la responsabilidad de los otros cuerpos de asistencia a la población. La creación de equipos mixtos de trabajo —integrados por personal tanto de uniformados como de organismos civiles— posibilitará la conexión entre todos ellos en épocas de normalidad y facilitará, en tiempos de crisis o desastres, una respuesta apropiada a todo acontecimiento.

Otra función vital será la de conseguir alistar a los vecinos en las labores que desarrolla como ayuda integral a su misión de prevención en bien de toda la comunidad. Una vez identificados y alistados los voluntarios, el agente policial responsable del CPMC formará con ellos unidades especializadas en todas las áreas que así lo requieran y, en especial, en la de prevención de violencia juvenil.

En resumen, la nueva figura del policía municipal comunitario debe asemejarse a la de un «superpolicía» que la comunidad aprecie y respete. Una figura con la que se tenga la suficiente confianza como para depositar en él su seguridad personal y la de sus seres queridos. Pero solo una actuación sinérgica de todos los elementos y organismos elevará los índices de prevención de delitos en todos sus aspectos, ayudando a crear un entorno social que se aparte de la violencia y neutralice la tolerancia que ciertas comunidades llegan a desarrollar hacia esta. Solo así crecerá de forma sistemática la sensación de seguridad de los vecinos de una comunidad.

Con todos estos elementos y objetivos en mente, el proceso y la estrategia que deben guiar la implementación de una policía municipal de acción comunitaria efectiva se resumen en:

– Apertura en los distintos barrios y comunidades que así lo requieran de un Centro de Policía Municipal Comunitaria (CPMC).

– Nombramiento de un agente policial versátil, que cumpla los requisitos personales y profesionales requeridos para que se haga cargo de engranar los mecanismos y dirigir el proceso de gestación, teniendo en cuenta que este ha de tener una orientación comunitaria para poder ejercer la jefatura del centro.

– Formación de patrullas de voluntarios enfocadas a detectar los problemas particulares de la comunidad en la que prestan servicio. La orientación de estas patrullas debe combinar dos enfoques. Por un lado, sellar alianzas con la comunidad para activar la acción preventiva y cuidar los recursos de su entorno y, por el otro, obrar para solucionar problemas que la comunidad vea como más preocupantes.

– Establecimiento de lazos de diálogo y cooperación con el vecindario y los demás organismos comunitarios para mentalizarlos de la necesidad de participar en la seguridad ciudadana. El grado de eficacia del agente y, por ende, la sensación de seguridad de los vecinos son directamente proporcionales al número de «aliados» entre los vecinos y las instituciones comunitarias.

– Definición y elaboración de tácticas comunitarias de prevención del delito y de la violencia y su aplicación en conjunto con todos los aliados a favor de la comunidad. Con este fin, habrá que identificar quiénes son los damnificados más inmediatos, es decir, los vecinos o grupos de vecinos que mayor riesgo corren, y también qué grupo exactamente representa la amenaza en cuestión.

– Desarrollo y perfeccionamiento de la interacción, e incluso la forma de pensar y actuar, de la Policía y de otros organismos civiles para detectar y solucionar de forma racional los problemas que aquejan a la comunidad, estimulando y poniendo en práctica soluciones que provengan de la comunidad misma.

19. Patrullaje combinado

Como no todo es absoluto, en el presente capítulo mostraré la posibilidad de hacer fusionar acciones entre distintos cuerpos de Policía existentes para casos en los que las leyes locales imposibiliten el cambio que este libro sugiere.

Generalmente, en Iberoamérica hay dos tipos de policía que vela por la seguridad sobre el terreno, los policías que estamos llamando a lo largo del texto «clásicos» y los guardianes municipales. La policía clásica es una institución profesional y jerarquizada, ajena a toda actividad política, que brinda servicios a todo aquel que llama al teléfono de emergencias 911. En algunos países es el único cuerpo policial armado con competencia nacional, cuya función es cuidar de la seguridad interna y el orden público, garantizando el ejercicio de los derechos y las libertades de las personas, investigando actividades ilícitas y combatiendo el delito.

La Guardia Municipal está integrada por personal del municipio que no depende de la comisaría local, poseyendo un mando estructural propio. Este cuerpo se vincula con los vecinos y las instituciones, fortaleciendo los lazos sociales con la comunidad y, en caso de que ocurra algún hecho delictivo, estos agentes se comunicarán directamente con el 911, ya que no poseen una central de emergencia paralela.

Ambos se diferencian por los principios de jerarquía y subordinación a distintos mandos, de modo que desempeñan sus funciones sin apoyarse profesionalmente. Sus servicios no están sincronizados y la policía clásica se encarga de la totalidad de los pedidos de ayuda a la central telefónica de urgencias. A pesar de las diferencias, tienen varios puntos en común, entre otros: ambos visten uniformes, poseen principios de jerarquía y subordinación, realizan sus funciones de acuerdo con la ley, sirven al público y los ciudadanos acudirán a ellos para recibir sus servicios.

El pensamiento básico al respecto gira en torno a que la combinación de actividades entre la policía clásica y los guardianes municipales en una misma zona será un multiplicador de fuerzas. Dicha actividad aumentará la percepción de seguridad personal de los residentes. El incremento inteligente de la presencia de agentes del orden en las calles ayudará a reducir significativamente los incidentes violentos.

Los objetivos serán:

- Optimizar el servicio de los servidores públicos en favor de la comunidad.
- Brindar una respuesta inmediata y eficaz a las llamadas de los residentes que llaman a los teléfonos de emergencias.
- Crear una «bolsa de actividades» clara, donde se estipulen los casos policiales que atenderán los clásicos y cuáles atenderán los comunitarios, patrullando para identificar y tratar los mismos de manera preventiva.

Las metas serán:

- Disminuir significativamente la intervención policial clásica en los casos que no requieran disuasión reactiva.
- Aumentar la actuación policial de los municipales en todos los temas que no sean de carácter delictivo, sino social.
- Patrullar enfocados en la labor preventiva.
- Ampliar las actividades de los guardianes municipales en actividades mediante alianzas comunitarias
- Finalmente, evitar el etiquetar a la juventud.

Su visión será:

- Garantizar una mayor presencia policial en las calles.
- Permitir actividades policiales inmediatas en los sitios que así lo requieran.
- Distribuir con eficacia los recursos policiales.
- Contactar permanentemente con las necesidades comunitarias.
- Facilitar el carácter proactivo y reactivo de la policía.
- Crear un hábitat de calidad que brinde un alto nivel de seguridad a la vecindad.
- Concebir actividades policiales en las que se apoyen ambas ramas, evitando rivalidades y promoviendo la cooperación mutua.
- Instaurar planes de trabajo conjuntos entre los dos mandos.
- Integrar al Gobierno local, junto a la jefatura zonal, en temas de seguridad personal.

Se comenzará la actividad mediante sencillas acciones, como el que ambos cuerpos atenderán los casos que lleguen a la central de emergencias de acuerdo con lo estipulado en la «bolsa de actividades». Se apoyarán mutuamente en casos que así lo requieran. Los policías recibirán capacitaciones para aprender a trabajar y ayudar a los guardianes en actividades de prevención de la violencia. Los municipales podrán ser capacitados en temas de reacción de acuerdo con las necesidades locales.

Periódicamente se realizarán reuniones de trabajo entre los oficiales que actúan sobre el terreno para aumentar la legitimación de actividades.

Las funciones profesionales serán muy claras:

- El guardián municipal poseerá poderes para, en casos que así lo requieran, poder actuar de manera reactiva.

- Se activará a toda la fuerza policial local mediante una visión comunitaria preventiva.
- Configurarán planes de tareas conjuntas. Las misiones serán prescritas por la dirección de ambos mandos junto al Gobierno local.
- Se sectorizará al municipio en áreas de responsabilidad de patrullaje.
- Combinarán racionalmente todos los recursos operativos disponibles para mejorar las distintas actividades.

Cada área de patrullaje se determinará según las características particulares de cada sector o barrio. Las patrullas motorizadas clásicas realizarán labores de disuasión en los lugares que se determinen. Las patrullas de a pie trabajarán principalmente en el acercamiento entre la policía y la comunidad.

La supervisión se realizará de acuerdo con tres niveles de supervisión: los coordinadores de cada cuerpo dirigirán el correcto funcionamiento de las distintas patrullas; las jefaturas de las policías locales organizarán los planes de trabajo conjunto y, en tercer lugar, estas, junto al responsable del Gobierno local, controlarán directamente la correcta realización del modelo.

Se medirá la eficacia de las acciones cada tres meses mediante tres parámetros: a) la cantidad de eventos policiales tratados por cada rama; b) la cantidad de eventos de carácter comunitario solucionados y, por último y c) la satisfacción comunitaria del Gobierno local respecto a este nuevo servicio.

Para finalizar, quiero indicar que una mejor presencia de fuerzas uniformadas en las calles ayudará a reducir de forma significativa los incidentes de violencia y vandalismo, y aumentará la percepción de seguridad personal que sientan los residentes.

La combinación de un policía de carrera junto a un guardián municipal en una misma patrulla es un multiplicador de fuerzas que posibilita la vivencia en una ciudad soberana donde reinan la ley y el orden. Dicho de otro modo, la combinación de poderes de un policía reactivo, que hará cumplir con la ley, y un guardián municipal, que hará cumplir con las ordenanzas municipales, en un mismo vehículo policial integrado y operado por ambos uniformados, posibilitará brindar el más óptimo servicio a la comunidad.

20. Planificación del trabajo policial

Un plan de trabajo es un esquema que describe un conjunto de procesos y acciones mediante los cuales una persona o un equipo de trabajo pueden conquistar sus metas, que, en última instancia, se resumen en la idea de brindar un mejor servicio a la sociedad.

Dentro del ámbito profesional, el plan de trabajo ayudará a mantenerse organizado durante la realización del proyecto, facilitando la división de un proceso en tareas más pequeñas y alcanzables sin perder el rumbo elegido.

El programa de trabajo es una de las principales tácticas para organizar la labor sistemática y eficientemente enfocada en objetivos establecida por la dirección.

Las razones para elaborar programas de trabajo son las siguientes: por un lado, permiten la utilización eficiente del tiempo de trabajo, al igual que otros recursos, como los técnicos, los humanos y demás. Además, mejoran la comunicación entre las distintas ramas de la organización, así como con los aliados. Por último, facilitan el control de objetivos y soluciones en tiempo real.

En el aspecto metodológico, se llevarán a cabo mediante los siguientes pasos: indudablemente que, en primer lugar, se deberá identificar cuál será el objetivo del plan de trabajo y prepararlo adecuadamente en su entorno, lo que facilitará su correcta revisión. A continuación, se procederá a escribir una introducción al tema y luego se proporcionarán los datos y antecedentes de que se disponga, brindando toda la información requerida y exponiendo el planeamiento de una manera profunda.

La introducción se lleva a cabo por medio de un «resumen para ejecutivos», lo que permitirá a los responsables leer en apenas dos hojas un breve y conciso resumen de todo lo que se expondrá a continuación.

Los datos ofrecidos deben dejar en claro las razones por las cuales fue creado el plan de acción, identificando los problemas que se pretenden resolver, sin olvidarse de tener en cuenta trabajos anteriores que se hayan realizado al respecto.

Se establecerán metas a las que llegar y objetivos que lograr, teniendo en cuenta la diferencia entre ambas. Las metas se enfocarán en el panorama general del proyecto, haciendo hincapié en el máximo resultado que se espera obtener mediante el programa presentado. Los objetivos, por su parte, deben ser más específicos y tangibles, de manera que sea posible descartarlos de la lista a medida que se cumplan, y es por eso por lo que varían considerablemente de acuerdo con planes de trabajo a corto, medio y largo plazo. En pocas palabras, se puede decir que las metas son temas generales y los objetivos son temas más específicos.

Los objetivos de un proyecto deben amoldarse a la metodología SMART (acrónimo que en inglés significa «inteligente»), que se usa como recurso para recordar las principales características que debe tener un objetivo, que son:

- *Specific* (específica): sobre qué, dónde, cuándo y cómo va a cambiar la situación.
- *Measurable* (medible): que posibilite cuantificar los fines.
- *Achievable* (realizable): que por su intermedio sea posible lograr los objetivos, conociendo los recursos y las capacidades de las que se disponen.
- *Realistic* (realista): que sea posible obtener el nivel de cambio reflejado en el objetivo.
- *Time bound* (limitado en el tiempo): estableciendo el periodo de tiempo en el que se debe completar cada objetivo.

Pasando al siguiente paso, habrá que identificar limitaciones que obstaculicen o se interpongan al logro de las metas u objetivos para pasar a determinar quiénes serán los responsables de cada actividad, lo que incluirá no tan solo su correcto desempeño, sino también su culminación en el tiempo previsto.

El escribir la estrategia y detallar las tácticas que la compongan requerirá una minuciosa revisión del plan de trabajo, determinando cómo se emplearán los recursos para poder alcanzar las metas y los objetivos.

Existen cuatro distintos tipos de planes de trabajo: anual, mensual semanal y diario.

– El plan de trabajo anual refleja tendencias y planes para todos los meses. En él hará se mostrarán las intenciones generales de trabajo a largo plazo, utilizando los eventos anuales conocidos del calendario como base primordial de su labor, como, por ejemplo: fechas festivas nacionales y religiosas, vacaciones, clases de estudio formal, modelos que llevar a cabo, elecciones, etc. También se anotarán las operaciones especiales correspondientes de acuerdo con los meses en los que se quieran realizar.

– El plan de trabajo mensual es un derivado del programa anual para cada mes correspondiente, mostrando un plan detallado de ejecución mensual. En este se presentará tanto lo correspondiente a cada mes dentro del programa anual como actividades más concretas, como reuniones, charlas, días en los que no se trabajará, operaciones especiales mensuales, etc.

– El plan de trabajo semanal es un derivado del programa mensual para cada semana del mes que muestra la secuencia de actividades que se realizarán en cada ciclo de siete días. Aquí se indicará todo lo expresado en los programas anual y mensual, incluyendo acciones por emprender, pero indicadas ahora por semanas como acciones específicas de tal periodo.

– El plan de trabajo diario es un derivado del programa semanal para cada día de la semana, mostrando un plan detallado de ejecución con fecha precisa, hora exacta y nombres de los participantes de cada actividad. Aquí se indicará de forma diaria todo lo expresado en los programas anual, mensual y semanal, incluyendo acciones que emprender, pero expresadas ya de manera más minuciosa.

En resumen, es importante que existan programas de trabajo que favorezcan la anulación de las debilidades mediante la utilización de las fortalezas y las oportunidades, tal como lo posibilita utilizar el análisis FODA, lo que hará posible sortear las amenazas del entorno, así como incrementar el desempeño de los procesos realizados y enfocarse en la calidad del servicio que, finalmente, recibirá nuestra más fiel aliada, la comunidad.

21. El síndrome de *burnout*

El síndrome de burnout y su influencia en los policías

Comenzaremos haciendo un poco de historia del *burnout*. El primer caso reportado de síndrome de desgaste profesional[3] en la literatura fue descrito por Graham Greens en 1961. Poco después, en 1969, fue estudiado como un fenómeno psicosocial presente que afectaba a oficiales de policía de libertad condicional. En 1970 se pueden encontrar más casos de estudio de este mismo fenómeno centrados en la labor policial.

En el año 1974, el psiquiatra estadounidense Herbert Freudenberger observó que los compañeros más antiguos de la clínica donde trabajaba sufrían pérdida de energía física, de vocación por su tarea, de empatía hacia los pacientes, y mostraban falta de motivación hacia el trabajo.

En el año 1976, la psicóloga Christina Maslach lo definió como un síndrome tridimensional que se caracterizaba por el agotamiento emocional, la despersonalización y una baja realización personal entre profesionales que trabajan en contacto directo con clientes o pacientes. El año 1982, fue ella quien creó lo hasta hoy se conoce como Maslach Burnout Inventory (MBI), que es el

---

3. Este trastorno también es llamado en español de otros modos, en traducción más apegada al original inglés, todos válidos, pero no siempre armónicos, como «síndrome del quemado», «síndrome del trabajador quemado», así como «síndrome de quemarse en el trabajo» y otros parecidos. Todas ellas se refieren al mismo síndrome de *burnout* al que nos referimos en este capítulo.

instrumento más importante para valorar a los profesionales que interactúan con personas en su quehacer laboral.

El síndrome de *burnout* surge por una exposición muy prolongada a situaciones estresantes y, según la definición clásica, el síndrome de *burnout* consiste en un trastorno emocional provocado por el estrés laboral que también repercute negativamente en la situación que viven los afectados en sus casas.

Ya en el año 2000, el síndrome de *burnout* fue declarado por la Organización Mundial de la Salud (OMS) como un factor de riesgo laboral debido a su capacidad para afectar a la calidad de vida de los trabajadores, a su salud mental, hasta el punto de que puede incluso llevarlos a límites que podrían poner vidas en riesgo, tanto las suyas como las de los que lo rodean, al ocasionar, entre otras cosas, un servicio deficiente, ya que aquellos que lo padecen no cumplirán con sus funciones con la misma eficacia y hasta tendrán un promedio mayor de lo normal de absentismo laboral, impidiendo que lleguen a las metas que se han propuesto de antemano.

Ya en 2019, apenas unos días antes de concluir el proceso de revisiones finales de este libro, la OMS ha dado un paso más, al incluir ya, de forma concluyente, al síndrome de *burnout* dentro del listado de enfermedades laborales. En efecto, este trastorno, asociado al estrés crónico en el trabajo, que ya estaba en la anterior edición del catálogo (de 1990), pero en un epígrafe más inconcreto, figurará en la próxima Clasificación Internacional de Enfermedades (CIE-11) como un problema asociado al empleo —y al desempleo—. Este importante cambio dará visibilidad a la dolencia y, al estar vinculado al trabajo, también facilitará la gestión de bajas e incapacidades. La nueva clasificación entrará en vigor en 2022. Los expertos estiman que el *burnout* afecta al 10 % de los trabajadores y, en sus formas más graves, a entre el 2 % y el 5 %.

Los primeros estudios respecto al *burnout* trataron de comprender por qué el síndrome de desgaste profesional es tan frecuente en el personal que trabajaba en temas de salud, como médicos, enfermeras, farmacéuticos y trabajadores sociales, pero poco después se fueron agregando otras ocupaciones, como el personal docente y otros más que presentan un deterioro y requieren una pronta atención profesional.

Hay que saber diferenciar entre dos factores de estrés. Los primeros son los factores externos, como una cantidad elevada de trabajo o realizar actividades que requieren mucha responsabilidad. Los segundos factores son los internos, como la autocrítica, los miedos, las inseguridades y hasta el perfeccionismo. El *burnout* surge cuando los factores externos e internos se combinan, dando lugar a un estrés tan elevado que, progresivamente, nos lleva a un agotamiento mental y físico total.

Entre las manifestaciones más clásicas se pueden considerar diversos signos de alarma como los que describimos a continuación.

A nivel anímico están la negación de la existencia del problema, el aislamiento social por iniciativa propia, la ansiedad, el estrés y la depresión, siendo esta uno de las más frecuentes y peligrosas, que puede llevar en casos extremos al suicidio.

En lo personal, fácilmente se podrá observar la ira, adicciones al alcohol u otras sustancias, cambios de personalidad, modificación de los hábitos de higiene y arreglo personal, alteración de las pautas habituales de alimentación, que puede ocasionar una exagerada pérdida o ganancia de peso, pérdida casual de la memoria, dificultad para concentrarse y hasta trastornos del sueño.

El síndrome de burnout en la Policía

En las varias décadas que serví de policía, tanto de subalterno como de mando, siempre me llamó la atención ver cómo los nuevos reclutas se enrolaban en el cuerpo muy motivados, a pesar de que sus primeros sueldos eran muy bajos, los exámenes que debían aprobar eran exhaustivos, las exigencias físicas eran tremendas y los requerimientos de sus jefes llegaban a ser a veces casi inhumanos y, por otro lado, a medida que pasaba el tiempo y ellos ya llegaban a rangos más altos, percibiendo ya mejores sueldos y ubicándose en mejores puestos, se apreciaba en ellos un declive en sus funciones que yo llamaría «ir al trabajo, y no ir a trabajar», sin encontrarle una clara respuesta al porqué de tal situación, ya que las piezas de su puzle profesional iban encajando correctamente.

Cuando me jubilé de la Policía pasé a ser un civil que forma parte de la comunidad y que tiene derecho a recibir un buen servicio policial, sin que eso ocurriese. Eso me llevó a ponerme manos a la obra para poder tratar de comprender e intentar corregir tal anomalía policial desde sus aspectos social, profesional y humano, como en las líneas siguientes podrán apreciar.

La Policía es un órgano gubernamental que se encarga de salvaguardar vidas, velar por los bienes públicos y privados, al tiempo que se ocupa de resguardar el orden público en todo el ámbito donde puede cumplir con sus funciones, y para ello se viste a sus agentes con un uniforme que permite distinguirlos, escuchar sus órdenes y hasta obedecer sus señas. Para cumplir con tales funciones le brindaron amplias facultades, que incluyen desde poder hacer el uso de la fuerza hasta el privar de la libertad a quienes transgredan las leyes vigentes.

Dejando al margen a países donde la Policía es de ámbito nacional, como en Israel, en cada zona de trabajo cumplen con diferentes funciones, y todo eso de acuerdo con las leyes y estatutos vigentes en cada lugar específico, pero, a pesar de las diferencias en el «cómo» o en el «dónde» lleven a cabo sus actividades, estas se centrarán en torno a su principal cometido, que siempre será el servir a las personas, misión muchas veces olvidada por los uniformados. Y es ese el porqué del presente capítulo, el poder responder a la pregunta: ¿qué influye en un agente del orden de tal manera que le hace olvidar el fundamento más básico de su profesión, que es SERVIR AL PÚBLICO?

Observaciones del fenómeno del burnout policial

Dado que no soy sociólogo, ni mucho menos médico de ninguna especialidad, para dar contenido a este capítulo me documenté con obras que tratan el tema, además de recurrir a muchas consultas de profesionales en la materia, derivando esa unión de conocimientos a temas policiales y tratando de aplicarlos a los casos policiales que conozco con el claro objetivo de descubrir sus causas, razones, motivos y fundamentos, con el objetivo final de proponer posibles soluciones que permitan volver a potenciar a los policías que no cumplen con sus funciones con el mismo entusiasmo que al inicio de su carrera, de tal manera que puedan volver a ganarse la confianza de la ciudadanía. Para ello, comuniqué con gran cantidad de uniformados de todos los rangos que conozco en varias partes del mundo, especialmente en Israel e Iberoamérica, entrevistando a 428 de ellos de manera personal y profunda, lo que me ayudó a obtener respuestas reales, a sabiendas de que podrían contar con mi mayor discreción sobre sus identidades. Lamentablemente, las organizaciones policiales no apoyaron mis entrevistas, cada una con sus razones, que yo siempre respetaré.

Volviendo de pleno a esas entrevistas con policías, en general encontré en todos ellos ciertos niveles de *burnout*. El leve, por un lado, representado por quejas, cansancio, dificultad para levantarse por la mañana. Por otro, un nivel moderado, caracterizado por cierta clase de cinismo al responder, aislamiento social y profesional y negatividad. Por último, en el nivel grave se advierten, entre otras cosas, un alto nivel de absentismo laboral y el abuso del alcohol o las drogas. En casos extremos, se aprecia desde un aislamiento muy marcado hasta cuadros antisociales muy pronunciados, pero los tres factores dominantes eran que se sentían emocional y físicamente muy extenuados y que no podían dar más de sí mismos. Ante la impresión de carecer de posibles logros profesionales en el horizonte, mostraban una fuerte falta de empatía hacia el dolor ajeno, tal y como expresaban los «damnificados» que ocasionalmente recibían sus servicios, a los que les brindaban respuestas negativas, cínicas, distantes y frías. También me topé con revelaciones sobre conducta muy agresiva, acompañada de la dependencia del alcohol y de problemas familiares.

No pocos de los problemas familiares derivan del trabajo en turnos con horarios cambiantes, ya que cuando llegan a sus casas, sus parejas —hombres o mujeres—, con razón, reclaman actividades de apoyo de los compañeros, como pintar, lavar, cuidar a los hijos, etc., o a veces algo más sencillo, como tan solo mantener una conversación, pero el agente del orden, que es tan solo un ser humano, muchas veces quiere un poco de silencio y tranquilidad, y esto no siempre es posible, porque la familia es una comunidad que también requiere de todos sus integrantes.

Evidentemente, la cuestión familiar se ve mucho más afectada cuando el uniformado es destinado a zonas lejanas, de las que vuelven a sus casas cada mes —o cada más tiempo—. Me topé con casos en los que, al estar tan distantes de sus familias, esos policías forman segundas y hasta terceras familias, con otras esposas o esposos, e incluso tienen nuevos hijos, en muchos de los casos a sabiendas de la familia legal. De esas situaciones se derivan circunstancias anómalas en las que el agente va al trabajo —no a trabajar— escapándose de su casa y regresa a su casa para evadirse de su trabajo.

Pocos son los entes policiales que exigen de los mandos estar atentos a estos síntomas, ya que no se los tiene muy en cuenta, pues aquel que no cumpla con sus funciones será castigado y, respecto al servicio que se le brinde al público, es algo que no le quita el sueño a nadie.

El síndrome de desgaste profesional es un tipo de estrés laboral que está caracterizado por un proceso paulatino por el cual las personas pierden interés en sus tareas, el sentido de la responsabilidad, y pueden hasta llegar a profundas depresiones.

En los policías se podría explicar el desarrollo del *burnout* como el resultado final de una larga exposición a los crónicos factores estresantes del trabajo, en el que los uniformados permanecen en un mismo empleo bajo las mismas condiciones laborales por mucho tiempo, con una sobrecarga laboral con pocos recursos para los policías de calle. Esas características del trabajo son las generadoras de la problemática a la que, a nivel físico, mental y/o emocional, se ven enfrentados los uniformados.

Su labor diaria es totalmente diferente a la de cualquier otra profesión. Comencemos por el mero hecho de que, por lo general, las personas que no requieren sus servicios demuestran que no simpatizan con ellos, y aquellos que se enfrentan a él, lo hacen de forma violenta. Cuando todos están de vacaciones o descansando, ellos trabajan, saben cuándo comienza su horario de trabajo, pero no cuándo finalizará ni con qué eventos se encontrarán, y ni siquiera si finalizarán su turno en su casa o en un hospital. Tampoco si salvarán una vida o si la quitarán, si ayudarán a una mujer de parto a dar a luz o si deberán sacar los restos de personas del interior de un auto accidentado, o sea, que de un momento a otro se pasa de una situación a otra sin previo aviso, lo cual contribuye sobremanera al estrés laboral. En este caso, el *burnout* es una clara respuesta a la presión que producen esos abruptos cambios de actividad de manera tan continuada.

Estos cambios de actividad a la que se ven expuestos emocionalmente, sin poder mostrar sus verdaderos sentimientos respecto al evento que se está tratando en ese preciso momento, les conducen a demostrar apatía o neutralidad, en el mejor de los casos, en su quehacer profesional, lo cual conlleva un agotamiento emocional que cargarán de allí a sus hogares, provocando que la presión del trabajo llegue de manera plena y directa a sus familias, produciendo en todos los actores un alto nivel de extenuación.

Existen diversas interpretaciones sobre el tipo de intervención más apropiado a la hora de corregirlo: bien de tipo individual, bien de tipo social u organizacional, incidiendo en las condiciones de trabajo. Posiblemente estas discrepancias tengan su origen en la influencia cultural, pero soy de la idea de que todo ente policial es mucho más fuerte y posee muchos más recursos que cualquier persona sola, por lo que redireccionaré mis posibles soluciones hacia los cuerpos policiales.

Propuestas de tratamientos efectivos

En lo personal, se puede superar este agotamiento y volver a sentirse bien con uno mismo de la manera que describimos a continuación. El primer paso será la autoaceptación. En cuanto el agente vea que no tiene motivación para realizar su trabajo o para cuidar de su familia u otros temas que antes se mencionaron como factores del *burnout*, deberá querer revertir esa situación con un comportamiento que cambie tal situación, y para ello será imprescindible tener paciencia y permitir al cuerpo recuperarse, tanto física como mentalmente, y eso requiere tiempo. Sin embargo, se puede aprovechar ese tiempo ayudando al cuerpo a poder volver a funcionar debidamente con la práctica de métodos de relajación, yoga, taichí u otras actividades parecidas y reflexionando sobre sus futuros objetivos y siguientes pasos por dar para, poco a poco, realizar una actividad correcta y libre de presiones que le permita mantener un ritmo en el que se sienta a gusto.

El siguiente paso será estructurar una agenda diaria planeando las actividades que quiera llevar a cabo durante ese día, procurando siempre dejar ventanas de descanso que permitirán no solo descansar, sino también llenarse de energía para la próxima actividad programada. En tales ventanas se pueden realizar actividades que a uno le gusten, como escuchar música, por ejemplo, ya que respetando esos momentos de descanso se podrá evitar llegar a aquellos puntos extremos de agotamiento y en los que es incapaz de desconectarse del quehacer diario del policía, que sabe que no puede agendar su día. Hay que recordar que nadie trabaja todas y cada una de las horas y de los minutos de su turno, siempre existen momentos muertos entre actividad y actividad, además de las pausas para comer. Lo más importante que hay que tener en cuenta será que hay que hacer lo posible por cambiar los temas de conversación entre los compañeros de trabajo, evitando en lo posible conversar de temas policiales durante tales descansos, lo que, sin duda, cortará la rutina policial y le dará un aspecto más interpersonal a la rutina diaria.

El tercer paso será encontrar las condiciones o las causas que condujeron a ese agotamiento mental y físico. De qué personas se ha rodeado, en qué condiciones se ha trabajado —ya que, muchas veces, uno mismo puede cambiar en algún sentido su entorno laboral—, si se han producido factores estresantes obvios o sutiles a los que no se les ha dado importancia y realizar cambios para que no vuelvan a suceder, viendo tanto los factores externos como los internos, así como los patrones de autoestima para, de tal manera, poder remodelar o eliminar esos factores estresantes.

Toda unidad policial que quiera apoyar a sus elementos a disminuir este tipo de estrés deberá incentivar el desarrollo de políticas laborales poniendo al uniformado en el centro del pensamiento y programando gestiones de recursos humanos dirigidos a ofrecer a los policías recursos efectivos que mejoren sus condiciones de bienestar individual dentro de la organización, debiendo llevar a cabo distintas estrategias que posibiliten considerar los procesos de autoevaluación, autoeficacia, autoestima y optimismo que permitan eliminar o mitigar las fuentes de estrés, neutralizando las consecuencias negativas de esa experiencia.

Se sugieren, entre otros, los pasos siguientes:

– Comenzar procesos personales de adaptación de las expectativas a la realidad cotidiana que se vive en la institución.

– Buscar opiniones externas que ayuden a resolver casos extremos.

– Dividir las grandes metas de la organización en pequeños objetivos posibles de alcanzar.

– Evitar trabajos extremadamente monótonos o caóticos.

– Fomentar una buena atmósfera de trabajo en equipo y con objetivos comunes.

– Formular expectativas laborales bien claras.

– Limitar la agenda laboral a labores que no anulen vacaciones, a menos que se trate de obligaciones operativas que así lo requieran.

– Llevar a cabo eventos sociales que provoquen un equilibrio entre las tres áreas vitales de todo el personal: su familia, su descanso y su trabajo.

–Realizar formaciones profesionales dentro de la jornada laboral diaria.

La pregunta es: ¿hasta qué punto los cuerpos de Policía deben ocuparse de su personal literalmente enfermo, gastando grandes presupuestos que no tiene, en vez de darles de baja y ocupar nuevo personal más apto para esas actividades policiales que requieren «nervios de acero»?

El trabajo policial está considerado como una ocupación muy dura, con un alto nivel de responsabilidad y en la que, a la vez, sus agentes se encuentran expuestos a diversos acontecimientos que pueden ser perjudiciales para su salud. La meta de este estudio fue medir el grado de síndrome de *burnout* que presentan los agentes policiales que trabajan sobre el terreno, sea en patrulla u otras actividades operativas.

En relación con las entrevistas realizadas, se encontró que más de la mitad de los encuestados se encuentra en un grado medio de síndrome de *burnout*, que podría deberse a la situación a la que se enfrentan los policías frente a un trabajo estresante y peligroso, incluyendo la posibilidad de ser herido o morir en acción. También el trabajo por turnos condiciona un ritmo de vida vertiginoso y atípico que genera angustia, agotamiento emocional, trastornos en la alimentación y descanso anormal.

Lo recién descrito, junto a otras cosas, demuestra que el profesional tiende a sentirse exhausto al contactar a diario con personas que demandan su atención o ayuda, ahondando su cansancio emocional y físico, que luego se manifiesta mediante comportamientos negativos y una actitud fría y distante hacia el trabajo y una disminución del sentimiento de compromiso hacia este. La energía que debería emplear en su servicio se transforma en agotamiento.

El resultado también se debe a las largas horas de trabajo y a la presión a la que está sometido, igualmente, por la falta de reconocimiento por parte de la ciudadanía. No puede dejarse de mencionar que el ritmo de vida en las calles se transforma muy rápidamente en un desorden descomunal produciendo el síndrome de *burnout* debido a la presencia de los numerosos factores de estrés a los que están expuestos.

En el ámbito de la eficacia profesional, se debe diferenciar entre la falta de eficacia que esos uniformados realmente muestran y la falta de eficacia que ellos mismos presienten respecto de su labor, que los puede llevar a experimentar sentimientos de incompetencia y frustración, aunque en realidad empleen estrategias correctas que van dirigidas hacia el problema y que, de una manera u otra, les permiten obrar correctamente.

El síndrome de *burnout* tiene una alta incidencia dentro del personal policial, que, no lo olvidemos, se encuentra al servicio del ciudadano. Es un hecho que este no siempre ve con buenos ojos sus actividades, lo que afecta al uniformado muy íntimamente, aunque no lo reconozca, y esta circunstancia también es un lastre, ya que admitir los síntomas forma parte de la prevención y de la cura. Si consideramos sus consecuencias en el ambiente y en el rendimiento laboral, es muy importante la prevención y el tratamiento, que permitirán obtener beneficios significativos tanto para el personal en riesgo como para la institución que los emplea. Para poder vencer al *burnout* habrá que analizar toda la información acerca de los factores que la producen en cada lugar para, de tal manera, poder conocer sus causas y encontrar una correlación directa entre las características de la labor policial y su influencia en el nivel de agotamiento emocional y de despersonalización de este tipo de estrés laboral. La consiguiente mejora en la situación en la que trabajan los agentes del orden hará posible que brinden un mejor servicio policial a los ciudadanos.

CUARTA PARTE

22. Alianzas comunitarias

Formalización y objetivos

Una comunidad es la unidad social compuesta por personas, organizaciones o instituciones que posee características que le permitirán afrontar desafíos físicos, sociales y culturales estipulados por la sociedad en la que viven. En la misma habrá una interacción de individuos, grupos y alianzas como parte inseparable de tal comunidad. Independientemente, y de manera egoísta, cada individuo en particular pretenderá aprovechar todos los elementos existentes en su sociedad para su beneficio personal o el de los suyos.

No es casual, aunque pueda resultar curioso inicialmente, que comencemos basando nuestros argumentos sobre la labor conjunta de acuerdo con lo señalado acerca del premio Nobel de Economía 2005, el israelí Robert J. Aumann, a quien se le otorgó el premio por «haber contribuido a mejorar el entendimiento de la cooperación y los conflictos a través de la teoría de juegos». El premio fue compartido con Thomas C. Schelling, autor del fundamental libro *The Estrategy of Conflict,* donde se aplica la teoría a la carrera armamentística nuclear. La teoría de juegos repetidos indica que jugadores egoístas que repitan muchas veces el mismo juego obtendrán el mismo resultado que conseguirán los jugadores colaborativos jugando una sola vez. De acuerdo con ello, un grupo de trabajo que intente una misma actividad varias veces, al final logrará los mismos resultados que un equipo o alianza que trabaje por primera vez en ese mismo tema.

Pero primero entendamos que, mientras que un grupo es un conjunto de personas, organizaciones o instituciones que actúan en un marco temporal dentro de la comunidad, cada uno de ellos bregando para conseguir lograr su propia meta, una comunidad es una alianza de personas, organizaciones o instituciones que se activan en conjunto para lograr una meta en común fijada de antemano por todos ellos.

Los grupos y las alianzas se diferencian cardinalmente entre sí, dado que el objetivo primario de un grupo es compartir información para beneficio personal de cada componente, mientras que el objetivo primario de una alianza es realizar una serie de acciones conjuntas para llegar a una meta en común fijada de antemano.

La aparición cada vez más común de alianzas estratégicas entre los distintos sectores gubernamentales, comerciales, sociales, las ONG y demás participantes del colectivo vecinal refleja, en gran medida, un replanteamiento por parte de todos los actores comunitarios respecto a sus funciones, interacciones y obligaciones con la comunidad en la que se desempeñan.

Una alianza buscará provocar sinergias perfectamente enlazadas, que generarán soluciones basadas en el compromiso de crear, diseñar y gestionar los temas por los cuales se formaron, descubriendo y tratando coherentemente las posibles debilidades y oportunidades que se presentarán en los nuevos escenarios en los que se desarrollarán.

Este enfoque ayuda a eliminar las barreras de sospecha tradicionalmente existentes entre los distintos organismos para, de tal manera, evolucionar hacia un creciente entendimiento del potencial positivo existente tan solo mediante la colaboración.

Se comenzará tal actividad realizando una cartografía comunitaria de actores, necesidades y bienes, lo que rehabilitará la confianza del vecino en su capacidad de asumir responsabilidad sobre su futuro, el de su familia y el de sus pares, lo cual creará una nueva raíz de solidaridad social mediante el voluntariado vecinal, sentando las bases para que la comunidad sea el nivel macrosocial central de pertenencia y participación social.

Como elemento introductorio, diremos que la comunidad constituye el epicentro que compone cualquier territorio. A nivel macrosocial, los países facultarán a la población el identificarse como comunidad mediante actividades que, a su parecer, la beneficiarán, mientras que, a nivel microsocial, las comunidades se deberán organizar mediante objetivos comunes en busca de su desarrollo y beneficio equitativo. La participación activa y directa de las comunidades en los procesos de la toma de decisiones será considerada como un elemento disruptivo en el ordenamiento territorial, y para ello será de vital importancia conocer los cuatro distintos enfoques para la alianza con la comunidad.

El concepto de «comunidad» tiene diferentes significados —comunidades geográficas, virtuales, aleatorias, comunidades por intereses…, entre otros—. En cualquier discusión sobre la participación de los residentes en la vida de la comunidad, primero se deben aclarar las dos siguientes preguntas: ¿qué es una sociedad comunitaria? y ¿para qué sirve? En este contexto, es muy importante analizar los marcos de la alianza comunitaria, quién está incluido en ella y quién no, para definir los conceptos de justicia y democracia y su impacto en la actividad de la comunidad y para aclarar la toma de decisiones en la comunidad.

Para poder crear una sociedad comunitaria habrá que tocar brevemente cuatro diferentes enfoques: el enfoque conservador-económico, el enfoque funcional y de gestión, el enfoque de empoderamiento y el enfoque transformador.

1. El enfoque conservador-económico es la referencia a la comunidad que está conectada a la lucha contra la interferencia del Estado en la vida del individuo. A veces, la comunidad es tratada como una creación mitológica que no existe en la realidad. La comunidad es criticada por ser una extraña mutación

del sentimentalismo contenido en ella, o porque atropella los derechos civiles de ciertas minorías. Este enfoque se expresa en el conservadurismo económico o en ciertas formas de liberalismo. De acuerdo con este enfoque, la alianza comunitaria solo puede existir a corto plazo y debe estar relacionada con objetivos definidos, generalmente intereses económicos. Las comunidades que no contribuyen a actividades rentables, generalmente no son tomadas en cuenta.

2. El enfoque funcional y de gestión posibilita definir una comunidad y verla como un colectivo estable, completo y homogéneo. Los partidarios de este enfoque, generalmente, se basan en teorías filosóficas de la autocracia, el pragmatismo, el racionalismo y otras formas de liberalismo. Se esfuerzan por determinar soluciones óptimas y de máxima eficiencia. Su tendencia a usar políticas comprobadas conduce a un deseo de mantener el orden existente. Ignoran la posibilidad de que la injusticia se pueda incorporar a los sistemas sociales. El trabajo comunitario se caracteriza por un enfoque administrativo, con atención dirigida principalmente al individuo o la familia, siendo similar al enfoque anticomunitario. El trabajo comunitario se considera apolítico y, por lo tanto, los problemas de justicia social, por lo general, no se toman en cuenta o todos ellos equivalen a derechos individuales. La alianza se lleva a cabo consultando a los líderes de la comunidad como a «expertos» que tienen un enfoque técnico para resolver problemas políticos. La ventaja de este enfoque es que dibuja líneas claras de autoridad y métodos de trabajo efectivos. Este enfoque se declara neutral y eficaz en la resolución de conflictos y, por lo tanto, es aceptado por las autoridades estatales y por las grandes organizaciones de asistencia social. En cuanto a sus aspectos problemáticos, señalaremos la estrechez de horizontes, la ausencia de un espacio lingüístico, la falta de atención a las relaciones con el Gobierno local y, como resultado, la capacidad limitada para garantizar la realización de las normas sociales y ambientales.

3. Para el enfoque de empoderamiento el concepto de comunidad significa la posibilidad temporal de que un grupo u otro utilicen los recursos y tome decisiones para abordar los problemas sociales y ambientales. Aquí el término «justicia social» es particularmente importante, sin embargo, el énfasis está en las reformas más que en el cambio sistémico. El papel ideal del Gobierno local es apoyar las mejoras sociales a través de la implementación de la justicia social. Por lo general, los defensores de este enfoque se basan en la constelación moderada de ideas creadas por enfoques como el humanismo liberal, el feminismo ambiental, el posmodernismo y el poscolonialismo. El trabajo comunitario significa establecer políticas y programas que reflejen las necesidades sociales, la preocupación por la protección ambiental y la contribución a la lucha contra la injusticia social. Además, se presta gran atención al fenómeno de las diferencias culturales y las políticas de exclusión. La orientación general del paradigma es igualitaria, democrática e inclusiva. En lo que respecta a las alianzas con la comunidad, los procesos de empoderamiento pretenden crear un sentido de pertenencia, fomentar la ciudadanía activa y permitir que los grupos comunales que operen con mayor independencia sean particularmente importantes. Cabe señalar que los defensores de este empoderamiento no prestan atención al desarrollo de la confianza mutua con grupos marginados dentro de la comunidad y, por lo tanto, el empoderamiento casi siempre se refiere a grupos comunitarios fuertes y establecidos, dejando de lado a las minorías débiles. Los programas de empoderamiento también son problemáticos, porque las formas de alianza que ofrecen no pueden eliminar las brechas sociales en la comunidad. Algunas veces, incluso son explotados para promover los intereses de los grupos gobernantes.

4. Para el enfoque transformador, la comunidad es apreciada porque es un lugar de encuentro para «personas», un lugar que permite la discusión de los problemas de opresión, discri-

minación, exclusión y protección. Dentro de la comunidad uno puede encontrar un refugio ante el individualismo agresivo y competitivo que domina a la sociedad. Los radicales a veces se identifican con anarquistas, marxistas, socialistas y feministas extremas. El enfoque radical requiere un cambio sustancial en el orden socioeconómico existente. Los defensores de este enfoque defienden una redistribución de los recursos basada no en una base rentable, sino en función de las necesidades. Llevan a cabo luchas contra las guerras y piden abrir las fronteras de los países del primer mundo a toda clase de refugiados. En el centro del análisis están las relaciones entre el Gobierno y la influencia de los intereses de los grupos que controlan la actividad de instituciones aparentemente neutrales. El enfoque radical se dirige a grupos que generalmente no participan en las discusiones sobre políticas públicas y tratan de convertirlos en ciudadanos activos. Aunque la mayoría de los partidarios de este enfoque enfatiza su compromiso con el principio de la redistribución de los recursos, también existe una corriente de posmaterialismo que enfatiza el valor independiente de ideas tales como la igualdad, el antiautoritarismo, etc. Este enfoque de la alianza con la comunidad se caracteriza por los intentos de resolver los graves problemas de injusticia y degradación ambiental fomentando el sueño de una sociedad más justa e inclusiva. Sin embargo, estos objetivos principales, para los cuales también se necesitan cambios radicales, son difíciles de lograr en la práctica.

La pregunta es: ¿cómo elegir el modelo óptimo de referencia para la alianza con la comunidad? Por supuesto, la respuesta depende, ante todo, del sistema de valores del que pregunta, porque, como es evidente, los enfoques antes descritos se basan en diferentes sistemas de valores. En cualquier caso, se puede decir con certeza que la práctica del trabajo comunitario está estrechamente vinculada a cuestiones fundamentales como el sistema de Gobierno local, los recursos tanto sociales como personales, etc.

Cuanto más se consoliden las alianzas entre los distintos órganos profesionales, de forma más correcta y estudiada se tratarán los temas, ya que las alianzas buscan el desarrollo de la comunidad, entablando vínculos en su entorno social, gubernamental y cultural, promoviendo la investigación, la socialización y los avances en diversas áreas, intercambiando información mediante los aliados locales de organizaciones públicas o privadas para hacer frente a los problemas zonales, de manera que todo ello permita mejorar la forma de vida.

Los objetivos de la creación de alianzas serán:

– Cumplir con la necesidad de agregar recursos humanos y materiales que traerán todos los aliados.

– Ampliar el ángulo de visión y el tratamiento de los problemas que tenemos interés en tratar mediante la alianza.

– Realizar una cartografía comunitaria de actores, necesidades y bienes.

– Rehabilitar la confianza del vecino en su capacidad de asumir responsabilidades sobre su futuro, el de su familia y el de sus pares.

– Crear una nueva raíz de solidaridad social mediante el voluntariado vecinal.

– Generar las bases para que la comunidad sea el nivel macrosocial central de pertenencia y participación social.

Toda población cuenta con una gran cantidad de actores que se activan independientemente en favor del desarrollo del lugar. La fusión de todos ellos logrará mayores niveles de confianza mutua, aumentando el grado de cooperación. Los actores que forman parte de un jeroglífico comunitario serán parte del sector público, del sector privado, las ONG y parte de la población.

Existen varias maneras de seleccionar aliados, pero las más básicas serán el previo conocimiento mutuo entre las partes. Cuando las partes se conozcan de antemano habrá mayores posibilidades de formar una alianza. Importa la química personal que produzca empatía entre las partes, la existencia de intereses comunes, como objetivos, estrategias, metas compartidas, mercados, recursos, cultura y demás. Una vez logrado esto, se procederá a la formalización de la alianza mediante un acuerdo de carácter vinculante para todos los miembros de la cooperación que comprometa a todos y cada uno de sus componentes de la alianza para que así reconozcan mutuamente la legitimidad de los intereses de todas las partes, comprometiéndose a una actitud donde primen la lealtad, la rectitud y la claridad profesional, pero especialmente la responsabilidad de cada aliado con su parte en el programa, incluyendo el largo plazo y también las épocas de crisis.

Una correcta alianza complementará fuerzas y recursos mediante una cooperación basada en la reciprocidad de las distintas clases de recursos, como serían el capital humano, el capital social y el capital físico, de los que nos ocupamos a continuación.

En el capital humano encontraremos la confianza mutua que ayudará a contener un alto nivel de confianza basada en la reciprocidad. De igual manera, habrá un compromiso social que estrechará la red social en la que se trabaja, pues cuanto más estrecha sea, más alto será el nivel de cohesión social y solidaridad. De allí pasaremos, finalmente, a que toda alianza se basará en valores humanos como solidaridad, participación, tolerancia, sentido de pertenencia, identificación, conciencia, etc.

El capital social potenciará la importancia personal que el vecino le dará a los problemas comunitarios, proporcionándole un sistema de apoyo en tiempos de crisis y reduciendo la necesidad de sistemas de ejecución formales.

El capital físico serán los factores de producción, como el trabajo, las materias primas y los bienes intermedios, al tiempo que también existirán las infraestructuras y los bienes capitales, como lo son los recursos financieros, los edificios públicos, la infraestructura municipal, la maquinaria, los inmuebles o las instalaciones e infraestructuras que se utilizan junto a otros factores de producción para producir, a su vez, otros bienes y servicios.

Como en toda actividad, también en las alianzas existen peligros de los que hay que cuidarse, como, por ejemplo, una politización exagerada, el favoritismo y la alteración del listado de prioridades, problemas éticos y daño a la pureza de los atributos, daño de la imagen de los aliados, a los que se unen la posibilidad de herir la confianza de los ciudadanos en los aliados, la desilusión por el incumplimiento de promesas, la existencia de algún aspecto legal a veces complicado, la oposición a cambios... Por todo eso, siempre tendremos presente que «no todo aquel que quiera formar parte de la alianza será aceptado automáticamente».

Los voluntarios en la alianza son un tema aparte, ya que la anexión de vecinos voluntarios a la alianza producirá un valor agregado, como el enriquecimiento de recursos humanos, el comportamiento dentro de la norma en el ámbito social y, muy especialmente, el servicio a sus propias necesidades.

La integración entre aliados se producirá en cuatro distintos niveles: 1) mediante la integración estratégica, que determinará acuerdos mutuos sobre la orientación estratégica de la alianza; 2) con la integración táctica, que se conformará mediante equipos de trabajo que desarrollarán proyectos y actividades que puedan cooperar en llevar a cabo la estrategia; 3) por la integración operacional, que se producirá compartiendo recursos e infraestructuras operativas y, 4) mediante la integración cultural, que será el aprendizaje mutuo y el desarrollo de una cultura en común.

Para poder poner en marcha este proceso habrá que seleccionar a correctos aliados, pues las alianzas estratégicas son el resultado de un proceso de selección de aliados adecuados. Se formalizará la alianza firmando acuerdos de carácter vinculante para todos los miembros de la cooperación, revisando la faz jurídica de tal unión. Se definirán programas de trabajo y acciones, adecuándolos a las necesidades de la comunidad y utilizando todos los recursos con los que se cuente, partiendo de una acción específica para ir integrando otras paulatinamente. Respecto a la conveniencia de objetivos, toda alianza estará relacionada con una labor en común, sin que ninguno de dichos objetivos difiera de los de la alianza, poniéndose a prueba cuando se fijen unos nuevos. Se deberán complementar fuerzas y recursos facilitando sinergias mediante la participación activa y concertada de todos los órganos para realizar la función requerida. Se formará un proceso solidario teniendo en cuenta aspectos como la formación educacional, la investigación de problemas existentes, la ubicación de personas adecuadas en puestos idóneos, la generación de conocimiento y la intervención social colaborativa para la formación de alianzas profesionales capaces de emprender los retos de diversos problemas que aquejan a la sociedad para, de tal manera, poder empoderar a la comunidad.

Para el proceso de acción se sugiere seguir la siguiente ruta crítica:

- Definir las metas, creando objetivos que estén relacionados con las acciones que se han propuesto como estrategia de fortalecimiento por los diversos componentes comunitarios.
- Financiación de determinadas actividades por los aliados que se han comprometido a llevarla a cabo.
- Acompañamiento de los distintos equipos de trabajo, intercambiando opiniones para fortalecerlas y, con ello, contribuir con el cumplimiento de parte de los objetivos.
- Creación del programa de trabajo a corto, medio y largo plazo, creando un calendario para llevar a cabo las tareas, especificando aportes y distribuyendo responsabilidades.
- Programa de difusión por los medios de comunicación locales. Se trata de difundir la idea del proyecto,

conceder entrevistas, divulgar los alcances propuestos, difundiendo toda información que se crea oportuna y de interés comunitario. Recordemos que todo proyecto local impactará en la opinión pública, por lo cual tiene derecho a estar informada.

- Generación de parámetros para la medición de resultados, determinando medidas de éxito, retroalimentación (*feedback*) y, lo que es aún más importante, nombrar un supervisor que inspeccione y guíe permanentemente todas las fases de los procesos.

Varias son las fases para la creación de una alianza. La primera será la identificación de problemas de interés que tratar, buscando órganos vinculados al tema en los ámbitos público, empresarial, de voluntariado, etc. A continuación, habrá que redactar un plan de acción que especifique los problemas por tratar, los objetivos a los que se pretende llegar y cuáles serían los índices de éxito. En este momento se pasará a la redacción de un código ético compartido y se hará una declaración pública de la alianza.

Las alianzas requieren mucha dedicación, pues siempre habrá amenazas sobre las mismas, como se expresó unas líneas más arriba —politización, favoritismos, problemas éticos, erosión de la confianza, desilusión por incumplimiento, daño a la imagen de los aliados, aspectos legales, oposición al cambio…—.

En León, ciudad del estado de Guanajuato, en México, se implementó durante tres años el modelo Multipol, modelo propio de quien esto escribe, adaptado con autoridades locales en materia de seguridad, donde la premisa básica fue mejorar la seguridad construyendo voluntariado, alianzas. En el camino, se logró sumar a 20 dependencias municipales, a los líderes locales de la Iglesia católica, a líderes formales e informales de colonias y a varias ONG, dando resultados inmejorables en materia de seguridad, pero siempre pendientes de que los problemas que pudieran presentarse, como los que comentamos en el párrafo anterior, se mantuvieran en límites aceptables y de que no vulneraran los objetivos deseados. El camino es difícil, pues implica romper inercias, egos e intereses personales, pero siendo todos los participantes conscientes de estos riesgos, visibilizándolos, ¡es como se logra mantenerlos a raya!

Con este trabajo se mejoró la percepción de seguridad de los vecinos, tanto en seguridad interna como en seguridad diaria. La prevención de delitos y la ampliación de la imposición efectiva de la ley —violencia, drogas, alcohol, tránsito, etc.— fueron las dos vertientes principales del proyecto, y se publicó toda la información de lo conseguido en el área por los «aliados». La supervisión de todo el proceso es un punto medular, y para ello debe hacerse frente a listados de prioridades existentes y variables y preguntarse durante todo el proceso de análisis ¿por qué?, ¿para qué?, ¿cómo?, ¿dónde?, ¿cuándo?, ¿quién? Dicha supervisión la realizarán componentes de los cuatro sectores integrantes de la alianza comunitaria —el sector público, el privado, las ONG y los vecinos— basándose en un enfoque holístico dual, viendo a la comunidad como a un «todo» y en el «cambio» a un proceso de aprendizaje, experiencia y crecimiento.

Toda evaluación calificará el nivel de rendimiento alcanzado frente a las metas propuestas. Que la evaluación sea positiva dependerá de que todos los aliados vean alcanzadas sus metas, mientras que la retroalimentación se revisará en tres etapas sucesivas: la diagnóstica, la informativa y la sumativa, de las que nos ocupamos acto seguido.

La retroalimentación inicial o etapa diagnóstica se realizará a los tres meses de comenzado el proceso, determinará si se ven los primeros brotes de los cambios esperados, y de ser correcto, se continuará con el proceso tal y como estaba planeado. Si fuera incorrecto, se permitiría la búsqueda de nuevas estrategias más exitosas y se continuaría con el proceso.

La retroalimentación media o etapa informativa se realizará al pasar seis meses de la retroalimentación inicial del modelo, y tiene por objetivo verificar los logros obtenidos y, eventualmente, advertir dónde y en qué nivel aún existen dificultades y, de ser correcto, se continuará con el proceso tal y como estaba planeado, pero, de ser incorrecto, se permitirán cambios moderados en las estrategias llevadas a cabo y se continuará con el proceso.

La retroalimentación final o etapa sumativa se realizará al pasar doce meses de la retroalimentación media del modelo, y tendrá la estructura de un balance, de modo que sus resultados posibles serán solo dos: positivo o negativo. De ser positivo, se continuará con el proceso tal y como estaba planeado. Si es negativo, se deberá implantar una nueva planificación desde sus comienzos.

Será importante recapitular y redefinir a los integrantes de las alianzas. Toda población cuenta con una gran cantidad de actores que actúan independientemente en favor del desarrollo del lugar, y la fusión de todos ellos logrará mayores niveles de confianza mutua, aumentando el grado de cooperación. Los cuatro actores que forman parte del puzle comunitario son el sector público, el sector privado, la población y las ONG, siendo el caso que cada uno de ellos tiene por separado sus propios objetivos, la población en la que pondrá todo su énfasis, su forma propia de trabajo, sus indicadores de éxito y sus recursos.

El sector público tendrá como objetivos brindar servicios locales, cuidar el orden público y fortalecer anímicamente a la sociedad, si bien la meta más importante de sus miembros, no hay que engañarse en este aspecto, será ser reelegidos. Su población objetiva serán los habitantes inscritos en el municipio —que son quienes los reelegirán—. Su forma de trabajo será llevando a cabo la política del Gobierno central —del cual dependen—. Sus indicadores de éxito se reflejarán por el equilibrio entre los recursos con los que cuenta y las necesidades sociales que logra cubrir. Los recursos que le brindarán posibilidad de actividades serán los impuestos cobrados, el capital humano con el que cuentan y sus propias infraestructuras regionales.

El sector privado tendrá como objetivo central incrementar sus ganancias. Su población objetiva serán los consumidores locales. En cuanto a su forma de trabajo, este se llevará a cabo mediante la contratación y utilización de servicios de expertos y profesionales. Sus indicadores de éxito se reflejarán por el equilibrio entre la inversión que realicen y la ganancia que les produzca. El principal recurso con el que contarán será su propio capital financiero.

La población tendrá como objetivos percibir seguridad, vivir mediante valores comunitarios y, lo que es muy importante, poder vivir con el sueldo que gana. Su población objetiva será el vecino y su familia, así como el resto de los integrantes de la misma comunidad. Su forma de labor será el trabajo y el pago de impuestos. Sus indicadores de éxito se reflejarán con la formación de alianzas comunitarias y la participación en redes sociales. El principal recurso con el que contarán será su propio trabajo y el de su familia.

Las ONG tendrán como objetivo el ayudar sector público corrigiendo injusticias gubernamentales y sociales. Su población objetiva será la población que no recibe respuesta del Gobierno. Su forma de labor será funcionar con profesionales y voluntarios. Sus indicadores de éxito serán la influencia y el cambio de la realidad. Sus recursos son el tiempo de su personal, las donaciones, otros aportes personales y los presupuestos gubernamentales que a ellas se destine.

Mediante alianzas estratégicas se podrán alcanzar objetivos que posean un común denominador, haciendo de la comunidad un lugar próspero y seguro donde los vecinos se vuelvan a re-encontrar, como antaño, charlando en las puertas de sus casas, impulsando actividades deportivas en los parques, e incluso actos culturales y recreativos en los clubes comunales donde se lleven a cabo propuestas de interés para la vecindad.

Los segmentos de la sociedad con mayor conciencia social, que promueven una comunidad que quiera ser responsable de su propio futuro y del desarrollo solidario de la zona, presentarán el mayor dinamismo y crecimiento en la calidad de vida del lugar mediante la alianza que los represente, permitiéndoles hacer de su vecindario un lugar sorprendente donde dé gusto vivir.

«Si desea influir en la calidad de vida de su comunidad, tome parte activa en la configuración de su vecindario, sea proactivo en alianzas comunitarias, solo de tal manera podrá influir en la calidad de vida de su sociedad».

23. Supervisión

La supervisión es la inspección de un trabajo o actividad llevada a cabo por una persona de categoría superior a aquellos que están realizando la tarea. Dicho de otro modo, es la acción de vigilar ciertas actividades de tal manera que se realicen en forma satisfactoria. Esto implica el examen, el control, ya sea un trabajo o una actividad, por parte de un profesional superior ampliamente capacitado para tal efecto.

El hecho de que lo realice un profesional capacitado es una *conditio sine qua non,* porque quien tendrá la misión de orientarlo se deberá encontrar en un nivel superior respecto de quienes se desempeñan en la actividad o el trabajo que demandará ser controlado.

El mecanismo de supervisión de cualquier actividad tendrá como objetivo primordial y básico que las acciones o trabajos que se desplieguen sean ejecutados de manera satisfactoria, y en el tiempo propuesto, por las personas a las que se les ha dado la misión.

El sistema implicará verificación, vigilancia, guía e inspección de lo acordado en los planes de trabajo confeccionados por los responsables. Al profesional encargado de tal labor, nombrado por las autoridades competentes que estén a cargo de la actividad, se le darán poderes suficientes que le permitan ejercer autónomamente.

Toda estrategia de trabajo estará compuesta por varias tácticas y estas por planes de acción, siendo de modo que cada uno de ellos requerirá una supervisión independiente por alguien experto en la materia que va a ser investigada. Este supervisor se encontrará en una situación de superioridad profesional, lo que le capacitará y facultará para determinar si la acción supervisada es correcta o no.

Entre las actividades de rutina del supervisor estarán el examen de las labores realizadas periódicamente, la recopilación rutinaria de información sobre todos los aspectos del proyecto, controlar que las actividades del proyecto progresan de acuerdo con lo enmarcado, analizar de manera sistemática e intencionada cada una de las actividades compuestas, comunicar por escrito y verbalmente a todos los implicados respecto a progresos o retrocesos de los planes de acción en sí y llevar un registro completo de sus actividades. Tales informes posibilitarán el uso de la información recabada en la toma de decisiones para mejorar el rendimiento del proyecto.

El supervisor será un profesional experto en la materia que se va a supervisar y que representará a la dirección del proceso o del modelo, que en temas comunitarios siempre será el máximo responsable del Gobierno local, del centro comunitario u otro órgano de la misma naturaleza y categoría. Dispondrá de autoridad adecuada para direccionar a todos los supervisados. Conocerá profundamente lo exigido de los planes de acción que se realizan, desde las tecnologías hasta los procedimientos. Estará familiarizado con sus responsabilidades, que irán desde las políticas locales hasta los reglamentos aprobados por la alianza. Poseerá habilidades y capacidades pedagógicas que le permitirán supervisar y adiestrar a todo el personal.

Técnicamente, estará capacitado para dividir las labores que realizar en todas las gamas, decidiendo qué asignar a cada persona para poder alcanzar satisfactoriamente las metas para las fechas propuestas. Velará por el aprovechamiento óptimo de todos los recursos disponibles, gozando de facultades que le permitirán movilizar dichos bienes de una actividad donde no son aprovechados a otra en la que son requeridos.

Profesionalmente, supervisará las actividades, pero no interferirá en el campo de acción enmarcado por los responsables, aunque sí podrá rectificar las labores que se están realizando y, a la vez, se asegurará de que no se desviarán del rumbo propuesto para cumplir con la meta. Y, principalmente, garantizará el cumplimiento de las exigencias de calidad y buen servicio que se le otorgará al público objetivo.

El supervisor proporcionará un informe que incluirá un análisis de los planes de acción hasta el momento del informe y la postura de la comunidad respecto a la misma. Resaltará si las respuestas elegidas frente a la identificación de los problemas a los que se enfrenta el modelo son suficientes o se requerirán otras soluciones más adecuadas. Indicará si todas las actividades se llevan a cabo convenientemente, por las personas adecuadas y en el tiempo convenido y, por último, resumirá si la forma en la que se ha planificado el proyecto es la manera óptima de solucionar el problema, indicando cuáles son sus recomendaciones.

Al programar los planes de acción, será de responsabilidad conjunta de todos los responsables tomar la decisión de definir las épocas de duración de las distintas etapas para poder realizar las evaluaciones de eficacia correspondientes, al igual que la finalización de la aplicación del modelo para poder llevar a cabo la evaluación general de todo el proceso. Cuando el supervisor realice las evaluaciones de eficacia y encuentre partes de la práctica que haya que modificar, indicará a aquellos que las definieron cuáles serán los cambios adecuados para continuar.

En la fase de retroalimentación estará autorizado a incorporar al equipo a nuevas personas con habilidades complementarias que puedan mejorar el rendimiento y la eficacia del modelo.

La responsabilidad que recae en los hombros de los supervisores es vital para el cumplimiento de las metas fijadas por la dirección, pero esta deberá apoyarlo profesionalmente, brindándole autoridad y autonomía que le posibiliten acciones rápidas y correctas, que faciliten el cumplimiento de las metas. Pero no todo se consigue mediante potestades o soberanías y, dado que el supervisor requerirá cooperación por parte del equipo de trabajo, estos deberán obrar mediante sus cualidades innatas de liderazgo, satisfaciendo necesidades emocionales, profesionales y técnicas de todos los componentes del equipo, lo que conllevará que se le considere como parte inseparable del equipo por supervisar.

24. Resumen para ejecutivos

El «resumen para ejecutivos» es una expresión utilizada en dirección de empresas. Se trata de un informe en el que se explica brevemente un documento más largo, de tal manera que el lector podrá conocer rápidamente una gran cantidad de información sin tener que leer el documento completo.

Su objetivo será que el lector tenga una visión general del proyecto, que pueda comprender con una breve lectura en qué consiste el proyecto, despertando su interés e instándolo a profundizar en la lectura de las demás partes del documento.

Muchas veces el lector decidirá solo leer el resumen para ejecutivos para tomar una decisión rápida, por lo que siempre debemos prestar especial atención a su elaboración.

Este esquema deberá cumplir con los tres siguientes requisitos:

1. Explicar claramente en qué consiste el plan presentado. Por más complejo que sea el mismo, el «resumen para ejecutivos» deberá permitir al lector entender claramente en qué consiste desde la lectura desde la primera página.

2. Crear interés en el lector: deberá ser capaz de generar interés por el proyecto y por profundizar en la lectura de las demás partes del plan.

3. Ser realmente un resumen: deberá invitar a la lectura sin que abarque más de dos páginas.

A continuación, se detallan los elementos que incluirá el mismo.

- Los datos básicos del informe: el nombre del proyecto, ubicación, aliados, etc.
- La descripción de la idea: en qué consiste el servicio que ofrecemos y cuáles son sus principales características.

- Las características diferenciadoras: qué tiene de innovador y novedoso aquello que ofrecemos y qué nos va a permitir diferenciarnos o distinguirnos de nuestros competidores.
- El equipo de trabajo: las personas que llevarán a cabo el proyecto y las que lo administrarán.
- La visión y la misión: la visión será la meta hacia donde se tiene intención de llegar. La misión definirá cómo se pretende hacer, para quién y los recursos disponibles.
- Los objetivos: serán los principales objetivos que se propondrán una vez puesto en marcha el modelo.
- Las tácticas: son los principales planes de acción que se utilizarán para llevar a cabo la táctica.
- Las ventajas competitivas: son los aspectos donde vamos a tener ventaja frente a la competencia.
- La inversión requerida: qué se requiere del lector y cuál será nuestra colaboración.
- El impacto del proyecto: un resumen del impacto del modelo y cómo disminuirá o controlará lo que solicitamos.
- Las conclusiones del proyecto: representarán las metas que se lograrán una vez culminado el desarrollo del plan.
- Etapas de eficacia: enclavar tiempos en los que se puedan medir la eficacia de lo hecho a corto o medio plazo y los planes de acción que se utilizarán para lograrlos.

Por último, cuando esté completamente confeccionado, habrá que repasarlo de forma meticulosa, teniendo en mente la audiencia que lo leerá para, así, asegurarnos de que hemos explicado el tema de una forma interesante que induzca al lector a querer leer todo el documento.

El resumen ejecutivo será una presentación que llamará la atención de su destinatario, informándole sobre los principales aspectos del proyecto, para que seguidamente, si se ha despertado la curiosidad requerida, pase a leer la información existente en el documento completo.

25. Cuadro de prioridades

En las vacaciones de verano, ¿iremos a un hotel o saldremos de campamento en carpa? ¿Este año cambiaremos el coche o lo arreglaremos? ¿Enviaremos a nuestros hijos a estudiar en una universidad o a un *college*?

¿Cuántas veces durante nuestra vida diaria tuvimos que tomar decisiones respecto a cuestiones rutinarias, dedicando mucho tiempo a elegir una de las tantas opciones y, finalmente, siempre nos preguntamos si esa fue la mejor opción de todas?

Para unos, los problemas prioritarios son los que se relacionan con la lucha diaria para satisfacer las necesidades básicas, mientras que para otros las prioridades están relacionadas con las expectativas para el futuro.

Existen muchas formas de tomar decisiones, desde de manera fortuita hasta las más estudiadas, como lo es el «árbol de decisiones» y demás, que requieren mucho esfuerzo y un profundo conocimiento de dichos procedimientos.

Tales experiencias requieren tener en cuenta un sinfín de parámetros que difícilmente apuntan hacia el encuadramiento que pretendemos realizar, en particular cuando se trata de alianzas comunitarias, en las cuales habrá que tener en cuenta la opinión de todos.

En las próximas líneas se mostrará un sistema muy simple llamado «cuadro de prioridades», que nos ayudará de forma amena a tomar decisiones simples y hasta nos posibilitará la práctica de clasificaciones estratégicas de grandes problemas que debemos tratar.

El cuadro de prioridades pondrá de relieve las diferencias y coincidencias entre las distintas clases de problemas y permitirá ponerlos en una escala de tal manera que permita saber cuáles tratar antes que otros.

En el ámbito social, el cuadro de prioridades es una herramienta que permitirá conocer los problemas que aquejan a los diversos miembros de la comunidad facilitando la opinión activa de sus componentes para, finalmente, llegar a una opinión elegida por todos. Esta forma de llegar a conclusiones conjuntas bloquea la negativa siempre existente en las votaciones clásicas, ayuda a conocer los temas más importantes para todos y permite jerarquizarlos por prioridades casi indiscutibles.

Ahora, pasando al tema profesional, cuando se comienza a trabajar en una zona, para evitar discusiones internas se intentan tratar todos los problemas a la vez, lo que dificultará enfrentarse con éxito a cualquiera de ellos. Por lo general, cada uno de los componentes de esos nuevos equipos de trabajo suele querer trabajar en el tema por el cual se convirtió en aliado del modelo, sin tener en cuenta que de tal manera el fracaso está prometido.

La activación del cuadro de prioridades permitirá cumplir con los siguientes objetivos:

– Conocer la posible influencia de cada problema sobre otros de igual o distinta índole.

– Saber elegir los principales problemas que hay que tratar y clasificarlos de acuerdo con la preferencia del foro.

– Seleccionar estratégicamente en primer lugar a aquellos que sean de consenso general.

– Permitir que el pleno de los aliados participe de tal elección teniendo en cuenta las opiniones de todos.

Por naturaleza, el primer paso será describir la situación general mediante datos, cifras y estadísticas que permitirán la caracterización de la situación con todos sus componentes problemáticos. De ellos se elegirán los problemas que se considere que hay que tratar, sin importar la cantidad de ellos, lo que favorecerá el que todos perciban que se les ha permitido opinar.

Dado que, sin lugar a dudas, habrá temas muy parecidos, se deberán unificar sin importar quiénes los hayan propuesto para que, de tal manera, se disminuya la cantidad de cuestiones que valorar. Luego se procederá a hacer el cuadro de prioridades, en el cual se anotará el nombre de cada asunto por separado. En cada uno de ellos figurarán los cuatro parámetros de estudio —de los que hablaremos a continuación— procesados numéricamente de 1 a 10, de modo 1 será de menor importancia y 10 de mayor importancia. La suma de puntos en cada uno de los cuatro parámetros nos dará la puntuación total. Los que reciban el mayor puntaje serán, como cabe esperar, los temas elegidos para trabajar en ellos. Los cuatro parámetros los siguientes:

— Parámetro número 1: indicará la extensión de la anomalía y su influencia sobre los vecinos, o sea, el número de casos registrados durante un período determinado y la cantidad de personas que se vieron afectadas. Por ejemplo, si ocurrieron solamente tres accidentes durante el año, eso le proporcionará un puntaje muy bajo, pero si en esos accidentes murieron 12 personas y resultaron heridas 34 más, posiblemente en este parámetro se le otorgue el máximo puntaje.

— Parámetro número 2: será la gravedad del tema y el daño causado a la comunidad, o sea, los trances y daños que causa el problema al público en cuanto a las perspectivas de peligro contra su persona y a sus bienes materiales. Por ejemplo, si se quiere tratar el tema de falta de iluminación en las calles, eso le proporcionará un puntaje muy bajo, porque no es grave, pero si en esas calles se producen asaltos, asesinatos y violaciones, seguramente en este parámetro recibirá el máximo puntaje.

— Parámetro número 3: valoraremos en este caso la posibilidad de solución que poseemos o qué herramientas y recursos tenemos a nuestra disposición para resolver o mitigar el problema. Por ejemplo, si se pretende tratar el tema de la pobreza, eso le proporcionará un puntaje muy alto por su importancia, pero como no poseemos ninguna clase de recursos que nos permitan mitigar el tema, seguramente en este parámetro recibirá el más bajo puntaje.

– Parámetro número 4: qué interés tenemos en solucionar este problema, enmarcando si está definido entre los objetivos de la organización y hasta qué punto tenemos interés de trabajar en el tema. Por ejemplo, es muy importante el promover la paz a nivel global, pero dado que no se encuentra en los objetivos de la alianza, es dudoso se tenga el debido interés en el tema y, por consiguiente, eso le proporcionará un puntaje muy bajo.

Tras haber procedido de igual manera con todos los problemas, aquellos que recibieron el puntaje total más alto serán aquellos cuyo tratamiento priorizaremos.

Los planes de acción poseerán los siguientes fines: una vez elegidos los problemas, se llevará a cabo una actuación de acuerdo con las dimensiones de cada objetivo. En cuanto a los problemas pequeños, se procederá a erradicarlos. Los problemas medianos habrá que, por lo menos, minimizarlos. Con respecto a los problemas difíciles, se deberá o bien perfeccionar la reacción a los mismos o bien traspasar esos problemas a un ámbito profesional en el que se entienda más del tema.

Para terminar, se puede decir que priorizar los problemas implica ordenar jerárquicamente las diferentes situaciones que aquejan a la sociedad según la importancia que, mediante el cuadro de prioridades, se le asignen. Este estudio posibilitará intervenciones a sabiendas de que no todos los problemas poseen la misma importancia y de que no siempre se cuenta con los recursos suficientes para intervenir en todos los problemas localizados.

Es por eso por lo que la aplicación de una sencilla táctica de trabajo permitirá la coexistencia de alianzas comunitarias donde todos se sientan partícipes de una correcta elección de los problemas que tratar, sin percibir que han renunciado a sus propias preferencias.

Y… un consejo personal: intenten usar el cuadro de prioridades también en su vida diaria, ya verán los estupendos resultados que les brindará.

26. Estrategias, tácticas y planes de acción

La violencia y los delitos son trastornos complicados que aquejan a toda sociedad, por lo tanto, sus correctos tratamientos requerirán una compleja visión en la que se estudien sus causas y se posibiliten sus soluciones.

El punto de partida de todos los procesos frente a temas delictivos se basa principalmente en tratar los más graves y clásicos, como el narcotráfico, el secuestro de personas, el sicariato, los asaltos y otros temas de esa misma índole, ya que a todos esos crímenes se los trata de una manera que le es familiar a la policía, que es de manera reactiva.

En el ámbito social, esa manera de responder y tratar esas actividades es la más indicada, ya que las comunidades exigen acciones inmediatas y más agentes uniformados en las calles, aunque estas actividades no brinden una solución correcta y den una respuesta tan solo a corto plazo.

A nivel sistémico, el desconocer las causas de la criminalidad cotidiana, la raíz de los procesos que ocasionan pobreza, de la deserción del sistema educativo y de la carencia del desarrollo social, entre otros, generará grupos vulnerables que se evitarían aplicando un correcto trato preventivo, dentro el cual también se encuentran los valores humanos en todas sus escalas.

La correcta confección de un programa de trabajo constituirá la fase principal para organizarse antes de actuar sobre el terreno.

Dichos programas carecen, por lo general, de eficacia, dado que o bien no se centran en los objetivos que tratar o pretenden objetivos que será casi imposible lograr. El determinar correctos objetivos será una herramienta básica que guiará de forma permanente a una ruta hacia la solución de los problemas que se quieran abordar.

La finalidad de encuadrar objetivos será conocer y comprender los procedimientos, permitiendo realizar una labor correcta, lo cual se comprobará durante la fase de evaluación de la eficacia, que nos demostrará si se ha cumplido con las metas propuestas.

Las metas representan términos cuantitativos para las distintas etapas del control del proceso, pudiendo llevarse a cabo las medidas correctivas necesarias de acuerdo con cada tiempo enmarcado.

Para ello, debemos comprender que se podrán presentar objetivos a corto plazo (meses), a medio plazo (más de un año después del anterior) y a largo plazo (por lo menos a dos años después del anterior), o sea, que para poder verificar si hemos cumplido con todos los objetivos necesitaremos por lo menos casi dos años de trabajo en una misma táctica.

En esta obra planteamos como estrategia (el qué) prevenir la violencia en las comunidades y acrecentar la percepción de seguridad que sienten los vecinos. El Multipol está expuesto como una de las tácticas (el cómo) de trabajo imprescindible, por ello es por lo que figura en casi todos los contenidos aquí expuestos, que vendrían a ser los planes de acción que posibilitarán que dicha táctica funcione a la perfección, ya que estarán enfocados a tratar los trastornos que perjudican a la comunidad como un todo y a cada uno de sus componentes en particular.

Tales planes de acción preventivos deberán construirse basándose en los problemas existentes en el lugar donde se tenga intención de llevarlos a cabo, justificando los mismos en estudios teóricos, así como en experiencias de tratamientos anteriores allí consumados.

En los primeros párrafos del capítulo 4 ya hicimos alusión a que muy a menudo los conceptos «estrategia» y «táctica» son usados como si significaran lo mismo. Con «plan de acción» sucede algo parecido y no se le da importancia a la diferencia entre ellos, así que, a riesgo de ser tildados de reiterativos, quizá valga la pena volver sobre su significado muy brevemente.

«Estrategia» es un conjunto amplio de pasos encaminados al logro de una meta específica, mientras que las «tácticas» son las acciones concretas que compondrán la estrategia. Son inseparables, pero no son lo mismo: la estrategia es el «qué» y la táctica es el «cómo». Dicho de otro modo, la táctica es el medio para alcanzar la meta marcada como estrategia. Pretender una acción sin que forme parte de una estrategia, o mediante una estrategia equivocada, será un plan destinado al fracaso.

Por su parte, el «plan de acción» es la actividad que priorizará las iniciativas más importantes para cumplir con los objetivos y las metas que enmarca la táctica, dirigiendo y encauzando los detalles necesarios para que esta se cumpla.

Un simple ejemplo es el siguiente: como parte de la idea para consumar la seguridad comunitaria en determinado lugar se ha elegido como estrategia el minimizar la violencia juvenil. Una de las tácticas que constituirán esa estrategia será la prevención de la violencia en las escuelas. Uno de los planes de acción que compondrá dicha táctica será la «escuela segura». Otra táctica que constituirá esa estrategia será la prevención del alcoholismo en la juventud. Uno de los planes de acción que compondrá dicha táctica será la que denominamos «ronda de padres».

Todo plan de acción se sostendrá mediante una clara idea motriz: dado que es imposible trabajar solos, se requerirá el apoyo de todo un equipo de trabajo, y esto se conseguirá conformando alianzas de trabajo con todos los diferentes sectores que haya en la zona. Dicha alianza compondrá un equipo compuesto por actores locales.

De especial interés será el publicar la formación de la alianza y sus intenciones para la comunidad, al tiempo que poner en claro las diferencias existentes entre esta y otras anteriores que no han triunfado, ya que hará falta el apoyo de la comunidad, tanto para poder añadir nuevos aliados a la campaña como para poder incluir voluntarios para los distintos temas que tratar.

La supervisión de las actividades será la función más importante que se realizará, por lo que para tal cargo se nombrará a un profesional que sea un perito en las tácticas elegidas como supervisor de la estrategia en general, aunque ese personaje no forme parte de la alianza constituida (véase al respecto lo dicho en el capítulo 23).

Como primera actividad del equipo de trabajo se deberá enmarcar una zona donde se quiera trabajar, ya que el pretender obrar en todo el suburbio impedirá y hasta imposibilitará los resultados pretendidos. Más bien habrá que implementar los modelos de acuerdo con el sistema «taco y punta», o sea, que se comenzará en una pequeña zona enmarcada y se irá esparciendo a zonas lindantes a medida que se llegue a las metas en los lugares elegidos en primer lugar.

La evaluación primaria de la situación será el medidor básico de toda futura actividad, dado que representará permanentemente el punto desde donde se ha partido y la situación en la cual se estaba antes de acometer actividad alguna.

En tal evaluación se analizarán todos los problemas existentes en la zona de trabajo elegida para conocer de cerca el listado de problemas que aquejan a los vecinos, sin dejar de lado a ninguno de ellos, las horas y lugares donde ocurren y, de ser posible, identificar a qué sectores de la comunidad afectan. De esta manera, se podrá decidir por una estrategia que salve los obstáculos que permitirán vivir de una manera ideal.

Un error clásico al querer consumar una estrategia es intentar solucionar todos los problemas existentes para poder demostrar a la comunidad las buenas intenciones de la alianza, pero ese paso entorpecerá las actividades, ya que no permitirá centrarse en ninguno de ellos. Los aliados deberán priorizar los problemas de una manera racional y determinar como máximo cinco de ellos para ser tratados cada vez. Una forma clave de poder hacerlo fácil y eficazmente será utilizando un cuadro de prioridades.

Una vez priorizados los problemas y elegidos los que se vayan a tratar, se fijarán objetivos o metas por alcanzar en cada tema y fechas para su cumplimiento, y es aquí donde comenzará la actividad del supervisor, sumergiéndose en los pormenores de cada actividad, en los resultados que se requieran y en las fechas dictaminadas para su finalización.

Una vez conocidos los problemas, los objetivos a los que se quiere llegar y las épocas para cumplirlos, el pleno de la alianza elegirá las tácticas que hay que seguir, teniendo en cuenta que todas ellas se deberán adaptar a la estrategia global.

Se definirán, a su vez, los recursos humanos y materiales necesarios para alcanzar las metas. Será de mucha importancia que todos los vinculados al tema conozcan los distintos objetivos, las maneras en que requerirán ser tratados y las fechas fijadas para cumplir con los mismos, instando a todos ellos a intervenir u opinar incluso en temas que no son de su competencia, porque ello posibilita un productivo intercambio de ideas. Es justo en este espacio donde se comenzará con la ejecución del plan de acción aprobado por todos los aliados, prestando mucha atención a todos los parámetros que conformen la táctica elegida.

Para evitar llegar al tiempo indicado y justo en ese momento darse cuenta de que han existido fallos que se podrían haber solucionado sobre la marcha, se fijarán distintas etapas de retroalimentación que permitan al supervisor controlar el comportamiento del plan de acción y revisar todos los elementos del proceso con el fin de poder realizar las modificaciones que sean necesarias en etapas intermedias.

El supervisor también llevará a cabo mensualmente un proceso de evaluación de la eficacia de las acciones realizadas y de los posibles cambios propuestos, basándose en el estudio de la retroalimentación ya efectuado.

Habrá que tener en cuenta la posible existencia de algún objetivo problemático y el supuesto de que se llegue a la conclusión de que es inalcanzable o inoperable. En ese caso, el supervisor lo cambiará, con la autorización de todos los aliados.

Finalmente, se realizará un balance final que permita ver si todas las metas fueron cumplidas y, de ser así, se podrá ampliar la zona de trabajo, comenzando todo el proceso nuevamente.

A continuación, transformaremos el desarrollo de actividades en una cronología de tiempos necesarios para poder realizar todos los elementos antes presentados:

– Actividades preliminares: se llevarán a cabo dos actividades, la etapa de memorización y la evaluación analítica, que permitirán la composición de un plan de trabajo formal y el desarrollo de sus distintas etapas.

Etapa de memorización: es el análisis *in situ* del fenómeno que se va a tratar exactamente en el lugar y condiciones donde se desarrolla, sin modificar sus condicionantes naturales. Será el medidor básico que representará permanentemente el punto desde donde se ha partido y la situación en la cual se estaba antes de realizar actividad alguna.

Evaluación analítica: es el estudio que determinará las facultades que se poseen frente a las aptitudes que se requieren para poder solucionar o minimizar el problema, buscando determinar las características de cada tema por tratar, clasificándolos para así priorizar a cada uno de ellos de acuerdo con nuestras aptitudes.

– A los 3 meses se deberá comenzar a realizar un mecanismo de retroalimentación o *feedback* —lo recomendable es hacerlo a los 3 meses, a los 9 meses y a los 21 meses— que permita controlar el comportamiento del plan de acción mediante una continua revisión de todos los elementos designados al proceso, con el fin de realizar las modificaciones que sean necesarias en etapas intermedias.

Retroalimentación inicial: se realizará a los 3 meses de comenzado el proceso. Su objetivo será analizar, señalar y documentar los primeros brotes de los cambios esperados. De ser positivo, se continuará con el proceso tal y como estaba planeado. De ser negativo o ambiguo, se tomarán decisiones respecto a la mejora, renovación o cambio de tácticas por otras más adecuadas que aquellas que no producen los resultados esperados, y se continuará con el proceso.

A partir del cuarto mes se iniciarán procesos mensuales de evaluación que posibiliten obtener evidencias del grado de consecución de los objetivos fijados en el plan de acción, apoyando (o no) las conclusiones aportadas por la retroalimentación.

A los 9 meses, retroalimentación informativa: se realizará al pasar seis meses de la retroalimentación inicial del modelo. Tiene por objetivo verificar los logros obtenidos y, eventualmente, advertir dónde y en qué nivel aún existen dificultades. De ser positivo, se continuará con el proceso tal y como estaba planeado. De ser negativo o ambiguo, se permitirán cambios moderados en las estrategias llevadas a cabo y se continuará con el proceso.

A los 21 meses, retroalimentación final: se realizará al pasar doce meses de la retroalimentación media del modelo. Poseerá la estructura de un balance donde sus resultados serán solo dos: negativo-ambiguo o positivo. De ser negativo-ambiguo, se deberá implantar una nueva planificación. De ser positivo, se continuará con el proceso tal y como estaba planeado, pero ya no como modelo, sino como un plan de actividad.

Respecto a las fechas fijadas, no serán inamovibles, si se va en el rumbo prescrito y se cumplen con las metas se podrá permitir un leve cambio de fechas sin que ello señale fracaso alguno, ya que las fechas propuestas de antemano generalmente fueron elegidas de manera lo más aproximada posible —no es una ciencia exacta— y son a las que es deseable llegar, pero no como un fin en sí mismo.

Al finalizar la calificación de actividades en función del rendimiento, se otorgará una certificación que determinará e informará respecto al nivel alcanzado frente al problema señalado, indicando si se ha cumplido con todos los objetivos y si estos han tenido el éxito enmarcado como meta.

Toda sociedad requiere para su buen funcionamiento un complicado tejido de decisiones, desde las más generales hasta las más específicas, que incluyen procesos diarios caracterizados por la toma de decisiones, que permitirán el pleno entendimiento de la sociedad en cuestión, proporcionando información acerca de fortalezas y debilidades y la relación que estas guardan con las instituciones sociales y políticas locales, promoviendo y proyectando acciones que abrirán un canal de comunicación que promueva el intercambio permanente de ideas y percepciones entre todos los actores sociales, estableciendo alianzas que mejorarán y fortalecerán toda gestión social y, entre ellas, la mejora de la percepción de seguridad comunitaria.

Conclusiones

En su concepción más contemporánea, la institución policial fue creada para cumplir con los objetivos de proteger la vida humana, los bienes materiales privados y públicos, preservar la seguridad personal de los ciudadanos bajo su tutela y mantener el orden público en general. Todo ello mediante la aplicación de la ley según el ordenamiento jurídico y el código penal de cada país. Se trata de una función que concede al agente policial una autoridad por encima del resto de los ciudadanos, a pesar de que hay que tener presente que el policía es un miembro de la sociedad para la que trabaja. Debido a esta cualidad, y a diferencia de otros trabajos en el ámbito de lo público, la función policial requiere del profesional una serie de exigencias muy peculiares que pueden llevar a modificar su personalidad y que, desde luego, tienen un impacto decisivo en su forma de vida. El policía debe alejarse de su familia temporalmente para aprender la profesión, separarse de sus seres queridos por épocas prolongadas si el puesto de destino así lo requiriera, trabajar en horarios anómalos que sobrepasan el régimen de la mayoría de las profesiones, vivir una disciplina que sirva de ejemplo a los demás, vestir permanentemente un uniforme que le identifica con su profesión, portar pertrechos acordes a su función y, por último, vivir situaciones de peligro que le exigen acciones instintivas, en donde el más mínimo error puede traducirse en un acto de consecuencias penales.

Quizás por estas razones, quien trabaja como policía no lo hace en un lugar ordinario de trabajo, y ello deriva en que la cantidad de personas que escogen esta profesión por la mera necesidad de empleo sea minúscula. La motivación y la vocación son dos elementos integrales de cualquier aspirante, porque la gran diferencia entre un civil y un agente policial es que mientras el ciudadano puede hacer todo lo que no está prohibido por ley, el agente solo puede actuar de acuerdo con unas normas y reglamentos definidos de antemano; es decir, lo que se conoce como el principio de legalidad en sus dos ámbitos: gobernante y gobernado. Esta diferencia delimita con claridad las funciones de ambos dentro de la sociedad; y es la que hace que los pocos encuentros entre un policía y un civil queden reducidos a entornos en los que civil se vea envuelto en delitos, bien como sospechoso, víctima o testigo, condiciones que, en cualquiera de sus formas, contribuyen a crear un ambiente conflictivo, cuanto menos de tensión, entre ambos. Los resultados sobre la opinión —no positiva— que los civiles suelen tener de la policía son transparentes en la mayor parte de las sociedades occidentales, si bien esta se agrava de manera particular en sociedades jóvenes, en las que han salido recientemente de regímenes no democráticos y, por tanto, no pueden vislumbrar aún un futuro claro, o en las que atraviesan por un proceso de desarrollo socioeconómico acelerado en el que la brecha social entre ricos y pobres se dispara con rapidez. La injusticia social en el ciudadano, o quizás mejor el «sentimiento» de injusticia social suele arrastrar, de un lado, actitudes de hostilidad hacia todo lo que representa a la autoridad, sea civil o militar. Del otro, suele fomentar el abuso de poder y el tráfico de influencias por parte de las autoridades, incluidas en muchos casos las policiales, que acaban por crear ese terrible círculo vicioso de abuso y desconfianza mutua. Romperlo es únicamente posible por medio de nuevas estructuras y mecanismos que apuntan a la acción global de todos los organismos públicos y a la participación ciudadana, entre los que la policía comunitaria, de acuerdo con el modelo aquí presentado, es uno de sus vértices más relevantes, porque aspira a ser el punto de encuentro entre la autoridad y el ciudadano de a pie. Y aunque el tema de la policía comunitaria ha sido analizado a nivel mundial de distintas formas y desde distintos ángulos, que han generado a veces conclusiones divergentes, la premisa básica es que todos los que han recurrido a su puesta en práctica buscan un solo fin, y es el de devolver a los ciudadanos la sensación de seguridad de la que son acreedores por ley natural.

Hay quienes pretenden hacer funcionar en su organización los engranajes de un cuerpo de Policía Comunitaria según las líneas maestras de Robert Peel, quien en su época la concibió como un órgano de actuación preventiva del crimen, pero, a fin de cuentas, y por la propia naturaleza humana, siempre habrá infractores y delincuentes de los que solo puedan dar cuenta la policía clásica y el código penal. Aquí pongo de relieve una figura llamada multipol como estrategia de trabajo que, por ser la de un uniformado moderno, de vanguardia y con muchas aptitudes personales, que se adapta a los nuevos estilos de violencia que ocurren en el siglo XXI en las comunidades, lo transforman en el agente policial comunitario por excelencia.

Le he conferido una amplia perspectiva social, al tener que establecer tácticas de trabajo como la creación de alianzas comunitarias con el fin de afrontar con eficacia las dimensiones sociales y económicas que alientan el delito, prescribiendo para ello la gestación de programas de acción preventivos mancomunados entre la policía, el municipio y la comunidad que harán menos necesario el uso de la fuerza policial reactiva o clásica.

Elementos tácticos más modernos son la incorporación de un voluntariado vecinal que ayude a velar por sus propios problemas de seguridad, haciendo partícipe al ciudadano de su propio destino y de la responsabilidad colectiva, y la constatación periódica de eficacia tanto del policía municipal o multipol como de la labor que desempeña para no incurrir en ese círculo vicioso del que hablamos con anterioridad.

El caso de Israel, en general, y el de la zona de Guiló, en particular, dan fe de que la confianza que los vecinos pueden llegar a depositar en la actividad policial no es una función numérica, sino conceptual, y ejemplifica cómo un solo policía puede generar un cambio drástico a la hora de devolver a la comunidad la sensación de seguridad, aun en tiempos bélicos, en un lugar donde más de 60 agentes del orden lo habían intentado sin éxito en tiempos de rutina.

Allí, en Guiló, se aplicaron planes de acción comunitarios de prevención de violencia diseñados para la nación por la Comandancia General de la Policía Comunitaria y planes zonales según las recetas del «policía a cargo del barrio» que respondían específicamente a las necesidades locales. Fueron adaptados a la medida exacta de la comunidad como si fuera un traje diseñado por un sastre. Algunos con más éxito que otros, pero en conjunto —no olvidemos que se trata de un modelo holístico— el resultado fue un pronunciado descenso en los índices de delincuencia en 2006 (46 %).

La clave de este éxito radica en el voluntariado, porque se aplicó una actividad que buscaba rebajar los niveles de criminalidad mediante el máximo aprovechamiento del voluntariado civil movilizándolo a zonas y en horarios muchas veces de alto riesgo. No obstante, todo lo que los voluntarios hicieron fue mostrar presencia policial, personarse con patrulleros y luces policiales, de forma que los delincuentes pensaran que se trataba de la policía y buscaran otros lugares para su actividad ilícita.

Los voluntarios no practicaron arrestos de delincuentes. La alta tasa de voluntariado en la «seguridad comunitaria» permitió a su vez al multipol diseñar un plan de acción con el que podía abarcar más zonas y durante más tiempo. Estos recursos permitieron dar prioridad a las patrullas de a pie, puesto que la cantidad de voluntarios movilizados por turno superaba la capacidad de abastecer medios de locomoción a cada una de ellas.

El éxito tan contundente en el aspecto penal se tradujo, sin embargo, en un importante incremento de la violencia juvenil, que se vio descuidada por haber dedicado todos los esfuerzos existentes a mermar la delincuencia ordinaria, a pesar de que parte de tales actividades eran generadas por menores. Ese indicador demuestra que, a pesar de la importancia que cada tema pueda implicar por las distintas políticas de jefatura, siempre habrá que dejar una reserva de fuerzas para operar en actividades de rutina. Volver a nivelar la violencia juvenil a sus parámetros originales llevó más de un año, y mucho más tiempo comenzar a reducir esos índices.

En toda actividad del multipol, la difusión y la publicidad desempeñan un papel primordial. Pero contrariamente a las grandes organizaciones comerciales, que reservan altos presupuestos para publicidad de imagen corporativa, difusión de mercancía, anuncio de nuevas colecciones, información sobre mejoras y medios de comunicación por los cuales el cliente podrá ponerse en contacto, el presupuesto de los ministerios —entre ellos el de la Policía— es mucho más bajo. Al igual que los grandes monopolios, estos organismos públicos suelen sentirse exentos de este gasto porque lo ven innecesario. Saben que el que precise de sus servicios puede recurrir únicamente a él. Se trata, sin duda, de un pensamiento erróneo, porque la difusión de información y la actividad pública del multipol son los canales más efectivos para cambiar de forma progresiva la imagen de la Policía local.

En Israel, debido a que hasta el año 1999 el vecindario solamente conocía la Policía Nacional y sus funciones reactivas —estando por naturaleza alejada de contactos productivos con la comunidad—, la primera labor del uniformado comunitario fue cambiar esa imagen mediante una comercialización virtual de la nueva Policía Comunitaria. La táctica llevada a cabo fue presentar la imagen de un policía que, cual empresa comercial, ofrece sus servicios al público en general y al vecino en particular como una especie de cliente. El lema subliminal de la campaña fue «vender la policía a la comunidad» con una serie de información sobre las actividades del policía comunitario y sus objetivos inherentes: satisfacer el bienestar público mediante modelos sociales y servicio personal. Como si de un producto comercial se tratara, se adoptó un plan de acción de comercialización y venta, el primero para ajustar el producto a las necesidades del consumidor y el segundo para persuadirlo. Comercialización y venta son dos actividades paralelas, la una dirigida a la detección y la creación de la demanda, y la otra para satisfacerla.

En el caso de la policía comunitaria, la «venta» de servicios tales como «cambiar patrones de conducta social», «prevenir actos delictivos» o «ejecutar planes de acción comunitarios» requiere, cada uno por separado, una línea específica de *marketing*. Elaborar un plan conjunto exige trabajar con tres parámetros básicos: conocer profundamente la materia; capacitarse básicamente en *marketing* estratégico y comunicaciones y, en tercer lugar, crear un «banco de ideas» al que se pueda recurrir cuando sea necesario.

Por ello, el primer paso en Israel fue el de proporcionar al uniformado comunitario una formación básica en comunicación de masas, que introdujo al agente en ese distante mundo del *marketing* convertido en herramienta vital para adornar el escaparate de su propia imagen. Para exponerla con claridad debe antes recopilar toda la información sobre su clientela y dotar su «carpeta de información sobre el patrimonio local» con todas las respuestas sobre el nivel socioeconómico, educativo o lugares de origen de esta. Es fundamental que cualquier actividad informativa esté basada en datos contrastados y actualizados, porque el público conoce sus propios problemas y probablemente esté harto de las «medias verdades» de los funcionarios públicos.

Una vez alcanzado el nivel de conocimiento requerido sobre el territorio gestionado, el uniformado deberá compatibilizar el servicio ofrecido al plan de acción seleccionado, exhibir los éxitos —sin ocultar los fracasos— y un nuevo plan de acción para no volver a fallar. Solo entonces, elegir los medios que formarán la cadena de conexión entre el público y la organización policial. Por accesibilidad económica, popularidad y eficacia, vías muy recurridas son las de panfletos en buzones, carteles callejeros de grandes dimensiones que no pasen desapercibidos y letreros luminosos —en horas de oscuridad son los más efectivos—, así como reportajes de presentación de sus actividades en los medios de comunicación locales.

La táctica en todos los medios mencionados incluye en primer lugar la interiorización del mensaje básico —«el multipol es tu policía, más cercano, más disponible y más comunitario»—, y después ofrecer información sobre los servicios policiales y comunitarios brindados, horarios de actividad, número de teléfono personal para concretar citas sin demora, actividades e iniciativas. La comercialización final de las ideas básicas y el traspaso de información solo podrán venir después de la aplicación efectiva de los procesos internos de cambio de todos los aliados que están unidos en la estrategia, de forma que los recursos destinados a esta difusión no acaben desperdiciados, es decir, deben realizarse solo después de tener evidencia fundada por medio de encuestas sobre el nivel de satisfacción del público antes y después del funcionamiento del uniformado.

En el barrio Guiló, el cambio en la aceptación comunitaria fue contundente. Hasta el año 1999, todas las llamadas de solicitud de asistencia policial llegaban únicamente al Centro de Emergencias de la Policía (100), mientras que en 2009 las estadísticas mostraban que, de cada 10 llamadas, siete eran hechas directamente al teléfono móvil del multipol. Esta elevada frecuencia —es decir, este espectacular descenso de llamadas al centro de emergencias— permitió a los patrulleros de la policía clásica ocuparse de las solicitudes en otras zonas de la ciudad. Lamentablemente, no fue este el resultado en todos los barrios, y una de las razones a las que se puede atribuir las diferencias es al uso de las herramientas de comunicación. Por distintas razones, no todos los policías comunitarios saben o pueden aprovechar en igual medida las vías de difusión y la alianza con los medios de comunicación o, sencillamente, entre sus cualidades personales no se incluye la personalidad requerida para la utilización de esta poderosa herramienta, sin que ello desmerezca, por supuesto, otras cualidades suyas que los hacen igualmente aptos para ser agentes de este cuerpo de policía tan particular.

El éxito de la actividad radicará también en otra herramienta que a lo largo de esta obra ha recibido atención en todo momento: la evaluación y supervisión de los modelos. La definición de objetivos y su evaluación constante es, básicamente, lo que permitirá al agente progresar y adaptar su estrategia de *marketing*, haciendo posible destinar los siempre escasos recursos a la actividad más urgente y por las vías más adecuadas y eficaces. En la zona descrita se trabajó con cuadros de prioridades. Este procedimiento ayuda a vincular actividades —penales, en nuestro caso— en relación con cantidad, calidad, tiempos y lugares en las que son realizadas, basándose en los modelos llevados a cabo, defendiéndolos o no, y de acuerdo con si fueron alcanzadas las metas fijadas. Dichos cuadros permitían analizar la actividad por períodos, en un estudio intermitente desde las primeras fases del modelo aplicado hasta las más avanzadas. Esta técnica comparativa de los objetivos y logros alcanzados facilita la visión del rumbo que hay que seguir e incluso revela si los objetivos planteados merecen ser reorientados por ser erróneos o demasiado ambiciosos. La primera verificación, que se debe realizar a los tres meses, suele ser crucial para descubrir errores de concepto en tanto que las más avanzadas —a los seis y doce meses— son de «afinación». La de los tres años ofrecerá realmente una visión fidedigna del éxito del modelo, como se explicó en el capítulo dedicado a la supervisión.

Un ejemplo práctico de la importancia de estas verificaciones es que, como en todo campo policial, el delincuente suele acabar descifrando los códigos y procedimientos de actuación de la policía, y las nuevas estrategias y tácticas que aplicar dependerán de estos comportamientos.

En este juego, las alianzas comunitarias constituyen otra de las herramientas imprescindibles, y no solo con el centro comunitario local, que es el aliado principal, sino con las ONG, los comerciantes, las sociedades de fomento vecinal, así como las organizaciones civiles, religiosas, municipales y educativas, entre otras. Solo la acción conjunta de todas ellas favorecerá una aplicación efectiva del modelo mediante la solución de los problemas que aquejan a la población. Sin resolver el hambre no se puede aspirar a resolver problemas de robo. Sin resolver los problemas educativos y sociales de la juventud no se puede poner fin a la violencia juvenil. Sin una educación apropiada no se podrá lidiar con la violencia doméstica, y así sucesivamente. La interdependencia entre la situación sociodemográfica de una comunidad y la delincuencia que sufre es ineludible, y romper el círculo vicioso exige tratar todos estos problemas desde su raíz con la colaboración de todos los organismos públicos pertinentes. A estos efectos, el multipol hace las veces de detector, trasmisor de información y coordinador de programas de trabajo.

No por ello el entramado de alianzas que requiere una estrategia de acción generalizada está exento de peligros, como ya se ha comentado, sobre todo en el capítulo dedicado a las alianzas comunitarias. La posibilidad de caer en favoritismos entre los mismos aliados, o incluso su politización, puede desestabilizar el programa y arrojar sombras sobre la imparcialidad que ha de exhibir la policía en todo momento. Quizás por esta razón es recomendable dejar fuera de las alianzas a organizaciones privadas o aquellas de orden público cuyo aporte sea netamente material. Por el contrario, parte intrínseca y clave de cualquier alianza serán siempre los habitantes de la zona, cuyo apoyo no debe reducirse simplemente a palabras, sino a la puesta en práctica de planes y a la aceptación de su propio destino por vía del voluntariado. Guiló es un ejemplo elocuente de las dimensiones que puede llegar a tener esta actividad. En un barrio de 45 000 habitantes, el 16.8 % —7560 personas alternativamente— toman hoy parte en actividades voluntarias de algún tipo, y el 2.38 % de ellos (225 personas) lo hacen en la Seguridad Comunitaria (SC) junto al policía comunitario. Estas estadísticas dejan bien claro el cambio anímico generado por las alianzas, que consiste principalmente en una visión altruista de responsabilidad colectiva. En lugar de esperar a recibir, como ocurre en cualquier comunidad necesitada, los vecinos del barrio salieron a dar, cada uno lo que podía y en su ámbito más cercano.

Se trata de una actividad que requiere constante motivación, porque ser voluntario es una elección, y no una obligación. Sin el aliciente de mejorar su calidad de vida o de participar en una profesión con la que se siente identificado, el voluntario acabará rompiendo filas y alentando una actitud parecida en otros, fenómeno que ha de ser combatido con acciones que le hagan sentir parte de un todo, de un equipo que aprecia su generosidad, su profesionalismo y su aportación individual. Ello, siempre y cuando sus actividades no sean contraproducentes para los objetivos del multipol y de la actividad policial.

La influencia mutua, tanto positiva como negativa, suele entrar en acción en el roce más íntimo y continuo en un ambiente de confianza y hasta de complicidad. Suele ser en entornos como la guardia en un patrullero, en los que la influencia de un voluntario sobre otro disfruta de toda la coyuntura necesaria. Es allí también donde la conducta de uno influye sobre la del otro, y no necesariamente en el plano negativo. Un voluntario puede absorber de otros valores que no estaban a su alcance hasta ese momento, como por ejemplo: orden, responsabilidad, respeto mutuo, justicia, honestidad, solidaridad, integridad moral, respeto a la vida y tolerancia hacia lo distinto. Valores que, en definitiva, acabarán filtrándose por toda la comunidad a través de sus propios hogares.

Los resultados de estos principios son visibles en un Israel entregado desde siempre al voluntariado —es uno de los primeros países del mundo en concienciación social y responsabilidad comunitaria—, pero, como todo en la vida, o casi todo, los modelos y comportamientos son transferibles a cualquier parte del mundo. El traslado de todos estos planes a las sociedades de América Latina debe estar sujeto a las condiciones reinantes en cada una de ellas, pero en esencia el problema suele radicar siempre en los mismos elementos o motivos. Algunos tienen que ver con fenómenos psicológicos típicos de la infancia y son reacciones uniformes a la violencia física, psicológica, emocional o verbal de la que ellos mismos puedan ser objeto. Otros están relacionados con crisis o problemas socioeconómicos dentro del núcleo familiar, a los que los niños y jóvenes están expuestos sin que puedan influir en sus resultados. Sin olvidar elementos como cambios fisiológicos y sociales, la falta de valores humanos y de personajes que sirvan como referencia positiva con la que identificarse, o la tendencia a buscar la pertenencia a algún grupo, que acaba conduciéndoles al consumo de alcohol o drogas. Más extremos son los casos ajenos a su entorno o su propio comportamiento, como el haber sido víctimas de pedófilos, vendedores de droga, jóvenes en riesgo, violencia clásica entre adolescentes o los relacionados con síntomas de depresión y ansiedad.

Es por ello también por lo que la actividad policial no puede estar desconectada en ningún caso de las acciones de otros organismos profesionales que apoyen la creación de sólidas bases sociales, instauren un orden comunitario que defienda el interés colectivo por encima del individual y que apunte hacia un desarrollo social y económico generalizado. No se trata de soluciones a corto plazo, sino de planes de largo alcance que requieren el involucramiento de Gobiernos locales, nacionales y, en muchos casos, de organizaciones internacionales. Esta gran alianza por el desarrollo y la seguridad comunitaria es la única que podrá sentar las bases de un futuro mejor y erradicar de cualquier sociedad problemas que, en gran medida, tienen raíces sociales y no meramente delictivas.

Evidentemente, no todo lo que es útil para una zona lo será igualmente para otra, más aún cuando las vastas dimensiones de América Latina hacen de ella una amalgama de culturas y tradiciones, cada una con su propia idiosincrasia, virtudes y defectos, y más teniendo en cuenta que en el continente las actividades vecinales y comunitarias no son nuevas, y cualquier programa como los propuestos debe tener en cuenta las iniciativas que, con mayor o menor éxito, están ya en marcha, algunas incluso desde hace décadas. En Perú, por ejemplo, existen las «brigadas vecinales de seguridad ciudadana», integradas por un grupo de vecinos voluntarios conocidos como «los ángeles guardianes de los niños», que contribuyen a proteger a los escolares durante los ingresos y salidas de los principales centros educativos de la localidad de Jesús María. Otro ejemplo en ese país es el del distrito de Bellavista, donde las juntas vecinales se organizaron para proteger a la población de la creciente violencia.

Todos y cada uno de los planes de acción anteriormente expuestos —y otros que no han sido recogidos— son dignos de estudio, y demuestran distintos grados de eficacia de acuerdo con las exigencias locales. Lo que queremos transmitir es que no importan las tácticas siempre y cuando el plan de acción previsto conduzca a los resultados esperados. La diferencia más notable entre estos programas y el modelo israelí es la base legal que regula las actividades de los voluntarios, a los que en Israel se concede el estatus de cuasipolicías, según el artículo 49A de la Ordenanza Policial. En este sentido, sentencia que «el procedimiento disciplinario de un miembro de la Seguridad Comunitaria en momentos de cumplimiento de su deber respecto a sus deberes, derechos, poderes, confidencialidad y subordinación, será como el de un policía», siempre y cuando el voluntario haya recibido la formación obligatoria y estuviera de servicio. Las principales pautas que definen la ley y ordenanzas israelíes son, por tanto:

La labor policial y, por ende, de los voluntarios de la SC se realizará respetando los derechos humanos. Al voluntario, en momentos de actividad, le serán concedidos derechos y obligaciones como los de un policía. La policía se podrá auxiliar con voluntarios de la SC para cumplir con sus funciones legales en tiempos «normales» y de crisis. La policía está obligada a adiestrar permanentemente al voluntario antes de que pueda actuar.

Estas atribuciones y responsabilidades profesionalizarán al vecino en la actividad policial y lo incentivarán a formar parte del cuerpo de voluntarios sin temor a quedar expuesto frente a actitudes ilegales por parte de los delincuentes con los que deba lidiar.

Para hacer de la Seguridad Comunitaria un cuerpo más profesional, en el 2010, y después de una década de experiencia, se intentó traspasar a la mayoría de los voluntarios de la actividad clásica de patrullaje de barrio a las Unidades Especiales, que patrullan en pareja junto a un policía, iniciativa que causó desinterés entre los voluntarios y que apartó del cuerpo a aquellos que no tenían las aptitudes personales y profesionales requeridas, así como a otros que pretendían solamente patrullar con otro vecino en la periferia de sus casas. El cambio generó una reducción considerable de recursos humanos y, en un corto lapso de tiempo, dejó a la policía sumida en un aluvión de trabajo que no pudo contener por la falta de patrullas vecinales. A los seis meses de ese cambio, en la segunda verificación del nuevo modelo, la policía decidió cancelar la iniciativa por falta de resultados positivos y descontento entre la ciudadanía y regresó al formato de voluntariado clásico como base de su actividad en los centros urbanos.

El lector deberá, pues, recapacitar sobre cada uno de los modelos para su adaptación al ámbito en el que vive, hacer los cambios pertinentes para que la táctica en general, tomando en cuenta a todos y cada uno de sus componentes, pueda ser aplicada a la realidad constitucional, penal y socioeconómica de su zona particular. Algunos de los componentes o factores que influyen en la aplicación del modelo pueden ser las limitaciones legales de cada jurisdicción, ya que no es lo mismo una sociedad que tolera armas en manos de civiles que otra donde la ley las prohíbe. En este sentido, otro caso particular es la instauración de la Seguridad Comunitaria, ya que no todos los Estados están preparados legalmente para permitir su actividad, lo que exige una revisión de necesidades, posibilidades y un tratamiento tanto estatutario como constitucional del tema.

Asimismo, no todos los cuerpos policiales del mundo trabajan de igual manera, sino que tienen parámetros laborales variables que pueden condicionar la actividad de una policía comunitaria que requiere completa dedicación del agente y que este permanezca en el mismo destino durante varios años. En el mundo hay cuerpos en los que el agente trabaja en horario diurno, en los que se trabaja por jornadas semanales viviendo dentro del cuartel policial, hay policías que viven con sus familias y otros que son destinados a zonas alejadas de las mismas, hay quienes tienen limitados los períodos de servicio en una misma comunidad a contados meses, sin poder llegar a conocer verdaderamente a los vecinos y, ni mucho menos, hacerse merecedores de la confianza de la comunidad.

Todas las actividades antes presentadas, de cualquier modo, son adaptables y las únicas premisas inalterables son: que el multipol no sea cambiado de destino durante por lo menos cuatro años, permitirle la autonomía suficiente para que cumpla con sus funciones comunitarias y, lo que es más importante aún, brindarle todo el equipamiento y recursos requeridos. Una vez cumplidos esos prerrequisitos, los jefes policiales y los encargados de la administración civil deberán evaluar anualmente la labor del agente y su aptitud para la función. En líneas generales, la policía comunitaria ha probado ser la herramienta más efectiva y poderosa a disposición de la sociedad para crear un clima de seguridad y confianza. Es un ejemplo de que con esfuerzo, dedicación y compromiso por parte de un solo policía, la seguridad ciudadana no tiene por qué ser una utopía.

De lo que no debe quedar duda es de que el futuro de nuestras sociedades, pueblos y países merece una atención adecuada. Merece ser tratado con cuantos recursos pueda disponer el Estado o la ayuda internacional y no enterrar la cabeza —cual avestruz— a la espera de que los problemas desaparezcan. Algunos de ellos, los coyunturales, podrán desvanecerse a lo largo del tiempo, pero los estructurales solo se agravarán y evolucionarán a dimensiones y facetas cada vez más difíciles de resolver. La experiencia del barrio de Guiló demuestra que, incluso cuando los retos son titánicos, una acción coordinada por parte de todos con las correctas medidas preventivas puede generar ese cambio que, *a priori*, puede parecer inalcanzable.

La Administración Comunitaria de Guiló, por su parte, realizó una larga lista de actividades en favor de la comunidad, mediante servicios y atenciones gratuitas o a precios subvencionados, en ámbitos muy diversos como cultura, salud, defensa personal, ayuda a familias monoparentales, centros deportivos, adultos mayores, seguridad comunitaria, tiempo libre, apoyo jurídico para trámites gubernamentales, orientación sobre temas de economía familiar, mediación comunitaria, niñez y juventud, religiones, educación informal, arte y música, comunidades con requerimientos especiales, comedor popular y otros.

A nivel institucional, toda la actividad de la policía comunitaria girará en torno a la aplicación al mismo tiempo de unos componentes sistémicos que ayudarán a combatir los actos delictivos, y que consisten en la evaluación de los problemas que hay que combatir, la supervisión y la coordinación mutua de organismos públicos para no desperdiciar recursos, la aplicación de las leyes, la educación formal e informal como acción preventiva, la difusión de información y publicidad clara y honesta, así como la programación de planes de trabajo para dificultar la labor al delincuente, infractor o cualquier otro que represente una amenaza para la comunidad.

Según mi punto de vista, son los principales puntos en el campo de ejercicio y la práctica de la policía comunitaria frente a la policía reactiva, las posibles dudas y confrontaciones entre ambas, poniendo de relieve las necesarias alianzas con la comunidad y con todos sus componentes, y siempre tomando como ejemplo mis décadas de servicio en ambas ramas policiales. Intenté demostrar la realidad detrás de las declaraciones y promesas que siempre se hacen, pero sin querer ensombrecer las formas clásicas de actuar, sino intentando comparar los diversos diseños e implementaciones existentes. Debe quedar claro que la rama comunitaria jamás podrá cambiar a la clásica, que es y siempre será la base de todo cuerpo policial, siendo lo ideal —como ya se apuntó en el capítulo 17— que haya una rama comunitaria de no más del 1 % del total de uniformados existentes en todo ese cuerpo policial, que cuenten con el apoyo en el quehacer dentro de las vecindades con ciudadanos voluntarios y, de tal manera, permitir liberar al resto de los agentes para que puedan ocuparse de pleno de los grandes problemas delincuenciales que producen los malvivientes. Todo mi entusiasmo y mi compromiso estarán siempre del lado que permita activar el mejor formato que servirá de lleno a las comunidades, asegurando por mi intermedio que el éxito de dichas novedosas acciones continuará, a pesar de que no están exentas de fallos.

El director general de la Policía tiene el mandato para cambiar la relación y crear un equilibrio entre el manejo policial de la seguridad interna y sus funciones clásicas —entre ellas la «alta y baja función policial»—. Sin embargo, al igual que con el uso del término «prevención del delito situacional», en el campo policial se debe hablar con las personas a la altura de sus ojos, pero es más importante hacerlo en un lenguaje sencillo para que entiendan todas la nueva terminología de las acciones que se pretendan llevar a cabo, aclarando las ideas, el qué se los requerirá, cuál es el camino a seguir y cuáles son las prioridades y, junto a ello, el cambio en la cultura organizacional, de tal manera se podrá cumplir con los objetivos que satisfarán las necesidades y expectativas del público, reduciendo la violencia, aumentando la confianza pública y acrecentando la percepción de seguridad que sientan los vecinos.

Quiero indicar que una mejor presencia de fuerzas uniformadas en las calles ayudará a reducir de manera significativa los incidentes de violencia y vandalismo, aumentando la percepción de seguridad personal que sientan los residentes. La combinación de un policía de carrera junto a un guardián municipal en una misma patrulla será un multiplicador de fuerzas, posibilitando la vivencia en una ciudad soberana donde reinan la ley y el orden. La combinación de poderes de un policía reactivo, que hará cumplir con la ley, y del guardián municipal, que hará cumplir con las ordenanzas municipales, en un mismo vehículo policial integrado y operado por ambos uniformados, posibilitará brindar el más óptimo servicio a la comunidad. Es necesario puntualizar que, en muchos países de Latinoamérica, cuando hablamos de esta distinción entre guardia municipal y policía de carrera o reactivo (en Israel) nos referiremos a policías de distintos niveles de gobierno, participación de cuerpos de investigación o militares, que desarrollan tareas conjuntas a favor de la seguridad ciudadana.

Bibliografía

Abma, T. (2000). Fostering learning in organizing through narration: Questioning miths and stimulating multiplicity in two performing art school. *European Journal of Work & Organization Psichology*, 9 (2), pp. 211-232.

Althusser, L. Los estudios culturales y el concepto de ideología. Recuperado de: http://www.campus-oei.org/salactsi/castro3.htm

Alvesson, M. y Deetz, S. A. (1996). Critical theory and postmodernism approaches to organizational studies. En: Stewart R. Clegg, Cynthia Hardy, Thomas B. Lawrence y Walter R. Nord (eds.), *The SAGE Handbook of Organization Studies*, capítulo 7.

Anthony, P. (1990). The paradox of the management of culture or the who leads is lost. *Personnel Review*, 19 (4), pp. 3-8.

Antolín, S. L. (2011). *La conducta antisocial en la adolescencia, una aproximación ecológica.* Tesis doctoral. Universidad de Sevilla.

Aranda, B. (2006). Diferencias por sexo, síndrome de *burnout* y manifestaciones clínicas en los médicos familiares de dos instituciones de salud. *Revista Costarricense de Salud Pública,* vol. 15, núm. 29.

Arnett, J. (2008). *Adolescencia y adultez* emergente*: un enfoque cultural.* Naucalpan de Juárez: Pearson Educación de México.

Aubert, A. *et al.* (2004). *Dialogar y transformar. Pedagogía crítica del siglo XXI.* Barcelona: Editorial Graó.

Bar, M. *et al.* (2003). Through a New Lens: The Third Sector and Israeli Society. *Israel Studies,* 8.1. Indiana University Press.

Borda, M. *et al.* (2007). Síndrome de *burnout* en estudiantes de internado del Hospital Universidad del Norte. *Salud, Barranquilla*, vol. 23, n. 1, pp. 43-51.

Briones, M. (2007). Presencia de síndrome de *burnout* en poblaciones policiales vulnerables de carabineros de Chile. *Ciencia y Trabajo*, 9 (24), pp. 43-50.

Brodeur, Jean-Pierre (1983). High Policing and Low Policing: Remarks about the Policing of Political Activities. *Social Problems*, vol. 30, núm. 5, pp. 507-520.

Callow, M. (2004). Identifying promotional appeals for targeting potential volunteers. *International Journal of Nonprofit and Voluntary Sector Marketing*, 9 (3), pp. 261-274.

Chan, A. y Clegg. S. (2002). History, culture and organizations studies. Culture and Organization. *Culture* and *Organization*, 8, pp. 259-273.

Chávez, M. A. (2011). *Tu hijo, tu espejo.* México: Penguin Random House.

Cnaan, R. A. y Glodberg-Glen, R. S. (1991). Measuring Motivation to Volunteer in Human Services. *Journal of Applied Behavioral Science*, 27 (3), pp. 269-284.

Cnaan, R. y Amrofell, L. (1994). Mapping Volunteer Activity. *Nonprofit and Voluntary Sector Quarterly*, vol. 23, n. 4, pp. 335-351.

Dávila, C. (1985). *Teorías organizacionales y administración.* Bogotá: Interamericana S. A.

Dávila, C. (2000). Cultura organizacional: ¿un instrumento de la gerencia? Algunas consideraciones para su estudio. En F. Urrea Giraldo et al. (eds.), *Innovación y cultura de las organizaciones en tres regiones de Colombia.* Bogotá: Colciencias.

Deal, T. E. y Kennedy, A. A. (1982). *Corporate Culture: The Rites and Rituals of Corporate Life.* Reading, Mass: Addison-Wesley Pub. Co.

Díaz, S. (2007). Comportamiento del síndrome de desgaste profesional en médicos que laboraron en Coopesalud R. L., de agosto a octubre de 2004. *Acta médica costarricense* 49(2), pp. 107-110.

Dollard, J. *et al.* (1939). *Frustration and aggression.* New Haven: Yale University Press.

Echeburúa, E. Salaberría, K. y Cruz, M. (2014). Aportaciones y limitaciones del DSM-5 desde la psicología clínica. *Terapia Psicológica*, vol. 32, n. 1, pp. 65-74.

Elías, N. (1989). *El proceso de civilización.* México: Fondo de Cultura Económica.

Ellis S. y Noyes K. (1990). *By the people: a history of Americans as volunteers.* San Francisco: Jossey Bass.

Freire, P. (1965). *La educación como práctica de la libertad.* Madrid: Siglo XXI.

Freudenberger, H. (1973). Staff Burnout. *Journal of Social Issues*, 30, pp. 159-165.

Gallego Martínez, P. (2008). *La mara al desnudo.* Málaga: Sepha.

Gamboa, M. *et al.* (2013). Síndrome de *burnout* en el personal del Hospital de la Mujer Adolfo Carit Eva en el año 2009. *Revista Médica de Centroamérica*, 606, pp. 195-201.

Garces de los Fayos, E. y Jara, P. (2002). Agotamiento emocional y sobreentrenamiento: *burnout* en deportistas. *Revista de Psicología del Deporte*, 7-8, pp. 147-154.

Gaskin, K y Davis Smith, J. (1995). *A new civic Europe: A study of the extent and role of volunteering.* Londres: National Centre for Volunteering.

Geertz, C. (1987). *La interpretación de las culturas.* México: Gedisa.

Giddens, A. (2010). *Sociología.* Madrid: Alianza Editorial.

Gil-Monte, P. y Peiró, J. (1997). *Desgaste psíquico en el trabajo: el síndrome de quemarse.* Madrid: Síntesis.

Govaart, M., Van Dal, H. Munz, A. Keesom, J. (2001). *Volunteering worldwide.* Ámsterdam: Netherlands Institute of Care and Welfare.

Haski-Leventhal, D., y Bar-Gal, D. (2008). Volunteering stages and transitions model: organizational socialization of volunteers. *Human Relations,* 61 (1), pp. 67-102.

Hatch, M. (1997). *Organization theory.* Nueva York: Oxford University Press.

Helman, S. y Rapoport, T. (1997). «These are ashkenazi women, alone, arab's whores, do not believe in god, and do not love israe»: Women In Black and the challenge to the social order. *Theory and Critique,* 10, pp. 175-92.

Hernández, M., Fernández, C., Ramos, F. y Contador, I. (2006). El síndrome de *burnout* en funcionarios de vigilancia de un centro penitenciario. *International Journal of Clinical and Health Psychology,* 6, pp. 599-611.

Hofstede, G. (1980). *Culture's consecuences.* Londres y Beverly Hils: Sage Publications.

Hustinx, L. y Lammertyn, F. (2003). Collective and Reflexive Styles of Volunteering. *Voluntas,* 14 (2), pp. 167-187.

Jacobs, J. (1962). *Vida y muerte de las grandes ciudades americanas.* Madrid: Península.

Kettner, P. M. (2002). *Achieving excellence in the management of human service organizations.* Boston: Alyn & Bacon.

Kilbourn, P. (1997). *Street Children: A Guide to Effective Ministry.* Monrovia, California: Marc Publications.

Kroeber, A. L. y Kluckhohn, C. (1952). *Culture. A critical review concepts and definitions.* Cambridge, Mass.: Peabody Museum.

Laclau, E. y Chantal, M. (2001). *Hegemony and socialist strategy.* Londres-Nueva York: Verso.

Laclau, E., Labastida, J. y Aricó, J. (1998). *Hegemonías y alternativas políticas en América Latina (Seminario de Morelia).* Madrid: Siglo XXI.

Larson, L. (2002). A new attitude: Changing organizational culture. *Trustee, the journal for hospital governing boards,* 55 (4): 8-10, 12-4, 1.

Lawler, E. E. (1971). *Pay and organizational effectiveness*. Nueva York: McGraw-Hill.

Legge, K. (1995). *Human resource management rethorics and realities*. Basingstoke: Macmillan Business.

Locke, E. A. (1976). The nature and causes of job satisfaction. En: Dunnette, M. D. (ed.), *Handbook of Industrial and Organizational Psychology*, vol. 1, pp. 1297-1343.

Lozano, M. *et al.* (2007). Descripción de los niveles de *burnout* en diferentes colectivos profesionales. *Aula Abierta*, 36 (1), pp. 79-88.

Martin, J. (1992). *Cultures in Organizations: Three perspectives*. Nueva York: Oxford University Press.

Maslach, C. y Jackson, S. (1981). The measurement of experienced burnout. *Journal of Organizational Behavior*, vol. 2, n. 2, pp. 99-113.

Maxwell, J. C. (2010). *El lado positivo del fracaso*. México: Grupo Nelson.

Mayo, E. (1972). *Problemas humanos de una civilización industrial*. Buenos Aires: Ed. Nueva Visión.

Mayor, A. (1985). Ética, trabajo y productividad en Antioquía. *Revista Colombiana de Sociología*, volumen 3, número 1.

McCurley, S. y Lynch, R. (1994). *Essential Volunteer Management*. Downers Grove, IL: Heritage Arts.

McGonigle, T. (2002). The contribution of volunteers to work with children in a criminal justice organization. *Child Care in Practice*, 8 (4), pp. 262-72

Merton, R. K. (1992). *Teoría y estructuras sociales*. México: FCE.

Millán, R. y Mesén, A. (2009). Prevalencia del síndrome de desgaste en médicos residentes costarricenses. *Acta Médica Costarricense*, vol. 51, n. 2, pp. 91-97.

Moratalla, A. D. (1997). *Ética y voluntariado. Una solidaridad sin fronteras*. Madrid: PPC.

Morgan, G. (1991). *Imágenes de la organización*. México: Alfao-mega.

Moriana, J. y Herruzo, J. (2004). Estrés y *burnout* en profesores. *International Journal of Clinical and Health Psychology*, 4 (3), pp. 597-621.

Mumby, K. (1997). The problem of hegemony: rereading Gramsci for organizational communication studies. *Western Journal of Communication*, 61(4), pp. 343-375.

Munduate, L. (1997). *Psicología social de la organización: las personas organizando*. Madrid: Pirámide.

Ogbonna E. y Wilkinson, B. (1990). Corporate strategy and corporate culture: The View from the Checkout. *Personnel Review*, 19, 4, pp. 9-15.

Ogbonna, E. y Lloyd C. (2002). Managing organizational culture: Insights from the hospitality industry. *Human Resource Management Journal*, 12 (1), pp. 33-53.

ONU-Habitat. http://es.unhabitat.org/

Ouchi, W. (1982). *Teoría Z: cómo pueden las empresas hacer frente al desafío japonés*. México: Fondo Educativo Interamericano y Editorial Norma.

Peters, T. y Waterman, R. (1984). *En búsqueda de la excelencia*. México: Lasser.

Piaget, J. (2008). *Psicología del niño*. Madrid: Ediciones Morata.

Putnam, R. D. (1993). *Making democracy work. Civic traditions in modern Italy*. Princeton: Princeton University Press.

Quinn. R. E. y McGrath, M. R. (1985). The transformation of organizational cultures: A competing values perspective. En: P. J. Frost, L. F. Moore, M. R. Louis, C. C. Lundberg, & J. Martin (eds.), *Organizational culture*, pp. 315-334.

Rose, N. (1999). *Governing the soul, the shaping of the private self* (2.ª ed.). Londres: Free Association Books.

Salamon, Lester M. (1996). *The emerging nonprofit sector*. Manchester: Manchester University Press.

Sánchez, M., Sanz, B., Apellaniz, G. y Pascual, I. (2001). Policía y estrés laboral. Estresores organizativos como causa de morbilidad psiquiátrica. *Revista de la sociedad española de Salud pública*, 1 (4), pp. 21-25.

Schein, E. (1985). *Organizational culture and leadership*. San Francisco: Jossey-Bass Publishers.

Smircich, L. (1983). Concepts of culture and Organizational Analysis, Administrative Science Quaterly. *Administrative Science Quarterly*, vol. 28, n. 3, Organizational Culture, pp. 339-358.

Smith D. H. (1997). Grassroots associations are important: Some theory and a review of the impact literature. *Nonprofit & Voluntary Sector Quarterly*, 26 (3), pp. 269-306.

Stuart, H. (1994). Estudios culturales: dos paradigmas. *Causas y azares*, vol. 1, n. 1, pp. 27-44.

Thomas, W. I. (1928). *The child in America. Behavior problems and programs*. Nueva York: Knopf.

Tizio, D. H., coord. (2011). *Reinventar el vínculo educativo: aportaciones a la psicología social y al psicoanálisis*. Madrid: Gedisa.

Touraine, A. (1997). *¿Podremos vivir juntos?: iguales y diferentes*. México: FCE.

Torres, A. *et al.* (2002). Autopercepción del estrés laboral y distrés. *Psicothema*, vol. 14, n. 2, pp. 215-220.

Tylor, E. B. (1958). *Primitive culture*. Nueva York: Harper.

UNESCO (2019). *Behind the numbers: Ending school violence and bullying*. París: UNESCO.

UNICEF (2006). *Estado mundial de la infancia 2006. Excluídos e invisibles*. Nueva York: UNICEF. Versión española disponible en <https://www.unicef.org/spanish/sowc06/pdfs/sowc06_fullreport_sp.pdf>

Urrea, F. y Arango, L. (2000). Culturas empresariales en Colombia. En: L. G. Arango, C. Dávila y cols. (eds.), *Innovación y cultura de las organizaciones en tres regiones de Colombia.* Bogotá: Colciencias.

Van der Post, W. Z., de Coning, T. J. y Smit, E. M. (1997). An instrument to measure organizational culture. *South African Journal of Business Management,* vol. 28, n. 4, pp. 147-69.

Vanderschueren, F. (2012). Alternativas culturales como prevención de la delincuencia juvenil. Conferencia en IV Cumbre de Valores y Cultura de la Legalidad (Ciudad Juárez, México). Disponible en <https://www.youtube.com/watch?v=-0jQcS7o5ME>

Van-Hulten, M. (2001). *NGO Centers and National Governments, a comparative desk research.* s. l.

Weick, K. (1995). *Sensemaking in Organizations.* Thousand Oaks, California: Sage.

Whyte, William Foote (1943). *Street Corner Society: The Social Structure of an Italian Slum.* Chicago: University of Chicago Press.

Wilson, J. (2000). Volunteering. *Annual Review of Sociology,* 26 (1), pp. 215-240.

Multipol, marca registrada